스포츠와 떠나는 세계여행

Sport Tourism

최성훈
지음

UUP.

스포츠와 떠나는 세계 여행

- 2025년 12월 29일 **초판 발행**
- **지은이** 최성훈
- **펴낸이** 오연천
- **펴낸곳** UUP(울산대학교출판부) 44610 울산광역시 남구 대학로 93(무거동) 울산대학교 출판부
- 전화 (052)259-2488 팩스 (052)277-3011 ▪ **홈페이지** http://uup.ulsan.ac.kr
- **출판등록** 제370-1996-000001호(1996.3.13)
- ₩ 20,000

ISBN 979.11.6726.092.5 (93690)

프롤로그

이 책은 스포츠의 관람이나 참가를 목적으로 떠나는 관광객이나 여행자, 미래 스포츠투어리스트로 성장하게 될 독자들의 이해를 넓히기 위한 전공서 또는 교양서이다. 여행은 일상 거주지를 떠나 다른 장소로 이동하여 업무 출장, 친지 방문, 종교 순례 등을 포함하지만 관광은 여행 중에서도 문화와 예술, 스포츠, 취미와 오락, 휴식, 사회활동 등을 목적으로 일정 기간 후 원래 거주지로 돌아오는 보다 협의적인 활동이다. UNWTO(세계관광기구)는 관광을 여행보다 좁은 개념임을 보여주고 있는데 관광은 "사람들이 일상 환경을 벗어나 1년을 초과하지 않는 기간 동안 여가, 사업 또는 기타 목적을 위해 이동하며 해당 장소에서 보수를 받는 활동을 하지 않는 것"으로 규정하고 있다. 따라서 여러분은 장래에 생활체육이라는 작은 공간을 넘어서 넓은 공간에서 스포츠투어리스트로 성장하고 운동과 건강, 주위에서 일어나는 크고 작은 스포츠이벤트에도 관심을 가졌으면 한다.

앞에서 언급했듯이, 스포츠관광이란 스포츠를 목적으로 떠나는 여행이라고 할 수 있기 때문에 이 책에서는 각 장별로 스포츠관광을 경험하기 위한 특정 나라들의 지형과 문화, 항공사와 공항, 교통과 통신, 숙박과 음식, 올림픽 역사와 영웅, 스포츠관광의 사례 등을 제시하고 있다. 여러분은 순서대로 유럽, 북미, 호주, 아시아에 위치하고 있는 각국의 스포츠관광 인프라를 접하게 된다. 또한 스포츠관광의 유형을 활동 정도에 따라서 관람형, 유산형, 체험형,

운동형 등으로 구분하였기 때문에 이해하기 쉽고 스포츠관광 지식과 경험을 자연스럽게 공유할 수 있다. 아래는 이 책의 스포츠관광 핵심어를 이용하여 시로 표현한 것이다.

스포츠 여행은 고대 그리스 올림피아의 돌과 클레이에서 시작되었다.
로마 콜로세움의 트라베르틴 돌벽은 강인한 검투사의 피부와 같다.

근대 그리스의 파나티나이코의 펜텔리콘 석상은 출발 선상에 우뚝 서 있고
쿠베르탱의 교육적 이상은 올림픽과 근대5종 경기에서 빛난다.

서울 하계올림픽과 평창 동계올림픽, 충청 하계세계대학경기의 유산은
을사년에도 문수월드컵경기장을 넘어 스포츠투어리스트의 여정에 담긴다.

맨 먼저, 스포츠관광의 시작점은 유럽의 그리스부터이다. 기원전 776년에 시작된 고대 올림픽의 발상지로서 올림픽과 민주주의라는 유산을 남겼고 하계올림픽과 함께 관람형과 유산형, 체험형과 운동형 스포츠관광의 시작점이기도 하다. 이어지는 이탈리아의 스포츠관광은 고대부터 중세에 이르는 로마제국과 콜로세움, 폼페이 등의 흔적과 함께 진행이 되며 그리스와 함께 유산형 스포츠관광의 대표적인 사례이고, 알프스 산맥을 중심으로 이루어지는 동계올림픽과 산악스포츠, 현대 이탈리아의 스포츠관광을 경험하게 된다. 과거 투우의 나라로 알려졌던 스페인은 카나리아제도에서 진행이 되는 윈드서핑이나 SUP 서핑과 같은 해양 스포츠관광을 포함하여 엘클라시코와 라리가로 대표되는 축구관광을 공유하게 된다.

근대 스포츠와 산업혁명의 발상지인 영국의 스포츠관광은 멕시코 난류가 흐르는 해양성 기후의 영향으로 50~60도 정도의 지형적인 위치에도 불구하고 겨울에도 잔디가 잘 얼지 않기 때문에 EPL 축구, 럭비, 크리켓, 골프, 테니스, 론볼 등의 경기에 최상의 잔디 조건을 자랑한다. 런던 히스로와 개트윅 공항은 스포츠관광의 대표적인 유럽의 허브 공항이다. 에펠탑과 센강의 프랑스,

라인강의 기적과 전차 축구 군단의 독일, 호수와 사우나의 나라 핀란드 등은 다양한 스포츠관광 자원을 가지고 있고 렌터카를 활용한 스포츠관광이 가능한데, 각 나라마다 독특한 올림픽 역사와 장소성(sense of place)을 가지고 있어서 스로프관광지로서 매력성(attraction)이 높다.

단풍과 아이스하키의 나라인 캐나다, 올림픽과 프로스포츠의 나라 미국 등이 위치하고 있는 북미 스포츠관광은 아기자기한 유럽의 스포츠관광에 비해서 광활하다. 캐나다의 서부지역의 밴쿠버와 캘거리, 동부지역의 몬트리올 등은 올림픽 관광이 가능하다. 토론토의 로저스 센터는 메리어트 호텔과 함께하고 있어서 호텔에서도 야구 경기 관람이 가능하다. KBO 퓨처스 리그에 참여를 준비하고 있는 울산광역시와 울산 프로 야구팀은 토론토의 로저스 센터를 울산 문수야구장을 롤 모델로 삼고 이를 벤치마킹하고 있다. 최다 프로 스포츠 리그와 최다 올림픽 개최 경험을 자랑하고 있는 미국의 스포츠관광은 스포츠의 제3의 물결에 해당되는데, 어느 나라보다 다채롭고 상업성과 전문성을 자랑한다. 올림픽 도시 로스앤젤레스와 애틀랜타, 해마다 US오픈이 개최되고 있는 뉴욕은 한 번쯤은 꼭 가보고 싶은 스포츠관광 도시이다.

독특한 지형적인 위치와 뒤늦게 역사에 등장한 호주는 남반구에 위치하고 있고 계절이 한국과 반대여서 항공 산업의 발달과 함께 스로프관광지로서 주목을 받고 있다. 호주의 대다수의 도시가 해양과 접하고 있어서 수상 및 수중 해양 스포츠관광이 풍부하고 멜버른과 시드니, 브리즈번은 올림픽의 도시로 성장하고 있고 크리켓, 럭비, 경마, 호주 오픈, F1경기 등을 관람할 수 있다.

동남아시아의 필리핀은 저가 항공편으로 쉽게 스포츠관광을 즐길 수 있는 곳이고 한국인들이 선호하는 관광지를 많이 보유하고 있다. 최근 들어, 여가 제약이 많은 직장인들이나 진지한 여가족들은 금요일 밤에 떠나서 월요일 새벽에 도착하는 스포츠관광 상품을 이용하기도 한다. 필리핀의 세부와 보홀 섬은 체험형 또는 운동형 스로프관광지로서 인기가 높다.

다소 복잡한 지형과 정치적인 이해관계를 가지고 있는 동북아시아의 한국, 중국과 일본 등은 스포츠관광 분야에서도 많은 유산을 만들고 있다. 중국의 대표적인 스포츠도시 베이징은 2008년 하계올림픽과 2022년 동계올림픽을 개최함으로써 오랜 역사 속에서 발전한 전통적인 스포츠와 현대적인 스포츠 문화를 관광 자원으로 적극 활용하고 있다. 역사적으로 탈아시아를 꿈꾸는 일본은 지형적 다양성, 사계절 기후, 전통과 현대가 공존하는 문화, 그리고 발달한 교통 인프라를 기반으로 여러 가지 유형의 스포츠관광이 고르게 발달한 구조를 가지고 있다. 수도 도쿄는 1964년과 2020년 하계올림픽(코로나로 인해 2021년 개최)을 개최하였고 삿포로는 1972년, 나가노는 1998년 동계올림픽을 유치함으로써 탄탄한 스포츠인프라와 제조업을 가지고 있다.

한국은 아이슬란드, 헝가리, 포르투갈, 쿠바, 잉글랜드 등과 비슷한 면적을 가지고 있고 산과 바다, 강이 고루 분포한 지형과 사계절이 뚜렷하기 때문에 동계와 하계 스포츠가 활발한 편이다. 한국은 전통 스포츠로써 태권도와 씨름, 1986년 서울아시안게임, 1988년 서울올림픽, 1997년 무주전주동계 유니버시아드, 2002년 한일월드컵, 2003년 대구하계유니버시아드, 2014년 인천아시안게임, 2015년 광주하계유니버시아드, 2018년 평창동계올림픽, 2024년 강원동계청소년올림픽, 그리고 2027년 충청권 하계세계대학경기대회 유치 등은 전국체육대회와 함께 한국의 스포츠관광 인프라를 확산하고 있다.

결과적으로 이 책은 여러분들에게 생활체육의 경계를 넘어서 스포츠관광의 관점에서 세계를 이해하고 흥미를 갖는데 도움이 된다. 스포츠지도사와 여가 프로그램 개발자뿐만 아니라 지역축제 기획자, 관광업 종사자, 스포츠 기관 공무원들에게도 실질적으로 도움을 줄 수 있다. 1장부터 15장까지 각 장별로 '이 장의 흐름'과 '주요 내용', '주제어' 등을 정리한 뒤, 국가별 스포츠관광 관련 내용을 심층적으로 탐구할 수 있도록 구성하였다. 마지막에 제시된 스포츠관광 여정표와 퀴즈는 학습한 내용을 점검하고 주도적인 학습과 함께 창의적인 스포츠관광의 기획 역량을 키울 수 있다.

마지막으로, 여러분이 스포츠관광 역량을 바탕으로 포용력과 상대적인 시각으로 세계의 나라와 도시들을 여행하기를 진심으로 기대하면서 이 교재를 세상에 내놓게 되어 기쁘다.

목차

스포츠로 세계를 이해하는 또 하나의 방법

프롤로그 / 3

1 왜 스포츠는 사람을 여행하게 만드는가, 왜 매력적인가 9

스포츠관광의 개념, 네 가지 유형 / 스포츠이벤트와 스포츠관광 인프라

2 올림픽과 민주주의가 시작된 땅, 그리스 27

고대 올림픽과 근대 올림픽 / 올림피아 경기장, 성화와 올리브관 이야기

3 축구와 스키, 르네상스의 발원지, 이탈리아 51

알프스 산맥에서 콜로세움까지 / 세리에A, 지로디탈리아, F1이 만드는 도시의 열기

4 아르마다, 태양과 바람의 나라, 스페인 75

바르셀로나와 마드리드, 엘클라시코가 왜 특별한가 / 이베리아 반도와 산티아고 순례길, 부엘타 아 에스파냐

5 과거 해가 지지 않았던, 근대 스포츠의 종주국, 영국 99

EPL이 만들어낸 팬(fan) 문화와 펍(pub) 문화 / 크리켓, 럭비, 골프, 론볼, 배드민턴, 윔블던의 전통

6 에펠탑, 루브르와 오르세, 예술과 스포츠가 만나는 곳, 프랑스 123

알프스의 샤모니와 몽블랑, Les 2 Alps / 투르 드 프랑스, 롤랑가로스, UTMB

7 질서속의 열정, 겨울왕국, 절제된 우아함, 전차군단 독일 147

가르미슈-파르텐기르헨, 추크슈피체, 슈바르츠발트, 바덴바덴 / 분데스리가, 베를린 마라톤, 킬 주간, 로트 챌린지

8 북유럽의 자연과 함께하는, 호수와 사우나, 백야의 나라, 핀란드 165

라플란드, 헬싱키(수오미), 이위베스퀼레, 라피, 탐페레 / 북극권마라톤, 유콜라릴레이, 크로스컨트리, 아이스하키, 스키월드컵

9 광활한 대자연이 만든 스포츠 천국, 아이스하키의 나라, 캐나다 ······· 181

단풍, 밴쿠버, 캘거리, 밴프, 몬트리올, 토론토, 휘슬러 / 밴쿠버마라톤, 캘거리 스템피드, 아이스카누레이스, 밴프산악영화제

10 스포츠가 하나의 산업이 되는 곳, 프로스포츠의 나라, 미국 ················ 199

LA, 애틀랜타, 뉴욕, 그랜드 캐년, 라스베이거스 / MLB · MLS · NBA · NFL, 하계/동계올림픽, 보스턴/뉴욕마라톤

11 남반구의 열기, 계절이 반대인 캥거루와 코알라의 나라, 호주 ············ 215

스포츠의 수도 멜버른, 시드니와 브리즈번, 골드코스트 / 커먼웰스게임, 크리켓과 럭비, 경마, 서핑, 호주오픈, 투어다운언더

12 가깝고 따뜻한 스포츠 여행지, 영어로 소통하는 필리핀 ······················ 233

보홀과 세부, 보라카이, 엘니도와 코론, 시아르가오, 수빅베이, 클라크 / 농구, 스쿠버다이빙, 서핑, SUP, 테니스

13 스포츠를 통한 세계화, 빠르게 확장하는 스포츠 대국, 중국 ················ 249

베이징, 상하이, 만리장성, 소림사, 하얼빈 / 베이징 올림픽, 상하이ATP마스터스테니스, 베이징마라톤

14 질서와 절제, 조화, 전통과 현대, 생활체육과 시스템의 대국, 일본 ························ 265

도쿄, 후지산, 고시엔구장, 하코네, 홋카이도, 삿포로 / 동/하계 올림픽, 스모와 유도, 스키, 일본 국민체육대회, 온천 여행

15 빠르고 압축적인 올림픽 유산, 스포츠관광의 미래, 한국 ····················· 279

서울과 강원, 충청과 전라, 경북과 경남, 부산과 울산, 제주 / 88서울 하계올림픽, 2002 한일월드컵, 2018평창 동계올림픽 / KBO, KFA, UMFF, UTNP, 서울오픈 / 서울/부산/춘천 마라톤, 태권도, SUP오픈 / 올림픽 1호골, 최성곤을 기억하자

참고 동영상 학습 자료 / 300

01

왜 스포츠는 사람을 여행하게 만드는가, 왜 매력적인가

이 장의 흐름

이 책 전체를 다 읽을 필요가 없다. 흥미가 있는 장을 먼저 봐도 되는데 첫 장은 꼭 읽어야 한다. 첫 장을 읽고 나면 다음 장부터는 각 장의 구성이 비슷한 구조로 되어 있기 때문에 원하는 나라를 먼저 읽어봐도 된다. 당부하고 싶은 말은, 작은 지식도 쌓이면 큰 지식이 되고 여행을 시작하게 되는 동기를 유발할 수도 있기 때문에 크고 작음을 따질 필요도 없고 나름대로 각자의 의미로써 존재한다는 점이다. 이 장에서는 스포츠관광의 개념과 종류, 스포츠관광 인프라와 올림픽의 역사, 스포츠관광 이벤트 등을 공유할 참이다.

주요 내용

- 스포츠관광의 개념과 유형
- 스포츠관광의 정의: 스포츠를 목적으로 떠나는 여행
- 스포츠관광의 유형: 관람형, 유산형, 체험형, 운동형
- 스포츠관광의 자연 인프라: 지형, 기후
- 스포츠관광의 인공 인프라: 항공, 교통, 통신(유심), 숙박, 음식
- 스포츠관광 이벤트: 올림픽, 월드컵, 아시안게임, 커먼웰스, 전국체전

주제어

관람형/유산형/체험형/운동형 스포츠관광, 올림픽 레거시, 스포츠관광 인프라, 스포츠관광 이벤트, 동계올림픽, 하계올림픽, FIFA 월드컵, 럭비월드컵, 아시안게임, 커먼웰스게임, 전국체전, 항공, 공항, 대중교통, 유심, 숙박, 음식

학자별 스포츠관광의 정의

Heather J. Gibson(1998)은 스포츠관광을 “사람들이 여가시간을 이용해 자신이 거주하는 지역을 떠나 스포츠에 직접 참여하거나, 스포츠 경기를 관람하거나, 스포츠 관련 명소를 방문하는 모든 형태의 여행 활동”이며 참가형(Active), 관람형(Event), 향수형(Nostalgia) 등으로 구분하였다. Donald Getz(1998, 2003)는 스포츠관광을 “사람들이 스포츠 이벤트에 참가하거나 관람하기 위해 이동하는 모든 형태의 관광 활동”으로 정의하였고 스포츠관광을 이벤트 관광(Event Tourism)의 한 형태이며 올림픽이나 월드컵 같은 대규모 스포츠행사가 지역의 관광 활성화에 미치는 영향을 연구하였다. James Higham(2005)은 스포츠관광을 “스포츠와 관광이 결합된 현상으로, 장소, 공간, 환경 속에서 스포츠활동이 관광 경험으로 전환되는 과정”이라고 하였고 스포츠관광을 지형적, 환경적 맥락에서 스포츠가 관광지의 정체성과 지역 이미지를 형성한다고 하였다. Weed와 Bull(2004)은 스포츠관광을 “스포츠 참여, 경기 관람, 스포츠 관련 장소 방문을 통해 경험되는 사회문화적 현상”으로 규정하였고 스포츠관광이 단순한 활동의 합이 아니라, 스포츠를 매개로 한 사회적 교류와 문화적 경험의 장이라는 점을 강조하였다. Kurtzman과 Zauhar(2005)는 스포츠관광을 “스포츠 참가 또는 관람을 목적으로 하는 모든 여행 형태”로 정의하며, 스포츠관광을 현대 관광산업의 주요 분야이며 지역경제 발전과 도시 마케팅의 수단으로서 스포츠관광의 중요성을 강조했다.

한효중(2004)은 스포츠관광을 “스포츠를 매개로 관광활동이 이루어지는 현상으로, 스포츠 참여나 경기 관람을 목적으로 하는 관광 형태”라고 하였고 스포츠관광을 스포츠와 관광의 상호작용 속에서 지역사회 발전의 수단으로 간주하였다. 김지현(2012)은 “스포츠관광은 스포츠활동과 관광활동이 융합된 형태로, 여가·체험·문화적 가치가 결합된 복합 관광 현상”으로 스포츠관광을 문화적 체험과 웰니스 중심의 관광으로 확장하였다. 이정학(2015)은 스포츠관광을 “관광객이 스포츠를 중심으로 한 체험을 통해 신체적 만족과 심리적 즐거움을 추구하는 관광 형태”로 규정하였다. 최성훈(2016, 2018)은 스포츠관광은 산악관광과 해양관광을 모태로 하고 있으며 스포츠관광을 스포츠를 목적으로 하는 경기 관람과 유산투어, 체험활동과 운동참가 등으로 구분하였다. 박정훈(2018)은 스포츠관광을 "스포츠를 매개로 지역의 자연 · 문화 자원을 활용하여 경제적 · 사회적 효과를 창출하는 관광활동"으로서 스포츠관광이 지속가능한 지역발전의 수단이 된다고 하였다.

스포츠관광의 유형

최성훈(2016)은 스포츠관광의 참여 방식과 동기를 기준으로 관람형, 유산형, 체험형, 운동형 등으로 구분한다. 첫째, 관람형 스포츠관광은 올림픽, 월드컵, 마라톤, 프로 스포츠 경기 등 큰 규모의 스포츠 이벤트를 직접 보고 응원하는 감정적 몰입(flow)과 장소성(sense of place) 등을 체험하는 것이 주요 목적이 된다. 둘째, 유산형 스포츠관광(legacy sport tourism)은 고대올림피아, 축구 명문 클럽의 역사관, 스포츠 기념관 등 스포츠 유산을 탐방하며 스포츠 문화와 역사를 이해하는 학습적 목적이 강조되는데 단순한 과거의 경기장을 방문하는 것이 아니라, 스포츠가 지닌 상징적 가치와 장소 정체성을 경험하는 문화관광의 한 형태로써 유산형 관광객은 스포츠를 통해 역사적 감정과 소속감을 느끼며, 지역사회는 이러한 유산을 활용해 도시의 정체성을 강화한다. 셋째, 체험형 스포츠관광(experience sport tourism)은 스포츠이벤트의 참가, 스키장 방문, 스쿠버 체험, 서핑과 SUP 체험, 노르딕워킹 참가, 밀양의 요가 체험, 송정의 서핑 체험, 광안리 SUP 체험 등 운동형 스포츠관광보다 비교적 짧고 재미, 흥미, 도전, 스트레스 해소와 같은 짧은 체험이나 경험을 쌓는 것이 핵심 목적이다. 경쟁보다는 체험과 레저 활동 중심의 스포츠 참여를 의미하고 관광객은 새로운 경험, 자기성취, 감각적 즐거움을 주요 동기로 하며, 자연환경과 결합한 레저스포츠 활동이나 어드벤처 스포츠관광(adventure sport tourism)이 대표적인 예라고 할 수 있다.

〈표1-1〉 스포츠관광 유형

유형	정의	사례	특성
관람형 스포츠관광	스포츠 이벤트를 관람하기 위한 이동	- 하계/동계 올림픽, 월드컵 - 커먼웰스, 아시안게임 - 테니스 그랜드 슬램	오락 · 흥분 · 사회참여, 팬정체성, 집단감정
유산형 스포츠관광	스포츠의 역사와 상징을 체험하는 관광	- 그리스 올림피아 유적지 - 올림픽 스타디움 투어 - 서울올림픽 공원, 박물관 투어	역사성, 장소정체성, 감정적 몰입
체험형 스포츠관광	경쟁 목적이 아닌 스포츠 · 레저 체험 중심 관광	- 제주도의 요가 · 트레킹 - 호주의 골드코스트 서핑체험 - 뉴질랜드의 번지점프 관광	새로움, 탐험, 감각적 자극, 일상탈출
운동형 스포츠관광	경기나 대회에 직접 참여하는 관광	- 보스턴 마라톤 참가 - UTMB, UTNP - 태국 · 베트남의 골프관광	진지함 도전, 건강, 성취, 사회적 교류

넷째, 생활체육이 관광과 결합하여 확대된 형태인, 운동형 스포츠관광(active sport tourism)은 마라톤, 철인3종, 트레일러닝, 테니스대회 등과 같은 스포츠이벤트를 참가하기 위해서 다른 지역으로 장거리 이동하여 자신의 능력을 시험하고 사회적 교류를 통해 강한 몰입감이나 성취감, 자기발견과 자기개발 등을 추구하게 된다. 로버트 스테빈스(Robert Stebbins)가 제안한 단순한 기분 전환이나 휴식을 넘어 전문가 수준의 지식과 기술을 습득하고 지속적으로 몰입하는 여가 활동을 의미하는 진지한 여가(serious leisure)라고 할 수 있으며 스포츠관광의 유형 중에 최고점에 해당하고 이상형이라고 할 수 있다.

스포츠관광 인프라

지형적 요소는 스포츠관광의 기본적 토대이다. 산, 강, 바다, 사막, 도시 등의 다양한 지형은 각각의 자연환경에 적합한 스포츠활동을 선택하게 하고 스포츠관광의 형태와 방향을 결정짓는다. 기후는 계절 변화와 기후대의 차이가 스포츠관광의 시즌성과 종목 선택에 영향을 미치고 스포츠관광의 안전성, 참가자의 만족도, 방문 시기를 좌우하는 중요한 요소가 된다. 문화는 각 지역의 전통과 생활양식이 스포츠관광의 콘텐츠로 발전하게 되는데 관광객은 스포츠 체험을 통해 그 지역의 문화를 이해하게 된다. 항공사와 공항은 전 지구적인 스포츠관광의 시작점이자 연결망이다. 대중교통의 하나인 기차는 넓은 지역을 빠르고 쾌적하게 이동할 수 있어, 도시 간 스포츠 이벤트 참가나 자연 속 스포츠 체험지로 이동할 때 유용하고 버스는 보다 세밀한 노선망을 통해 산악, 해안, 농촌 등 다양한 관광지를 연결한다. 대표적인 통신 수단인 유심(SIM)은 스포츠관광에서 정보 접근과 소통, 안전관광을 가능하게 하는 필수 도구이고 스마트폰을 통한 예약, 지도 검색, 스포츠시설 이용, 결제, 통역 등이 이루어지기 때문이다. 숙박(accommodation) 시설은 스포츠관광에서 단순한 숙소를 넘어, 회복과 체험이 결합된 공간으로써 온라인 여행사(OTA, online travel agency)와 결합하여 더욱더 편리해진 서비스를 제공한다. 마지막으로, 음식은 스포츠관광의 완성이며 마지막 단계라고 할 수 있으며 스포츠관광 활동 후에 체력 회복과 문화 체험을 동시에 제공한다.

스포츠관광 이벤트

올림픽게임, 월드컵, 아시안게임, 커먼웰스 등과 같은 관람형 메가 스포츠 이벤트는 전 세계 관광객을 대규모로 유입시키고 유산형 스포츠관광과 결합하여 개최 도시의 국제적 이미지와 경제적 파급효과를 극대화한다. 또한, 마라톤, 철인3종, 국제 자전거 대회, SUP · 서핑 페스티벌 등은 참가자와 동반자, 가족 등을 끌어들이는 체험형, 운동형 스포츠관광 이벤트로써 지역의 자연환경을 활용해 스포츠와 관광을 결합한 상품으로 발전하고 있다. 이 밖에도 프로 스포츠 리그 경기, 지역 기반 스포츠 축제, 청소년 · 동호인 대회, 스포츠 트레일 축제와 같은 중 · 소규모 이벤트는 지속가능한 관광(sustainable tourism)과 ESG 정책을 바탕으로 지역 정체성을 강화하고 있다.

하계 올림픽

하계올림픽은 1896년 그리스 아테네에서 처음 개최되었고 스포츠관광의 시초를 마련했다. 20세기 초반의 올림픽은 유럽 중심으로 개최되었으나, 1932년 미국 로스앤젤레스 대회 이후부터는 대회가 산업화된 도시와 결합하여 관광 인프라 확충과 도시 홍보의 수단으로 발전하였다. 전쟁 이후 열린 1948년 런던 올림픽은 전후 회복의 상징으로, 스포츠가 세계 평화와 국제교류의 매개체가 될 수 있음을 보여주었다. 이후 1950~70년대에는 로마(1960), 도쿄(1964), 멕시코시티(1968), 뮌헨(1972) 등에서 대회가 열리며 각국이 자국의 문화와 관광자원을 세계에 홍보하는 기회로 삼았다. 1988년 서울 올림픽은 스포츠를 통한 국가 이미지 제고와 관광산업 발전의 대표적 사례로 평가된다. 2000년 시드니 올림픽은 환경친화적 개최로 유명하며, 2004년 아테네 올림픽은 올림픽의 역사적 의미를 재조명하였다. 2008년 베이징, 2012년 런던, 2016년 리우데자네이루, 2020년(2021년 개최) 도쿄 올림픽 등은 각각 스포츠와 관광, 문화, 환경이 융합된 글로벌 축제로서의 성격을 강화하였다. 2024년 파리 올림픽은 '지속가능성'과 '도시 재생'을 주제로 삼아, 스포츠를 통한 친환경 관광과 도시 이미지 제고의 새로운 방향을 제시하였다.

1896년: 그리스 아테네, 근대 올림픽 최초 개최
1900년: 프랑스 파리
1904년: 미국 세인트루이스
1908년: 영국 런던
1912년: 스웨덴 스톡홀름
1916년: 제1차 세계대전으로 취소
1920년: 벨기에 앤트워프
1924년: 프랑스 파리 (2번째 개최)
1928년: 네덜란드 암스테르담
1932년: 미국 로스앤젤레스
1936년: 독일 베를린

1940년, 1944년: 제2차 세계대전으로 취소
1948년: 영국 런던 (전후 첫 올림픽), 최성곤 올림픽 1호골
1952년: 핀란드 헬싱키
1956년: 호주 멜버른 (승마 종목은 스웨덴 스톡홀름에서 별도 개최)
1960년: 이탈리아 로마
1964년: 일본 도쿄 (아시아 최초 올림픽)
1968년: 멕시코시티
1972년: 서독 뮌헨
1976년: 캐나다 몬트리올
1980년: 소련(러시아) 모스크바
1984년: 미국 로스앤젤레스 (두 번째 개최)
1988년: 대한민국 서울 (아시아 두 번째 개최국)
1992년: 스페인 바르셀로나
1996년: 미국 애틀랜타 (올림픽 100주년)
2000년: 호주 시드니
2004년: 그리스 아테네 (근대 올림픽 1회 개최지 재개최)
2008년: 중국 베이징
2012년: 영국 런던 (3회 개최, 최다 개최 도시)
2016년: 브라질 리우데자네이루 (남미 최초 개최)
2020년(2021 개최): 일본 도쿄 (두 번째 개최)
2024년: 프랑스 파리 (3회 개최)
2028년(예정): 미국 로스앤젤레스 (3회 개최 예정)
2032년(예정): 호주 브리즈번

동계 올림픽

동계올림픽은 1924년 프랑스 샤모니에서 처음 개최되었다. 스위스의 생모리츠, 오스트리아의 인스브루크, 이탈리아의 코르티나담페초 등은 알프스 산맥에 위치하여 동계올림픽을 계기로 세계적인 겨울 휴양도시로 성장했다. 1950~60년대에는 미국 레이크플래시드와 캐나다 캘거리, 일본 삿포로와 나가

노는 동계올림픽을 통해 겨울 관광 인프라를 발전시켰다. 1972년 일본 삿포로 대회는 동아시아가 겨울 스포츠 관광 시장으로 부상하는 계기가 되었다. 1980년대 이후 동계올림픽은 단순한 경기 대회에서 벗어나 관광과 문화, 환경이 결합된 복합형 스포츠축제로 발전했다. 1994년 노르웨이 릴레함메르 대회에서는 '자연과 조화된 올림픽'이라는 개념이 강조되었다. 1998년 일본 나가노, 2002년 미국 솔트레이크시티, 2006년 이탈리아 토리노, 2010년 캐나다 밴쿠버 등은 모두 관광·환경·문화의 조화를 중심으로 한 대회로 평가받았다. 특히 2018년 대한민국 평창 동계올림픽은 "하나된 열정(Passion Connected)"을 주제로 남북 교류와 평화의 상징으로서 세계적인 주목을 받았고, 2022년 베이징은 세계 최초로 하계와 동계올림픽을 모두 개최한 도시가 되었다.

1924년: 프랑스 샤모니, 제1회 동계올림픽 개최
1928년: 스위스 생모리츠
1932년: 미국 레이크플래시드
1936년: 독일 가르미슈파르텐키르헨
1940년, 1944년: 제2차 세계대전으로 취소
1948년: 스위스 생모리츠 (2번째 개최)
1952년: 노르웨이 오슬로
1956년: 이탈리아 코르티나담페초
1960년: 미국 스쿼밸리
1964년: 오스트리아 인스브루크
1968년: 프랑스 그르노블
1972년: 일본 삿포로, 아시아 최초 동계올림픽
1976년: 오스트리아 인스브루크 (2번째 개최)
1980년: 미국 레이크플래시드 (2번째 개최)
1984년: 유고슬라비아 사라예보
1988년: 캐나다 캘거리
1992년: 프랑스 알베르빌
1994년: 노르웨이 릴레함메르 (하계와 분리되어 첫 홀수 해 개최)
1998년: 일본 나가노

2002년: 미국 솔트레이크시티
2006년: 이탈리아 토리노
2010년: 캐나다 밴쿠버
2014년: 러시아 소치
2018년: 대한민국 평창, 한국 최초 동계올림픽 개최
2022년: 중국 베이징, 하계 · 동계 모두 개최한 첫 도시
2026년(예정): 이탈리아 밀라노 · 코르티나담페초 공동 개최
2030년(유력 후보): 일본 삿포로, 프랑스, 스위스 등이 검토 중

FIFA 축구 월드컵

월드컵(World Cup)은 전 세계에서 가장 큰 규모와 영향력을 가진 국제 스포츠 이벤트 중 하나로, 스포츠관광의 관점에서 볼 때 지구촌 최대의 스포츠·문화·관광 축제라고 할 수 있다. 월드컵은 국제축구연맹(FIFA)이 주관하는 대회로, 1930년 우루과이에서 첫 번째 대회가 열렸다. 4년마다 개최되며, 전 세계 각국의 대표팀이 참가해 축구 실력을 겨루는 국제적인 경기이자, 수억 명의 팬들이 열광하는 글로벌 스포츠 이벤트이다. 스포츠관광의 측면에서 월드컵은 경제적·문화적·사회적 파급력이 매우 큰 메가 이벤트(Mega Event)이다. 개최국은 대회를 통해 전 세계 관광객을 유치하며, 경기장, 교통, 숙박 등 관광 인프라를 대폭 확충한다. 이러한 과정은 지역경제 활성화와 도시 이미지 제고로 이어진다.

아시안 게임

아시안게임(Asian Games)은 아시아 지역의 국가들이 참가하는 4년 주기의 종합 스포츠 대회로, 올림픽 다음으로 규모가 큰 국제 스포츠 행사 중 하나이고 1913년 필리핀 마닐라에서 열린 극동선수권대회가 최초이다. 이후 제2차 세

계대전으로 중단되었으나, 전쟁 후 아시아 국가 간 평화와 협력을 도모하기 위해 새로운 국제 대회의 필요성이 제기되면서 1951년 인도 뉴델리에서 제1회 아시안게임이 개최되었다. 아시안게임은 아시아올림픽평의회(OCA, Olympic Council of Asia)가 주관하며, 현재는 40개국 이상이 참가하는 대규모 스포츠 축제로 성장하였다. 태권도, 세팍타크로, 카바디 등 아시아 지역의 전통 스포츠가 포함되어 있어 아시아 문화의 다양성을 반영한다. 1986년 서울 아시안게임은 한국이 국제 스포츠 무대에 본격적으로 진출하는 계기가 되었고, 1994년 히로시마 대회나 2018년 인도네시아 자카르타·팔렘방 대회 역시 지역 발전과 관광 활성화에 기여했다.

커먼웰스 게임

아시안 게임과 비교가 되는 커먼웰스 게임(Commonwealth Games)은 영연방 국가들이 참여하는 국제 종합 스포츠 대회로, 4년마다 개최된다. 이 대회는 1930년 캐나다 해밀턴에서 처음으로 개최되었고 영국과 역사적 관계를 가진 약 70여 개의 국가와 지역이 참가하며, 스포츠를 통한 국제 친선, 문화 교류, 평화 증진을 목표로 한다. 커먼웰스 게임의 가장 상징적인 행사 중 하나는 '킹스 배턴 릴레이(King's Baton Relay)'이다. 이 행사는 올림픽 성화 봉송과 유사한 형태로, 영국 군주가 대회 개최 전에 메시지를 담은 배턴을 전 세계 참가국으로 전달하고, 마지막으로 개최국의 개막식에서 공개하는 전통적인 의식이다. 1998년 말레이시아 쿠알라룸푸르 대회는 아시아 최초의 커먼웰스 게임으로, 아시아 지역 스포츠관광의 성장과 국제 교류 확대에 큰 영향을 미쳤다. 아시안 게임과 커먼웰스 게임을 비교하면, 아시안게임은 대륙 정체성과 국가 경쟁을 기반으로 한 대규모 종합 스포츠대회로 참가국이 45개국 이상이며, 커먼웰스 게임은 역사적 공동체를 기반으로 한 문화적 연대형 스포츠 이벤트로 70개 내외이며 선수단 규모는 아시안 게임보다 작다.

〈첫 만남 첫 시간 퀴즈 문항〉

1. 스포츠관광과 거리가 먼 것은?

① 집 근처에서 농구 시합에 참가
② 스포츠를 목적으로 다른 지역으로 이동하는 여행
③ 생활체육과 관광의 결합
④ 집을 떠나 낯선 장소에서 테니스 동호인 시합에 참여하는 것

▸ 정답: ①
▸ 해설: 스포츠관광은 집으로부터 여행지까지 이동을 수반한다.

2. 스포츠관광을 구분하는 핵심 기준은 무엇인가?

① 참여 방식과 경험의 성격 ② 숙박업체의 등급
③ 여행자의 소득 수준 ④ 관광지의 교통 체계

▸ 정답: ①
▸ 해설: 스포츠관광은 참여 방식이 가장 중요한 구분 기준이다.

3. 운동형 스포츠관광(active sport tourism)을 가장 잘 설명한 것은?

① 아이스하키 박물관 방문 ② 태국 끄라비 암벽 등반
③ 야구 선수의 리그 참가 ④ 코린토스 번지 점프 체험

▸ 정답: ②
▸ 해설: 태국 끄라비 암벽 등반은 몰입 경험이 높은 스포츠관광 유형이다.

4. 유산형 스포츠관광(legacy sport tourism)의 대표적 예시는?

① 보스톤 마라톤 대회 참가 ② 서울올림픽 박물관 방문
③ 뚜르드프랑스 대회 참가 ④ 충북 단양의 패러글라이딩 체험

▸ 정답: ②
▸ 해설: 유산형은 스포츠의 역사 · 문화 · 유적을 탐방하는 관광 유형이다.

5. 관람형 스포츠관광이 아닌 것은?

① 중국인이 상암월드컵경기장에서 중국팀 응원
② 한국인이 프랑스에서 뚜르드프랑스 경기 사진을 찍음
③ 미국인이 한강 뚝섬에서 SUP 레슨 참가
④ 일본인이 영국 윔블던에서 테니스 경기 시청

▸ 정답: ③
▸ 해설: 레슨 참가는 체험형, 운동형 스포츠관광이다.

6. 운동형 스포츠관광과 관련이 먼 것은?

① 동호인이 선수나 팀으로 실제 경기 참여
② 스포츠관광의 유형 중에서 기술적 요소가 가장 많음
③ 미하이 칙센트미하이의 몰입(flow) 채널이 잘 만들어짐
④ 진지한여가(serious leisure)보다는 일상적여가(casual leisure) 임

▸ 정답: ④
▸ 해설: 운동형 스포츠관광은 노력, 인내, 전문성 등이 필요한 진지한 여가.

7. 유산형 스포츠관광의 핵심 목적은?

① 선수 기록 경쟁
② 스포츠의 역사 · 문화적 가치 이해
③ 단순 소비
④ 기타 산업 홍보

▸ 정답: ②
▸ 해설: 유산형 관광은 스포츠가 남긴 역사 · 전통 · 문화의 의미를 체험.

8. 다음 중 스포츠관광에 필요한 직접적인 인프라에 해당하지 않는 것은?

① 항공사와 공항
② 교통과 통신
③ 음식
④ 스포츠 이벤트

▸ 정답: ④
▸ 해설: 스포츠이벤트는 직접적인 스포츠관광 인프라가 아니다.

9. 다음 중 4년마다 열리는 스포츠이벤트가 아닌 것은?

① 하계 올림픽　　② 커먼웰스게임
③ FIFA 축구 월드컵　　④ 전국체육대회(전국체전)

▸ 정답: ④
▸ 해설: 전국체전은 해마다 개최되며 선수들 연봉 책정의 기준이다.

10. 다음 중 설명이 바르지 않은 것은?

① Gibson(1998)은 스포츠관광을 참가형, 관람형, 향수형(Nostalgia) 등으로 구분하였다.
② Getz(1998, 2003)는 스포츠관광을 이벤트 관광(Event Tourism)의한 형태라고 하였다.
③ Higham(2005)은 스포츠관광을 지형적, 환경적 맥락에서 스포츠가 관광지의 정체성과 지역 이미지를 형성한다고 하였다.
④ 최성훈(2018)은 스포츠관광을 관람형, 투어형(tour), 체험형, 운동형 등으로 구분하였다.

▸ 정답: ④
▸ 해설: 최성훈(2018)은 스포츠관광을 관람, 유산, 체험, 운동형으로 구분함.

11. 한국에서 스포츠관광 진흥 정책의 법적 근거를 가장 직접적으로 제공하는 법률의 조합으로 옳은 것은?

① 관광진흥법, 체육시설의 설치 이용에 관한 법률
② 국민체육진흥법, 관광진흥법
③ 지방자치법, 문화산업진흥기본법
④ 국토의 계획 및 이용에 관한 법률, 관광진흥법

▸ 정답: ②
▸ 해설: 스포츠관광은 단일 법률이 아닌 국민체육진흥법과 관광진흥법의 교집합 영역으로 융합적이며 이전에는 산악관광과 해양관광이라는 용어로 사용됨.

12. 국민체육진흥법과 스포츠관광 정책을 연계한 것은?

① 스포츠관광은 외국인만을 대상으로 한다.
② 스포츠관광은 엘리트 선수 육성을 주목적으로 한다.
③ 스포츠관광은 국민의 체력증진과 여가선용을 관광으로 확장한 개념
④ 스포츠관광은 체육시설 관리와 무관하다.

▸ 정답: ③
▸ 해설: 국민체육진흥법은 국민의 건강과 여가를 강조한다.

13. 관광진흥법상 스포츠관광과 가장 밀접하게 연관되는 것은?

① 여행업 ② 관광숙박업 ③ 국제회의업 ④ 유원시설업

▸ 정답: ①
▸ 해설: 스포츠관광은 여행업과 밀접하고 유원시설업은 테마파크업으로 명칭 변경.

14. 스포츠관광 진흥 정책으로 가장 타당한 것은?

① 중앙정부는 시설 운영을 담당하고 지방정부는 법 제정을 담당한다.
② 중앙정부는 법/기본계획을 수립, 지방정부는 지역특화사업을 추진
③ 중앙정부는 홍보만 담당하고 지방정부는 재정만 부담한다.
④ 지방정부는 국제대회 유치를 할 수 없다.

▸ 정답: ②
▸ 해설: 스포츠관광 정책은 중앙정부의 법과 계획 수립, 지방정부의 실행과 지역 특화 전략을 통해 추진된다.

15. 스포츠관광진흥법 제정 논의가 지속적으로 제기되는 이유는?

① 스포츠관광 수요 감소
② 기존 법률로는 스포츠와 관광의 융합 정책 추진에 한계가 있기 때문
③ 국제법상 의무 조항이기 때문
④ 민간 기업의 요청이 없기 때문

▸ 정답: ②
▸ 해설: 스포츠관광은 체육과 관광의 융합 영역으로, 개별 법률만으로는 통합적 정책 추진에 제약이 있다.

16. 스포츠관광 진흥을 위해 법적 근거가 직접적으로 요구되는 정책은?

① 스포츠 해설자 양성 ② 스포츠관광 전문 인력 양성
③ 경기 결과 데이터 분석 ④ 선수 연봉 구조개선

▸ 정답: ②
▸ 해설: 전문 인력 양성은 교육, 자격, 재정 지원과 직결되어 법적 근거가 필수적이다.

17. 스포츠관광 진흥법 제정 시 기본계획에 반드시 포함되어야 할 요소는?

① 특정 종목의 경기 규칙 ② 지역별 스포츠관광 자원 분석
③ 프로 스포츠 구단 운영 방안 ④ 학교 체육 교육과정

▸ 정답: ②
▸ 해설: 기본계획은 지역 자원 분석과 유형별 전략 수립을 핵심 요소로 포함해야 한다.

18. 마라톤 대회 참가를 위해 해외 도시를 방문한 관광객의 행동을 설명하는 데 가장 적합한 관광학 이론은?

① 관광지 생애주기 이론 ② 푸시 요인과 풀 요인 이론
③ 중심지 이론 ④ 관광 승수 효과 이론

▸ 정답: ②
▸ 해설: 마라톤 참가 욕구는 푸시 요인, 특정 도시 대회 매력은 풀 요인으로 설명된다.

19. 스포츠관광에서 경기 결과와 무관하게 '현장 분위기'와 '응원 경험'이 만족도를 좌우한다는 현상을 설명하는 이론은?

① 관광 수요 탄력성 이론 ② 경험경제 이론
③ 관광 개발 확산 이론 ④ 관광 이동 거리 감소 이론

▸ 정답: ②
▸ 해설: 경험경제 이론은 감정과 기억 중심의 소비 가치를 설명한다.

20. 올림픽 개최 이후 경기장이 관광 자원으로 활용되지 못하고 쇠퇴하는 현상을 분석하는 데 가장 적합한 이론은?

① 관광지 생애주기 이론(TALC) ② 목적지 이미지 이론

③ 푸시 요인 이론 ④ 관광 동선 이론

▸ 정답: ①
▸ 해설: Butler의 생애주기 이론은 성장 이후 정체와 쇠퇴를 설명한다.

21. 특정 스포츠 종목이 도시 이미지를 대표하는 현상을 설명하는 이론으로 가장 적절한 것은?

① 관광 승수 효과 이론 ② 장소성 및 목적지 이미지 이론
③ 관광 접근성 이론 ④ 관광비용 최소화 이론

▸ 정답: ②
▸ 해설: 스포츠와 장소가 결합해 도시 브랜드를 형성하는 과정이다.

22. 투르 드 프랑스와 같은 이동형 스포츠 이벤트가 관광 흐름을 재구성하는 현상을 설명하는 이론은?

① 관광 만족 이론 ② 관광 공간 이동 이론
③ 관광 수요 예측 이론 ④ 관광 시장 세분화 이론

▸ 정답: ②
▸ 해설: 이동형 이벤트는 관광 공간과 흐름을 재편한다.

23. 스포츠관광에서 자연 훼손, 지역 주민 수용성, 경제 효과를 동시에 고려해야 한다는 관점은 어떤 이론에 근거하는가?

① 대량관광 이론 ② 지속가능 관광 이론
③ 관광 집중 이론 ④ 관광 비용 편익 이론

▸ 정답: ②
▸ 해설: 지속가능 관광은 환경, 사회, 경제의 균형을 중시한다.

24. 스포츠관광 참가자의 기대 수준과 실제 경험의 차이가 만족도에 영향을 미친다는 설명에 가장 적합한 이론은?

① 관광 동기 이론 ② 기대 불일치 이론

③ 관광 거리 감소 이론　　　　　④ 관광 집적 이론

▸ 정답: ②
▸ 해설: 기대 대비 경험의 일치 여부가 만족도를 결정한다.

25. 스포츠관광 소비자가 정보 탐색 후 목적지를 선택하고, 경험 후 재방문을 결정하는 과정을 설명하는 이론은?

① 관광 의사결정 과정 이론　　　② 관광 생태계 이론
③ 관광 분산 이론　　　　　　　④ 관광 승수 이론

▸ 정답: ①
▸ 해설: 관광객의 선택과 행동 단계를 체계적으로 설명한다.

26. 스포츠관광 연구에서 하나의 이론만으로 복잡한 관광 현상을 설명하기 어렵다는 이유를 가장 잘 설명한 문장은?

① 스포츠관광은 경제 효과만을 다루기 때문이다.
② 스포츠관광은 관광학 이론과 무관하다.
③ 스포츠관광은 동기, 경험, 공간, 지속가능성이 결합된 융합 현상이기 때문이다.
④ 스포츠관광은 단기 이벤트만을 의미하기 때문이다.

▸ 정답: ③
▸ 해설: 스포츠관광은 복합적 특성을 지닌 융합 연구 대상이다.

27. 울산의 관광 형태의 변화를 가장 잘 설명한 것은?

① 산업관광–생태관광–산악/해양관광–역사문화관광–스포츠관광
② 생태관광–산업관광–산악/해양관광–스포츠관광–역사문화관광
③ 역사문화관광–생태관광–산악/해양관광–산업관광–스포츠관광
④ 산악/해양관광–역사문화관광–생태관광–스포츠관광–산업관광

▸ 정답: ①
▸ 해설: 울산의 관광은 산업–생태–산악/해양–역사문화–스포츠관광 순서이다.

스포츠관광 첫 만남 첫 시간 학습자료

- 김지현. (2012). 스포츠관광 참여자의 체험가치가 브랜드 자산 및 행동의도에 미치는 영향. 스포츠산업경영학회지, 17(2), 27~41.
- 박용범(2000). 지역사회 발전을 위한 스포츠관광의 활용방안. 한국사회체육학회지, 13, pp.687~698.
- 박정훈. (2018). 지역 활성화를 위한 스포츠관광의 역할과 과제. 스포츠사이언스, 35(2), 45-58.
- 이정학. (2015). 스포츠관광의 개념적 틀과 연구과제. 스포츠산업경영학회지, 20(1), 1~13.
- 최성훈(2016). 여가문화로써 스포츠와 관광의 융합. 여가학연구, 14(2), 53~68.
- 최성훈(2018). 스포츠관광 탄생과 확산. 한국여가레크리에이션학회 학술세미나자료집
- 한철언(2001). 21세기 스포츠 관광. 서울; 백산출판사.
- 한효중(2004). 스포츠관광 참여자의 참여동기에 따른 시장세분화. 28(1), 247~264
- Weed, M. & Bull, C. (2004). Sports Tourism: Participants, Policy and Providers. Oxford: Elsevier Butterworth-Heinemann.
- Gibson, H. (1998). “Sport Tourism: A Critical Analysis of Research.” Sport Management Review, 1(1), 45~76.
- Getz, D. (2003). Sport Event Tourism: Planning, Development and Marketing. New York: Cognizant Communication.
- Kurtzman, J., & Zauhar, J. (2005). Sports tourism consumer behavior. Journal of Sport & Tourism, 10(1), 15~20.
- Higham, J. (2005). Sport Tourism Destinations: Issues, Opportunities and Analysis. London: Routledge.
- Stebbins, R. A. (2007). Serious Leisure: A Perspective for Our Time. New Brunswick, NJ: Transaction Publishers.
- 스포츠관광을 디렉팅하다 1부.
  https://youtu.be/UU-0Kr7NaZg?si=V28GyyZ5iQfHA_gt
- 스포츠관광을 디렉팅하다 2부.
  https://youtu.be/YSy5EYcqiWE?si=8ZqoGMviUBf2-cjs
- ‘800조’ 스포츠관광 시장 개화...여행업, ‘테마형 플랫폼’으로 진화 / 머니투데이방송
  https://youtu.be/Y1yT-ZxFBXw?si=KvPblu884sr2ormj

02

올림픽과 민주주의가 시작된 땅, 그리스

이 장의 흐름

그리스의 스포츠관광은 고대 올림픽 유산과 지중해 자연환경을 기반으로 관람형·유산형·체험형·운동형 관광이 조화를 이루는 형태로 발전해왔다. 그리스의 올림피아와 아테네 등 역사적 스포츠 유산은 교육적·문화적 가치를 제공하며, 해양·산악 지형은 세일링, 다이빙, 하이킹 등 다양한 체험형 활동을 가능하게 한다. 또한 축구·농구 등 프로 스포츠 관람 수요와 대규모 국제이벤트 개최 인프라가 결합되면서 지속적인 관광수요를 창출하고 있다.

주요 내용

- 그리스의 지형과 문화
- 그리스의 스포츠관광 인프라: 항공, 교통, 통신, 숙박, 음식
- 그리스의 올림픽 역사와 스포츠관광
- 그리스의 유산형 스포츠관광: 올림피아, 파나티나이코 스타디움
- 그리스의 관람형 스포츠관광: 축구, 농구, 테니스
- 그리스의 체험형 스포츠관광: SUP, 세일링, 스쿠버다이빙, 하이킹
- 그리스의 운동형 스포츠관광: 테니스, SUP, 트레일러닝, 스키

주제어

지중해성 기후, 에게해, 이오니아해, 에게안 항공, 올림픽 에어, 피레아스 항구, 고대 올림픽, 올림포스산, 아테네 올림픽, 파나티나이코, 스파르타, 올림피아, 마라톤, 자고리, 수블라키, 기로스, 올리브유

그리스의 지형 문화

그리스는 산악지대와 수천 개의 섬으로 이루어진 복합적 구조를 갖고 있다. 국토의 약 80%가 산지로, 올림포스 산을 비롯한 다양한 고도차는 하이킹, 트레킹, MTB, 클라이밍 등 산악 스포츠관광을 활성화한다. 동시에 광대한 해안선과 섬들은 세일링, 요트, 카약, 다이빙 등 해양 스포츠관광의 기반을 제공하며, 에게해와 이오니아해의 잔잔한 바다와 풍부한 마리나 인프라는 해양스포츠 체험의 접근성을 높이고 있다.

기후적으로는 전형적인 지중해성 기후를 보이며, 온난한 겨울과 건조하고 맑은 여름이 특징이다. 이는 스포츠활동의 계절적 제약을 크게 줄여 연중 다양한 야외 스포츠가 가능하게 한다. 여름철에는 해양 스포츠와 아웃도어 활동이 집중적으로 이루어지고, 가을과 봄에는 마라톤, 사이클링, 도보여행 등 기후 친화적 스포츠관광이 활발해진다. 이러한 기후조건은 스포츠와 휴양을 결합한 복합형 관광의 경쟁력을 높이는 요인이 된다.

문화적으로 그리스는 고대 올림픽을 포함한 풍부한 스포츠 유산을 보유하고 있으며, 스포츠가 공동체 의례·도시문화·철학적 가치와 깊이 연결되어 발전해왔다. 이러한 문화적 토대는 유산형 스포츠관광을 대표적 강점으로 만든다. 올림피아와 파나티나이코 스타디움 등 고대 경기장은 관광객에게 교육적·상징적 경험을 제공하며, 현대에도 올림픽 성화 채화식 등 고유한 스포츠문화 이벤트가 지속되고 있다. 또한 축구·농구 등 현대 스포츠문화도 일상 속에 깊이 뿌리내려 있어 관람형 스포츠관광의 수요를 견인하고 있다.

그리스의 항공

그리스의 대표 항공사인 에게안 항공(Aegean Airlines)과 그 계열인 올림픽 에어(Olympic Air)는 국내외 관광객의 이동을 연결하는 주요 수단으로써, 스포츠관광 수요가 집중되는 아테네, 테살로니키, 크레타, 로도스, 산토리니 등 주요 관광지로의 접근성을 용이하게 한다. 특히 에게안 항공은 유럽 전역과의 거미줄 같은 네트워크를 갖추고 있어 국제 스포츠 이벤트 참여 선수단과 관람객의 이동에 중요한 역할을 한다. 시즌별 증편, 스포츠 장비 운송 서비스, 단체 전세기 운영 등은 마라톤, 세일링, 사이클링 등 대형 스포츠 이벤트 참가자에게 실질적 편의를 제공한다.

(그리스 아테네 국제 공항 주차장)

공항 측면에서도 아테네 국제공항(엘레프테리오스 베니젤로스 공항)은 그리스 스포츠관광의 중심 관문이다. 대규모 국제선 취항지로서 아테네 마라톤, 유럽 축구 경기, 국제 농구 이벤트 등 다양한 스포츠관광 이동의 허브 역할을 수행한다. 공항 인근의 교통 접근성이 우수해 스포츠 경기장과 관광지 간 이동 효율도 높다. 섬 지역 공항의 존재는 체험형·운동형 스포츠관광을 더욱 활성화한다. 산토리니, 미코노스, 크레타(이라클리온), 로도스 공항 등은 성수기 시즌 유럽 각국에서 직항이 운항되어 해양 스포츠, 요트 레이스, 다이빙, 트레킹 등 다양한 스포츠활동 참여를 쉽게 만든다. 이런 섬 공항은 스포츠와 휴양을 결합한 복합형 관광의 확산에도 중요한 기능을 한다.

그리스의 대중교통

아테네를 중심으로 운영되는 대중교통 브랜드인 OASA(아테네 대중교통공사)는 지하철, 시내버스, 트램(tram)을 통합해 스포츠관광 이동에 필수적인 기능을 수행한다. 아테네 지하철(Metro)은 올림픽 경기장(OAKA), 파나티나이코 스타디움, 도심 관광지와 연결성이 높아 관람형·유산형 스포츠관광의 접근성을 크게 향상시킨다. 특히 공항철도와의 연계는 국제 관광객이 경기장 및 스포츠 유산지로 이동하기 편리한 구조를 제공한다.

버스 네트워크는 아테네 도시 외곽의 하이킹 코스, 산악지대, 해변 스포츠 시설로 이동하는 데 유용하며, 관광 시즌에는 스포츠 체험형 수요가 높은 지역으로 노선을 강화하는 특징이 있다. 트램은 해안 지역과 도심을 연결해 해양 스포츠 체험자와 레저 관광객의 이동 수단으로 널리 활용된다.

(그리스 아테네 마을버스)

중장거리 이동에서는 KTEL(그리스 전국버스망)이 중요한 역할을 한다. KTEL은 아테네·테살로니키에서 크레타, 펠로폰네소스, 델피, 올림피아 등 주요 스포츠 유산지·트레킹 코스·해양 스포츠 지역으로 연결되어 있어 스포츠관광 동선을 효율적으로 만들어준다. 특히 올림피아, 델피 등 유산형 관광지 이동 시 접근성이 뛰어나다.

철도 분야에서는 그리스 철도 운영사 Hellenic Train(헬레닉 트레인)이 주요 도시와 지방을 연결한다. 아테네－테살로니키 고속철도는 경기 관람, 국제 스포츠 이벤트 이동, 대도시 간 스포츠 교류에 중요한 노선이다. 또한 기차는 자전거 탑재가 가능한 경우가 많아 사이클링 관광객에게 적합한 교통수단으로 평가된다.

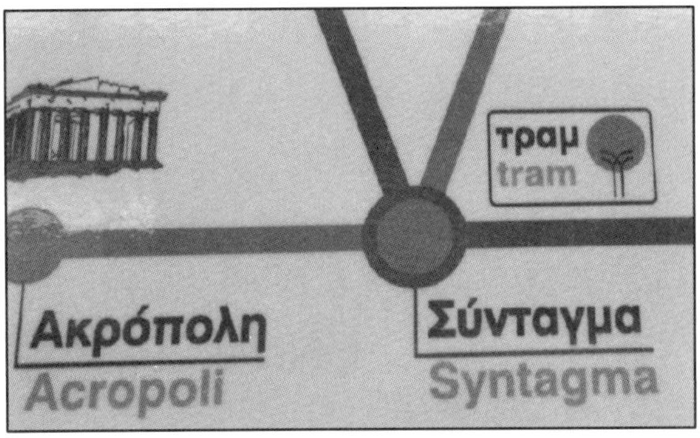

(그리스 아테네 지하철 안내 표식)

섬 지역에서는 페리 운영사들이 사실상 대중교통 브랜드로 기능한다. Blue Star Ferries, Hellenic Seaways, Minoan Lines 등은 섬 간 이동을 지원해 요트, 서핑, 다이빙 등 해양 스포츠관광을 크게 확장시킨다. 페리는 장비 이동이 용이하고, 다양한 섬을 연계한 스포츠 투어 코스를 구성하는 데 필수 인프라로 활용된다.

(그리스 피레우스 항구 여객선)

그리스의 렌터카 서비스는 국제 공항과 주요 항구에 밀집해 있으며, 현지 브랜드와 글로벌 브랜드(예: Hertz, Avis, Europcar)가 함께 운영된다. 대부분의 차량은 내비게이션, 다국어 지원, 전기차 선택 기능을 갖추고 있어 외국인 관광객도 편리하게 이용할 수 있다. 스포츠관광의 흐름에 맞춰, 최근에는 스포츠 패키지형 렌터카 서비스도 등장하고 있다. 그리스에서 대표적인 렌터카 업체로는 다음과 같은 회사들이 있다.

- Europcar: 그리스 전역의 주요 도시 및 공항에 지점을 운영하며 차량 선택 폭이 넓고 이용 후 만족도가 높다.
- Sixt: 아테네 공항, 크레타, 코르푸 등 주요 관광지 공항에 지점이 있고 차량 성능, 브랜드 다양성 면에서 강점을 갖고 있다.
- Hertz: 아테네 · 테살로니키 · 미코노스 · 크레타 등 다양한 지점망을 갖추고 있으며 공항 픽업/반납이 편리하다.
- AutoUnion: 그리스 현지 브랜드로서 본토와 섬 지역에 약 400개 이상의 지점을 운영하고 있어 관광객이 상대적으로 소외된 지역까지 차량 이동이 가능하다.

그리스의 유심

그리스에서 스포츠관광을 즐기기 위한 유심은 경기장 이동, 섬 지역 스포츠 활동, 내륙 유산지 탐방 등 다양한 이동 환경에 맞추어 안정적인 통신을 제공하는지가 핵심 요소이다. 그리스의 주요 통신 브랜드는 Cosmote, Vodafone, Nova가 있으며, 이들은 각기 다른 강점을 통해 스포츠관광객의 여행 환경이나 안전성을 높인다.

Cosmote는 그리스 최대 통신사로 전국적인 커버리지와 안정적인 수신 품질을 제공한다. 특히 산악지대나 섬 지역 등 스포츠관광이 자주 이루어지는 공간에서도 신호가 안정적이어서 하이킹, 사이클링, 해양 스포츠 등 야외활동을 중심으로 이동하는 관광객에게 높은 신뢰도를 준다. 델피, 올림피아 같은 내륙 유산지부터 산토리니, 크레타 등 해양 스포츠 중심지까지 통신 품질이 고르게 유지되는 점은 스포츠관광의 연속성을 확보하는 데 큰 장점이 된다.

(그리스의 유심)

Vodafone Greece는 도시 중심의 커버리지와 빠른 데이터 속도에서 강점을 보이며, 아테네와 테살로니키 같은 대도시에서 열리는 프로축구, 농구 경기 등 관람형 스포츠관광에 적합하다. 경기장 주변, 공항과 도심 간 이동, 실시간 경기 정보 확인 등 도시형 활동이 많은 여행자에게 효율적인 선택이 된다. 또한 단기 여행자를 위한 상품 구성이 쉬워 관광객 접근성이 높다는 특징이 있다.

Nova는 상대적으로 저렴한 요금과 기본적인 커버리지를 제공해 데이터 사용량이 많지 않은 스포츠관광객에게 적합하다. 대도시와 주요 관광지 중심으로는 무리 없이 사용 가능하나, 산악지대나 외곽 섬에서는 신호가 약할 수 있어 활동 범위가 비교적 제한된 여행자에게 알맞다.

이와 함께 Airalo, Holafly 같은 국제 eSIM 브랜드는 현지망을 빌려 사용하는 방식으로, 그리스 도착과 동시에 즉시 연결되는 편의성이 크다. 여러 국가를 이동하며 스포츠 이벤트를 관람하거나 유럽 스포츠투어를 병행하는 여행자는 국제 eSIM의 간편성을 선호하는 경우가 많다. 이러한 eSIM은 물리적 유심 교체가 필요 없고, 데이터 중심 사용에 적합하다는 점에서 이동이 잦은 스포츠관광객에게 유리하다.

그리스 숙박

그리스에서 스포츠관광을 고려할 때 대표적으로 선택되는 숙박 브랜드는 크게 국제 체인과 그리스 로컬 브랜드로 나뉘며, 이들은 스포츠활동의 성격에 따라 적합도가 달라진다. 국제 체인인 Marriott, Hilton, Radisson Blu 등은 아테네나 테살로니키 같은 대도시에 집중되어 있어 프로축구, 농구 등 관람형 스포츠관광을 계획하는 여행자에게 안정적 선택지로 기능한다. 경기장 접근성이 뛰어나고 공항·도심·경기장 간 이동 동선이 효율적이며, 체육시설, 수영장, 피트니스센터 등 운동형 관광객이 선호하는 부대시설도 잘 갖추고 있다. 특히 아테네 힐튼이나 그랜드 브리타니아 같은 고급 브랜드는 국제 스포츠대회에 참가하는 선수단과 언론이 자주 머무르는 곳으로도 알려져 있다.

그리스 로컬 호텔 브랜드 중에서는 Grecotel, Mitsis Hotels, Ikos & Sani Resort 등 리조트형 체인이 스포츠관광과 높은 친화성을 보인다. 이들 리조트는 크레타, 로도스, 코스, 할키디키 등 해양 스포츠 중심 지역에 밀집해 있으며, 세일링, 다이빙, 서핑, 오픈워터 수영 등 해양 스포츠 프로그램과 연계된 체험 서비스를 제공한다. 리조트 내에 테니스 코트, 워터스포츠 센터, 조깅 코스 등을 갖춘 경우가 많아 휴양과 운동형 스포츠관광을 동시에 즐기기 좋은 환경을 갖추고 있다. 이러한 해양 리조트 브랜드는 가족 단위의 스포츠 휴양객이나 장기간 머물며 여러 스포츠활동을 체험하려는 여행자에게 특히 적합하다.

또한 산악·내륙 중심 스포츠관광에서는 Zara Hotels, Divani Hotels 등 지역 기반 호텔이 선호된다. 델피, 메테오라, 올림포스 산 주변에는 트레킹·하이킹 관광객을 위한 부티크 호텔과 로컬 체인이 발달해 있으며, 자연 환경 접근성, 조용한 숙박 환경, 야외활동 기반 정보 제공 등이 장점으로 꼽힌다. 아테네 마라톤이나 산악 러닝 이벤트 참가자들은 주로 도심 접근성이 높은 중급 체인 호텔(Novus, Titania, Electra Hotels 등)을 이용해 경기 전후 이동의 편의성을 확보하고 있다.

그리스 음식

그리스에서 스포츠관광을 즐기는 여행자들은 활동량이 많은 야외 스포츠 특성상 단백질과 신선한 재료 중심의 음식을 자주 찾게 되는데, 대표적인 브랜드 체인으로는 Goody's Burger House, Everest, Gregory's(그레고리스) 등이 있다. Goody's는 그리스 전역에 위치하며 경기 관람 전후 빠르게 식사를 해결할 수 있는 메뉴를 제공해 축구·농구 등 관람형 스포츠관광객이 많이 찾는다. Everest는 샌드위치와 커피 중심의 간편식 브랜드로, 마라톤 참가자나 하이킹 여행자들이 아침 식사를 준비할 때 자주 이용하는 브랜드이다. Gregory's는 파이류와 에스프레소가 유명하며, 스포츠 활동 전 에너지를 보충하거나 섬 지역 이동 중 가볍게 식사하기에 적합하다.

전통적인 그리스의 수블라키와 기로스는 단백질 공급이 용이하여 세일링, 다이빙, 사이클링 등 장시간 야외 스포츠를 즐기는 관광객에게 특히 선호된다. 또한 육류·채소·올리브오일 중심의 그리스 식단은 활동량이 많은 여행자에게 부담이 적고 소화가 잘되는 특징이 있어 스포츠관광과 잘 어울린다.

해양 스포츠 중심 지역에서는 해산물 브랜드 식당들이 대표적이다. 크레타의 Pelagos, 로도스의 Fish Tavern 체인 등은 오징어, 문어, 생선구이, 그리스식 샐러드 등을 제공해 다이빙이나 요트 활동을 마친 관광객에게 인기가 높다. 특히 올리브오일과 신선한 채소를 기반으로 한 메뉴는 스포츠 후 회복식으로 적합하며, 이는 지중해 식단의 건강성이 스포츠관광객의 니즈와 일치하는 부분이다.

디저트와 카페 브랜드도 스포츠관광과 밀접한데, Mikel Coffee와 Coffee Island는 그리스 전역에서 쉽게 찾을 수 있는 카페 체인으로, 경기 관람 전후 휴식 공간을 제공하고, 장거리 이동이나 야외활동 중 카페인을 보충하는 데 널리 활용된다. 그리스 요거트 전문 브랜드들은 단백질 함량이 높아 운동형 관광객들의 회복식으로 자주 선택되며, 꿀과 견과류를 더한 전통 방식은 영양 균형이 뛰어나 하이킹·러닝 관광객에게 매우 적합하다.

그리스의 올림픽 역사

그리스의 올림픽 역사는 기원전 776년 올림피아에서 시작된 고대 올림픽에서 출발한다. 올림피아 제전은 종교·도시국가 간 경쟁·신체 단련이 결합된 종합 축제로 발전했으며, 달리기·레슬링·원반던지기·펜타슬론 등 다양한 종목이 도입되었다. 고대 그리스는 스포츠를 인간의 미덕과 공동체 정신을 구현하는 수단으로 여겼고, 이러한 전통은 근대 올림픽에도 그대로 이어졌다. 고대 올림픽 유산은 그리스가 세계 스포츠 문화의 기원지라는 상징성을 얻게 해주었고, 이는 현대에도 그리스 스포츠 정체성의 핵심 요소로 남아 있다.

근대올림픽 부활의 과정에서도 그리스는 중심적인 역할을 수행했다. 쿠베르탱 남작의 주도로 1896년 첫 근대올림픽이 아테네에서 개최되었고, 파나티나이코 스타디움에서 열린 이 대회는 고대와 현대를 잇는 역사적 상징성을 확립했다. 특히 그리스 선수 스피리돈 루이스(Spyridon Louis)의 마라톤 우승은 국가적 영웅 서사로 자리 잡았고, 그루터기만 남아 있던 고대 스포츠 전통이 현대적 국가 감정과 결합되는 계기가 되었다. 이후 2004년 아테네 올림픽은 올림픽의 '귀향'이라는 콘셉트로 개최되었으며, 신·구 인프라와 복원된 경기장이 조화를 이루며 올림픽의 역사적 정체성을 새롭게 재현했다.

그리스는 근대올림픽 출범 이후 단 한 번도 빠지지 않고 모든 하계올림픽에 참가한 몇 안 되는 국가 중 하나이며, 특히 성화 채화식은 세계 스포츠문화 속에서 그리스가 맡고 있는 상징적 위치를 보여준다. 성화는 매 대회마다 올림피아에서 점화되어 개최국으로 전달되는데, 이는 그리스가 올림픽 정신의 원천이자 문화적 수호자라는 의미를 담고 있다.

스포츠영웅 측면에서 그리스는 고대와 현대를 모두 아우르는 독특한 스토리텔링을 가진다. 고대의 경우 밀로스의 크로톤 같은 레슬링 영웅들이 전설적 존재로 기억되며, 이는 힘과 균형, 기술이라는 고대 그리스의 신체적 이상을 상징한다. 20세기 후반과 21세기에는 역도 스타 피로스 디마스가 세 차례 올림픽 금메달을 획득하며 현대 그리스 스포츠의 상징이 되었고, 요트·수구·체조·육상 등 여러 종목에서도 국제적 명성을 얻은 선수들이 등장했다. 남자

농구 국가대표팀과 배구·수구 종목의 성공도 그리스 스포츠영웅의 범위를 넓혀왔다.

(파나티나이코 근대 하계올림픽 경기장 지하 회의장)

그리스의 스포츠관광

관람형 스포츠관광은 그리스의 도시 중심 스포츠문화를 기반으로 발전해 있으며, 특히 아테네와 테살로니키가 핵심 축을 이룬다. 두 도시에는 축구와 농구를 중심으로 한 프로 스포츠 문화가 강하게 자리 잡고 있어 팬층이 두텁고 경기장의 분위기가 열정적이다. 올림피아코스, 파나티나이코스, AEK 아테네 등 그리스 대표 구단들의 홈경기를 관람하기 위해 많은 관광객이 찾으며, 유럽대항전 시즌에는 해외 팬 유입도 활발하다. 또한 아테네 클래식 마라톤과 같은 국제대회는 대규모 관람객과 응원 문화를 형성해 그리스의 스포츠관람 경험을 더욱 풍부하게 만든다.

유산형 스포츠관광은 그리스 스포츠관광의 가장 상징적인 영역으로, 고대 스포츠문화와 올림픽 유산을 중심으로 구성된다. 올림피아 유적지는 고대 올림픽의 발상지로서 전 세계 관광객이 고대 경기장과 훈련시설을 직접 둘러보고 스포츠의 기원을 체감할 수 있는 대표적 장소이다. 아테네의 파나티나이코 스타디움은 고대 판아테나이아 경기와 근대올림픽 첫 개최지라는 이중의 의미를 지녀 유산형 관광의 핵심 자원이다. 또한 델피 경기장, 고대 체육교육시설인 팔레스트라 등은 스포츠와 종교·도시문화가 결합된 고대 그리스 사회의 특징을 보여주는 중요한 유산으로 활용된다. 성화 채화식과 같은 현대적 올림픽 의례는 그리스의 유산형 관광 가치를 더욱 강화하며, 스포츠문화의 지속성과 정체성을 상징적으로 드러낸다.

(파나티나이코 근대 하계올림픽 경기장 입구)

체험형 스포츠관광은 해양·산악·도시환경을 활용한 다양한 프로그램으로 구성된다. 그리스의 섬 지역은 세일링, 요트, 스쿠버다이빙, 카약 등 해양 스포츠 체험지로 유명하며, 산토리니와 미코노스는 여가형 스포츠체험과 휴양을 결합한 대표 사례로 꼽힌다. 내륙에서는 메테오라·올림포스 산 일대에서 트레킹과 클라이밍이 활발하고, 아테네와 크레타 등 도시·해변 지역에서는 자전거 투어, 요가 리트리트, 비치 스포츠 체험 등이 이루어진다. 이러한 체험형 활동은 관광객이 그리스의 자연환경을 직접 체감하며 몸으로 경험할 수 있도록 돕는다.

운동형 스포츠관광은 본격적인 스포츠 수행을 목적으로 그리스를 방문하는 형태로, 트레이닝캠프나 장거리 코스 기반의 스포츠여행이 대표적이다. 아테네 마라톤 코스는 고대 마라톤 전투에서 아테네로 이어지던 길을 따라 조성되어 전 세계 러너들이 상징적 의미를 느끼며 참가한다. 크레타 · 펠로폰네소스 · 로도스 등은 사이클링 투어와 철인3종 훈련지로 인기가 있으며, 기후가 온화해 장기간 훈련 캠프 운영에 적합하다. 해양 스포츠 분야에서도 오픈워터 스윔, 요트 레이스 참가를 목적으로 방문하는 전문 · 아마추어 선수층이 꾸준히 증가하고 있다.

그리스의 축구 관광

그리스의 프로축구리그(Super League Greece)는 아테네, 피레우스, 테살로니키 등 주요 도시를 중심으로 팀이 분포해 있으며, 올림피아코스, 파나티나이코스, AEK 아테네, PAOK 테살로니키 같은 명문 구단들이 리그를 이끌고 있다. 이 도시들은 모두 문화 · 역사 관광지이자 항만 · 상업 중심지이기 때문에 축구 관람을 위해 이곳을 찾는 관광객은 경기 전후로 도시 탐방까지 자연스럽게 연결된다. 즉, 축구가 도시관광의 중심 동력이 되는 구조가 형성되어 있다. 올림피아코스와 파나티나이코스 간 경기, AEK 아테네와 PAOK의 맞대결 등은 도시의 정체성과 지역 감정을 상징하는 더비 경기로, 외국인 관광객에게도 특별한 관람 체험을 제공한다.

그리스의 농구 관광

해마다 10월 초부터 6월 초까지 시즌이 진행되는 그리스의 프로농구는 유럽 농구 리그 가운데서도 전통과 경쟁력이 높은 리그로 평가된다. OAKA 아레나(파나티나이코스)와 피스 앤드 프렌드쉽 스타디움(올림피아코스)은 접근성이 뛰어나 아테네 관광 일정 안에 쉽게 포함되며, 경기 중 팬들의 응원과 분위기는 도시의 정체성과 결합된 독특한 관람 경험을 제공한다. 아테네 더비 경기,

특히 파나티나이코스와 올림피아코스의 라이벌 매치는 전 세계 농구 팬이 관심을 갖는 경기로, 이 경기를 보기 위해 방문하는 관광객도 많다. 밀워키 벅스의 야니스 아데토쿤보는 NBA MVP를 다수 수상한 세계적 스타로, 그리스 농구의 국제적 위상을 크게 높였다.

그리스 테니스 관광

그리스의 크레타, 로도스, 코르푸, 코스 같은 섬 지역은 테니스 리조트가 발달해 있으며, 호텔 단지 안에 여러 개의 클레이 코트와 하드 코트를 갖추고 코치, 장비, 레슨 프로그램을 제공하는 형태가 일반적이다. 아테네와 테살로니키 같은 대도시에서는 도시형 테니스관광이 이루어진다. 많은 테니스 클럽과 공공 코트가 있어 단기 방문객도 쉽게 테니스를 즐길 수 있으며, 국제 테니스대회 관람과 도시 관광을 함께 묶는 일정도 가능하다. 최근 그리스 출신 선수(예: 스테파노스 치치파스, 마리아 사카리)의 국제 무대 활약에 힘입어 테니스에 대한 국민적 관심이 높아지고 있다.

(제우스 신전 바로 아래에 있는 아테네 테니스장)

그리스의 SUP관광

그리스의 SUP(Stand Up Paddleboard) 관광은 에게해와 이오니아해의 맑고 잔잔한 해역, 풍부한 섬 지형, 온화한 지중해 기후가 결합되면서 빠르게 성장한 해양스포츠 관광 형태이다. 산토리니, 미코노스, 크레타, 코르푸, 낙소스 등 주요 섬 지역은 해안선이 길고 바다 색이 투명해 SUP를 즐기며 자연 경관을 감상하기에 이상적이다.

(SUP Tourism in Crete, Tripadvisor)

특히 화산 절벽 · 하얀 주택 · 푸른 바다가 조화를 이루는 산토리니의 칼데라 해역은 SUP 포토 스팟으로 유명하며, 크레타와 로도스는 해양 레저 인프라가 잘 갖추어져 있어 다양한 SUP 체험 상품이 운영된다. 또한 그리스 SUP 관광은 단순한 해상 이동이 아니라 체험형 스포츠관광의 성격이 강하게 나타난다. 많은 지역에서 SUP 요가, SUP 피트니스, SUP 일몰 투어, 해안 동굴 탐험 SUP 같은 프로그램을 운영해 활동과 체험을 결합한 상품이 활성화되어 있다. 해질녘 SUP 투어는 지중해 특유의 붉은 석양을 감상하며 즐길 수 있어 관광객 선호도가 높다.

그리스 스포츠관광 여정 지도

여정 지도	그림, 장소, 점, 화살표로 표시

※ 손 글씨로 표에 내용을 기입하고 사진을 찍어서 클라썸에 과제로 제출.

그리스 스포츠관광 여정

목적	
여정(기간)	(　　　　　　)~(　　　　　　)
비용	
스포츠관광 유형	Sp　　Lg　　Ep　　At
전자여행허가서 이름, 비용	
비자 준비 유무	
항공사 이름과 코드	
공항 이름과 코드	
통신(유심) 이름과 비용	
기차 이름과 비용	
버스	
지하철	
택시	
자전거	
렌트카	
숙박	
음식	
목적지	

※ 손글씨로 표에 내용을 기입하고 사진을 찍어서 클라썸 과제로 제출.

〈그리스 스포츠관광 퀴즈〉

1. 그리스가 해양스포츠관광 강국으로 발전하게 된 주요 자연 · 지형적 요인 중 옳지 않은 것은?

① 다양한 섬과 해안선　　② 안정적 지중해성 기후
③ 잔잔한 지중해　　④ 대륙성 기후

▸ 정답: ④
▸ 해설: 그리스는 사막이 아닌 지중해성 기후로 해양스포츠 환경이 좋다.

2. 고난도 산악 트레킹의 대표지로서 그리스의 상징적 의미를 갖는 곳은?

① 올림포스산(Όλυμπος)　　② 산토리니 칼데라(Καλδέρα Σαντορίνης)
③ 메테오라(Μετέωρα)　　④ 델피(델포이, Δελφοί)

▸ 정답: ①
▸ 해설: 올림포스산은 신화 · 지형적으로 모두 난이도 높은 트레킹지이다.

3. 고대 스포츠유산의 가치를 고려할 때 유산형 스포츠관광 핵심지로 가장 적합힌 도시는?

① 아테네　　② 올림피아　　③ 코르푸　　④ 로도스

▸ 정답: ②
▸ 해설: 올림피아는 올림픽 발상지로 유산관광 핵심지이다.

4. 그리스에서 기후 · 지형적 특성상 관광형 스포츠로 제공되지 못하는 것은?

① 스노클링　　② 요트 세일링
③ SUP　　④ 스키 점프

▸ 정답: ④
▸ 해설: 스키 점프는 시설과 기후 제한으로 불가능에 가깝다.

5. 그리스 메테오라의 스포츠관광 가치를 가장 잘 설명하는 활동은?

① 암벽등반 ② 윈드서핑
③ 사막 투어 ④ 스키 점프

▸ 정답: ①
▸ 해설: 고립된 절벽 지형은 암벽등반·하이킹에 최적화되어 있다.

6. 아테네가 유산형 스포츠관광 자원으로 활용하는 것은?

① 역사적 경기장 보유 ② 대중교통의 발달
③ 항공사와 공항의 발달 ④ 유명한 숙박 시설

▸ 정답: ①
▸ 해설: 파나티나이코 경기장 등 유산+관람 결합이 가능하다.

7. 올림피아가 스포츠관광지로 독보적인 이유는 무엇인가?

① 최초 축구장 존재 ② 고대 올림픽의 실제 개최지
③ 현대 스포츠시설 중심 ④ 국제대회 상시 개최

▸ 정답: ②
▸ 해설: 스포츠관광의 기원지적 상징성을 가진다.

8. 운동형 스포츠관광에서 그리스의 경쟁우위적 지형적 요소는?

① 평지 중심 ② 해양, 산악·협곡 분포
③ 빙하 지역 존재 ④ 사막 중심

▸ 정답: ②
▸ 해설: 산악과 협곡이 많아 트레킹·트레일 러닝에 유리하다.

9. 그리스의 크레타섬이 세계적으로 스포츠관광객에게 주목받는 이유는?

① 협곡 중심 고난도 트레킹 ② 빙벽 등반 발달
③ 사막 레이스 개최 ④ 스키 관광 중심

▸ 정답: ①
▸ 해설: 사마리아 협곡 등을 포함한 협곡 트레킹이 세계적이다.

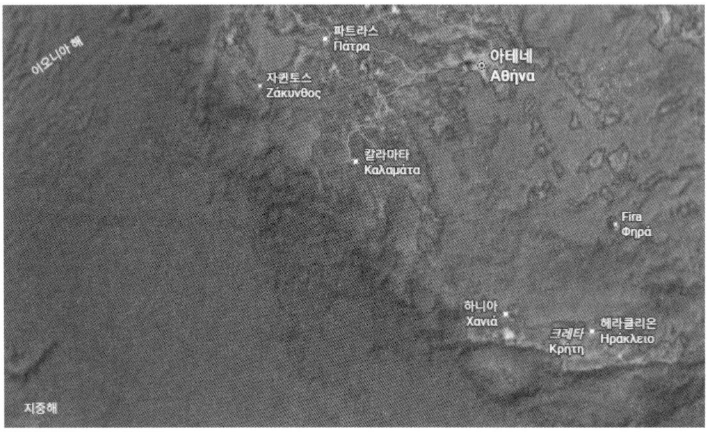

(그리스의 크레타섬)

10. 지중해 식단이 스포츠관광객의 체력 유지에 효율적인 이유는?

① 기름진 음식 비중 큼 ② 신선한 채소 · 해산물 중심
③ 단백질 부족 ④ 회복에 불리함

▸ 정답: ②
▸ 해설: 가벼운 식단은 회복 · 활동 모두에 적합하다.

11. 아테네의 파나티나이코 경기장이 스포츠관광지로 특별한 이유는?

① 스키 경기장 역할 ② 근대 올림픽의 상징적 개최지
③ 무술 경기장 ④ 전자스포츠 경기장

▸ 정답: ②
▸ 해설: 세계 유일 대리석 경기장이며 근대 올림픽 최초 개최지다.

12. 유산형 스포츠관광에서 그리스가 다른 국가들과 가장 큰 차별성은?

① 고대 체육 · 올림픽 유산 ② 빙상 스포츠 전통
③ 사막 유목 스포츠 ④ 북극 스포츠 문화

▸ 정답: ①
▸ 해설: 올림픽과 체육 철학의 기원지라는 독보적 위치를 가진다.

13. 그리스 섬 간 이동에서 스포츠관광을 가능하게 하는 핵심 교통수단은?

① 고속철도 ② 크루즈 · 페리
③ 낙타 ④ 스키 리프트

▸ 정답: ②
▸ 해설: 다도해 구조에서 페리와 크루즈는 필수 인프라다.

14. 그리스에서 세계적 트레일 러닝 대회가 열리는 지역은?

① 자고리(Zagori) ② 산토리니
③ 로도스(Ρόδος) ④ 미코노스(Μύκονος)

▸ 정답: ①
▸ 해설: 자고리는 산악 · 협곡 중심 국제 대회가 열리는 곳이다.

15. 그리스의 올림픽 개최가 국제적으로 갖는 핵심 의미는?

① 지역 축제 수준 ② 고대-현대 문명을 연결하는 상징
③ 경기 대부분 취소 ④ 올림픽 비중 낮음

▸ 정답: ②
▸ 해설: 고대 제전과 현대 스포츠의 문명적 연속성을 보여준다.

16. 그리스에 대한 설명으로 거리가 먼 것은?

① 2004년 하계올림픽 개최 ② 1996년 동계올림픽 개최
③ 에게안 항공 보유 ④ 렌터카(Europcar) 서비스 이용함

▸ 정답: ②
▸ 해설: 그리스는 동계올림픽을 개최한 경험이 없음.

17. 그리스에 대한 설명으로 거리가 먼 것은?

① 유심으로 Cosmote 사용함 ② 숙박으로 Grecotel 이용함
③ 수블라키는 전통 음식 ④ 사이클 영웅으로 코피가 유명함

▸ 정답: ④
▸ 해설: 파우스트 코피는 이탈리아 사이클 선수.

18. 스포츠관광에서 '일상 탈출'과 '심리적 재충전'을 핵심 동기로 설명하는 데 가장 적합한 여가학 이론은?

① 진지한 여가 이론　　② 여가 제약 이론
③ 여가 동기 이론　　④ 여가 전문화 이론

▸ 정답: ③
▸ 해설: 여가 동기 이론은 휴식, 탈일상, 긴장 완화와 같은 동기가 핵심.

19. 트레일 러닝, 마라톤, 철인3종 대회 참가형 스포츠관광을 반복적으로 수행하는 참가자를 설명하는 데 가장 적합한 이론은?

① 일상적 여가 이론　　② 진지한 여가이론(Serious Leisure)
③ 여가 대체 이론　　④ 여가 균형 이론

▸ 정답: ②
▸ 해설: 진지한 여가이론은 인내심, 장기적 경력, 개인의 노력, 지속적 혜택, 독특한 윤리, 강한 정체성이라는 6가지 주요 특징을 가진다.

20. 스포츠관광 참가자가 시간 부족, 비용 부담, 동반자 부재로 참여하지 못하는 상황을 설명하는 여가학 이론은?

① 여가만족이론(leisure satifaction)
② 여가몰입이론(leisure flow)
③ 여가제약타협이론(leisure constraints negotiation theory)
④ 여가동기이론(leisure motivation theory)

▸ 정답: ③
▸ 해설: 여가제약타협이론은 여가의 참가와 선택, 극복을 설명하는 이론.

21. 프로스포츠 원정 관람 관광에서 팬이 팀과 자신을 동일시하며 강한 소속감을 느끼는 현상을 가장 잘 설명하는 여가학 개념은?

① 여가 대체　　② 여가 정체성(leisure identity)
③ 여가 긴장　　④ 여가 균등성

▸ 정답: ②
▸ 해설: 특정 여가 활동이 개인의 자아 개념 일부가 되는 현상을 여가 정체성으로 설명한다.

22. 초보자에서 숙련자로 발전하면서 스포츠관광 참여 방식이 점차 전문화되는 과정을 설명하는 이론은?

① 여가 전문화 이론　　② 여가 동기 이론
③ 여가 보상 이론　　④ 여가 스트레스 이론

▸ 정답: ①
▸ 해설: 여가 전문화 이론은 기술, 지식, 헌신도의 단계적 발전을 설명한다.

23. 스포츠관광 참가자가 부상, 피로 등으로 기존 활동을 중단 또는 대체하거나 또는 다른 종목을 추가하는 현상을 설명하는 이론은?

① 여가 몰입 이론　　② 여가 패턴 이론
③ 진지한 여가 이론　　④ 여가 정체성 이론

▸ 정답: ②
▸ 해설: 여가 패턴 이론은 여가 활동의 중단, 대체, 추가 등의 변화 현상을 설명한다.

24. 스포츠관광 연구에서 여가학 이론이 중요한 이유로 가장 타당한 것은?

① 스포츠관광은 경기력 분석이 핵심이기 때문이다.
② 스포츠관광은 관광학 이론만으로 충분히 설명된다.
③ 스포츠관광은 여가 선택, 의미, 경험을 포함한 인간 행위이다.
④ 스포츠관광은 단기 소비 현상에 불과하다

▸ 정답: ③
▸ 해설: 스포츠관광은 여가 선택과 경험의 맥락에서 이해되어야 하는 인간 중심 활동이다.

그리스 스포츠관광 학습자료

- 김지현, 이수경. (2021). 「지중해식 식단과 웰니스 스포츠관광의 연계 연구」. 한국관광연구학회지, 43(3), 55–72.
- 문화체육관광부. (2022). 스포츠관광 활성화 전략 보고서. 서울: 문화체육관광부.
- 한국관광공사. (2023). 세계 주요국 스포츠관광 비교분석 – 그리스 편. 원주: 한국관광공사 국제관광연구팀.
- IOC (International Olympic Committee). (2021). The Olympic Heritage of Greece and Modern Sports Tourism. Lausanne: IOC Publications.
- UNWTO (United Nations World Tourism Organization). (2020). Sports Tourism: A Catalyst for Sustainable Development. Madrid: UNWTO.
- Hellenic Ministry of Tourism. (2022). Greece: Sports, Culture and Tourism Development. Athens: Government of Greece.
- Panagiotopoulos, G., & Karagiannis, N. (2021). The Role of Geography in the Development of Sports Tourism in Greece. Journal of Mediterranean Tourism Studies, 14(2), 87–104.
- Smith, M. & Stewart, B. (2019). Sports Tourism in the Mediterranean Basin: The Case of Greece. London: Routledge.
- OECD. (2022). Sustainable Tourism and Mobility: Electric and Smart Transport in Greece. Paris: OECD Publishing.
- Σταματίου, Π. (Stamatiou, P.). (2020). Greek Islands and Active Sports Tourism Development. Athens: Hellenic Tourism Organization Press.
- 걸어서 세계속으로: 그리스 여행 (KBS 2021년 7월 31일 방송) https://youtu.be/YHyzKYzqCs0?si=zqC_NjEjiOl43uCv
- 걸어서 세계 속으로: 자유로움이 가득한 나라 '그리스' 여행 https://youtu.be/jZkQOjUeaNM?si=O4RihE-Gr0AuM9sg
- 그리스 여행 다큐멘터리: 항공편, 비자, 여행비용 https://youtu.be/J9oiQPbDpIE?si=k_TU4a8fT75IJYSo
- 그리스 아테네, 산토리니섬, 미코노스섬 여행 https://youtu.be/JH45o8YQLjU?si=u_wvViEPVO4qoMCu
- 올림픽 성화가 시작되는 올림피아 https://youtu.be/oP6xsi31nu0?si=7vWtIwEe-d4EWANz
- 그리스 여행 – 아테네 올림픽의 시작 그리스 아테네 https://youtu.be/4J3JEiS8ob4?si=Rzuq8H3xWtlI4wLc

03

축구와 스키, 르네상스의 발원지, 이탈리아

이 장의 흐름

이탈리아의 스포츠관광은 지형적 다양성과 중세와 현대를 아우르는 풍부한 문화유산을 기반으로 발전한 유럽의 대표적인 스포츠관광지로서 매력성이 높다. 북부 알프스 지역에서는 스키, 등산 등 산악형 스포츠관광이, 남부와 지중해 연안에서는 요트, 서핑, 다이빙 등 해양형 스포츠관광이 활발히 이루어진다. 이탈리아는 축구, 자전거, 자동차 경주 등 다양한 스포츠 이벤트를 통해 관광객을 유치하며, 세리에A나 지로 디탈리아와 같은 대회는 도시 브랜드 향상과 지역 경제 활성화에 기여하고 있다. 또한 예술, 음식, 패션 등과 결합된 문화체험형 스포츠관광이 발달하여, 관광객은 스포츠와 문화를 동시에 즐길 수 있다.

주요 내용

- 이탈리아의 지형과 문화, 이탈리아의 스포츠관광 인프라
- 이탈리아의 올림픽 역사와 스포츠관광
- 이탈리아의 관람형 스포츠관광: 축구, F1, 지로디탈리아
- 이탈리아의 유산형 스포츠관광: 콜로세움
- 이탈리아의 체험형 스포츠관광: SUP, 스쿠버, 요트
- 이탈리아의 운동형 스포츠관광: 스키, 테니스, SUP, 스쿠버

주제어

알프스 산맥, 산악 스포츠, 세리에 A, 지로 디탈리아, 몬차 F1, 지중해 해양 스포츠, 올림픽·월드컵 유산, 이탈리아 전통 음식, 고속철도(프레차로사)

이탈리아 지형 문화

이탈리아의 지형은 북부 알프스 산악지대, 중부의 구릉지와 도시권, 남부의 지중해 해안이 뚜렷하게 나뉘어 스포츠관광의 다층적 발전을 가능하게 한다. 알프스는 유럽 최고의 스키·스노보드 관광지 중 하나로, 돌로미티 지역은 장거리 스키, 트레킹, 산악 마라톤 등 사계절 산악 스포츠를 지원한다. 중부 지역은 로마·피렌체 같은 도시유산과 결합된 자전거 투어, 러닝 코스 등 도심형 스포츠관광을 활성화하며, 남부 해안과 시칠리아·사르데냐는 세일링, 요트, 다이빙 등 해양 스포츠의 중심지로 기능한다.

기후적으로 이탈리아는 알프스의 냉대·한랭 기후, 중부의 온대 기후, 남부의 지중해성 기후가 공존한다. 북부의 눈 많은 겨울은 동계 스포츠관광을 강화하는 핵심 조건이며, 매년 수많은 국제 스키 대회와 훈련 캠프가 개최된다. 중부와 남부는 온화한 기후 덕분에 연중 스포츠활동이 가능하며, 특히 봄·가을 시즌에는 사이클링, 마라톤, 하이킹 관광이 절정에 이른다. 지중해 연안은 여름 해양 스포츠의 최적 환경을 제공하고, 따뜻한 날씨는 스포츠와 휴양을 결합한 복합형 관광을 유도한다.

문화적 측면에서 이탈리아는 예술, 도시유산, 생활문화가 스포츠관광과 깊이 결합되어 독특한 경험을 제공한다. 축구는 이탈리아 문화의 핵심 요소로, 세리에 A의 경기 관람은 관람형 스포츠관광의 대표적 콘텐츠로 자리 잡고 있다. 도시별로 팬 문화와 구단의 역사성이 뚜렷하여 밀라노, 로마, 토리노 등은 경기 관람 자체가 문화체험이 된다. 사이클링은 '지로디탈리아'로 상징되는 국민적 스포츠이며, 도로 경관·도시·산악지형이 결합된 코스는 세계적인 스포츠관광 명소로 기능한다. 또한 이탈리아의 식문화는 스포츠활동 전후 회복과 즐거움을 더하는 중요한 요소로, 와인·파스타·지중해식 식단은 활동형 관광객에게 건강성과 풍미를 동시에 제공한다. 예술·건축 유산과 스포츠 이벤트의 결합, 지역 축제와 스포츠의 융합도 문화적 매력도를 높여 스포츠관광의 부가가치를 강화한다.

이탈리아 항공

이탈리아의 대표 항공사는 로마 피우미치노 공항을 중심으로 유럽 · 미주 · 아시아 노선을 운항한다. 이 항공사는 국제 경기 관람객과 스포츠 참가자들의 주요 이동 루트이며, 로마, 밀라노, 토리노 같은 대도시를 빠르게 연결하여 세리에 A 경기, 국제 테니스대회, 마라톤 등 관람형 스포츠관광의 이동성을 높인다. 또한 국가대표팀 및 프로 스포츠 구단의 해외 원정 이동을 지원하는 항공사로서 국가 스포츠 네트워크의 중심축을 형성한다.

저비용 항공사인 Ryanair, EasyJet, Wizz Air 등은 도시 간 · 지역 간 이동을 촘촘하게 연결해 스포츠관광을 더욱 대중화한다. 북부 알프스 지역으로 향하는 관광객은 특히 저비용 항공을 통해 베르가모, 베로나, 볼차노 등 스키 리조트 접근 공항으로 이동하기 쉽고, 이는 동계 스포츠관광 활성화의 기반이 된다. 남부 및 섬 지역에서도 저비용 항공사가 중요한 역할을 하며, 시칠리아 · 사르데냐로 향하는 스포츠요트 · 다이빙 관광객의 접근성을 크게 개선한다.

공항 측면에서는 로마 피우미치노 공항과 밀라노 말펜사 공항이 이탈리아 스포츠관광의 핵심 관문이다. 로마는 마라톤, 테니스 마스터스, 축구 더비 등 국제 관람형 스포츠관광 수요가 높은 도시이며, 공항–도심–경기장 연결이 편리해 대규모 인파 이동을 효과적으로 처리한다. 밀라노 말펜사와 리나테 공항은 AC 밀란과 인터밀란의 홈경기, 세리에 A 관람 관광, 패션 · 문화 이벤트와 결합된 스포츠관광 흐름을 견인한다. 또한 말펜사는 알프스 지역과 가까워 스키 · 산악스포츠 참가자들이 이용하는 대표적 국제 허브 역할을 한다. 토리노 공항은 알프스 접근성이 뛰어나 2006년 동계올림픽 이후 동계 스포츠관광의 대표 관문으로 자리 잡았다. 베로나 · 베르가모 공항은 돌로미티와 여러 스키 리조트로 이동하기 용이해 겨울 스포츠관광의 이동 시간을 크게 단축한다. 남부에서는 나폴리, 팔레르모, 카타니아 공항이 해양 스포츠 중심의 관광객을 받아들이는 주요 거점이며, 특히 시칠리아 카타니아 공항은 바다 · 화산 · 산악이 결합된 복합형 스포츠관광으로 이어지는 중요한 출입구이다.

이탈리아 대중교통

이탈리아의 철도교통은 Trenitalia와 Italo가 양대 축을 이루며, 스포츠관광 이동의 핵심 기반이 된다. Trenitalia는 고속열차 Frecciarossa와 Frecciargento를 비롯해 지역열차까지 전국을 연결하고 있어 세리에 A 경기 관람을 위해 로마, 밀라노, 나폴리, 토리노를 이동하는 관광객에게 필수적이다. 또한 알프스 지역으로 향하는 노선은 겨울철 스키·스노보드 관광객이 주요 스키 리조트에 접근하는 데 중요한 역할을 한다. 민간 고속철 Italo 역시 밀라노－볼로냐－피렌체－로마－나폴리를 빠르게 연결해 도시형 스포츠관광의 효율을 높이고, 국제대회나 마라톤 참가자들이 장거리 이동을 시간적 부담 없이 수행하도록 돕는다.

도시 내 대중교통에서는 로마의 ATAC, 밀라노의 ATM, 토리노의 GTT가 대표적이다. 이들 도시교통 회사는 지하철·트램·버스망을 촘촘하게 운영하며 경기장과 주요 스포츠시설 접근성을 결정하는 핵심 요소가 된다. 로마에서는 올림피코 경기장, 밀라노에서는 산 시로, 토리노에서는 유벤투스 스타디움으로 향하는 이동이 대중교통으로 쉽게 이루어지며, 이는 관람형 스포츠관광의 편의성을 크게 향상시킨다. 또한 마라톤·사이클링·도심 스포츠 이벤트가 열리는 시기에는 임시 교통편 증편과 셔틀 운영을 통해 대규모 인파 이동을 지원한다.

FlixBus는 유럽 전역을 연결하며 이탈리아 주요 도시와 소도시를 이동할 수 있어 예산형 관광객이나 지역 리그 관람객에게 유용하다. MarinoBus나 Baltour 같은 국내 장거리 버스 회사는 철도 접근성이 낮은 중소 도시의 경기장, 산악 스포츠 거점, 해안 레저 지역으로 이동할 때 활용된다. 특히 돌로미티와 아펜니노 산맥 주변 지역은 버스가 스키 리조트·트레킹 코스 진입 교통의 중심 역할을 한다.

해상 교통 영역에서는 Tirrenia, Moby Lines, Grandi Navi Veloci(GNV) 같은 페리 회사가 스포츠관광 네트워크를 완성한다. 시칠리아, 사르데냐, 엘바 섬 등은 세일링, 요트, 다이빙, 트레일 러닝 등 체험형·운동형 스포츠관광의 중심지이며, 이들 섬으로 이동하기 위해 페리는 사실상 '해상 대중교통'으로 기능한다. 대형 장비를 들고 이동하는 사이클링 팀, 요트 선수단, 다이버들에게는 페리가 장거리 이동의 가장 실용적인 수단으로 인식된다.

이탈리아 숙박

이탈리아의 대형 국제 호텔 브랜드인 Marriott, Hilton, Radisson Blu, NH Hotels 등은 로마, 밀라노, 토리노와 같이 프로축구·농구·테니스 대회가 집중된 도시권에서 스포츠관광의 중심 숙박 역할을 한다. 세리에 A 경기 관람이나 ATP·WTA 테니스 대회 참가를 위해 방문하는 관광객들은 경기장과의 이동 편의성, 안정적인 서비스, 체육시설을 고려해 이러한 기업형 호텔을 선호한다. 특히 로마 올림피코 경기장, 밀라노 산 시로, 토리노 알리안츠 스타디움 등 주요 경기장 주변에는 국제 체인들이 밀집해 있어 관람형 스포츠관광의 숙박 기반을 형성한다.

반면 산악·자연환경 중심의 스포츠관광에서는 독특한 로컬 호텔 브랜드와 리조트 그룹이 강한 존재감을 보인다. 돌로미티와 알프스 일대에서는 Club Med, Blu Hotels, TH Resorts, Falkensteiner Hotels 같은 고산 리조트 체인들이 스키, 트레킹, 산악 마라톤, 자전거 투어 등을 지원하는 숙박시설로 기능한다. 이들은 장비 보관실, 스키 인·스키 아웃, 스포츠 강습 프로그램, 테라피·스파 시설 등 운동형 스포츠관광객의 니즈에 맞춘 서비스를 제공해 알프스 스포츠여행의 핵심 기반이 된다.

해양 스포츠 중심 지역에서는 Forte Village, Arbatax Resort, VOI Hotels, Baglioni Hotels 등 이탈리아·지중해형 리조트 브랜드가 대표적이다. 사르데냐, 시칠리아, 아말피 해안 등지의 리조트들은 세일링, 다이빙, 서핑, 오픈워터 스윔 등 다양한 해양 스포츠 프로그램과 연계되어 있으며, 가족형 스포츠휴양부터 전문 스포츠캠프까지 폭넓은 수요를 수용한다.

도시와 자연을 연결하는 중간 형태에서는 UNA Hotels, Best Western Italy, Starhotels

등이 중요한 역할을 한다. 이들은 로마·피렌체·볼로냐·나폴리 같은 대도시뿐 아니라 근교 관광지에도 고르게 분포되어 있어, 마라톤, 도심 러닝 투어, 사이클링 경기, 소규모 스포츠 이벤트 참가자들이 주로 이용한다. 교통 접근성과 경제적 비용, 일정 수준의 서비스가 균형을 이루어 스포츠참가자의 '기능적 숙박' 역할을 한다.

이탈리아의 농가체류(Agriturismo)도 스포츠관광과 자연스럽게 연결된다. 농가호텔 브랜드 Agriturismo.it이나 다양한 지역 농가 체인은 자전거 투어, 트레킹, 승마 등 자연 체험형 스포츠관광의 거점 역할을 하며, 느린 여행과 스포츠를 결합한 형태의 관광을 선호하는 이들에게 매력적인 선택지로 기능한다.

이탈리아 음식

이탈리아의 대표 음식인 파스타와 피자는 스포츠활동 전후의 에너지 보충 식사로 널리 소비된다. 파스타는 탄수화물 중심의 식단으로 마라톤, 사이클링, 트레킹 등 장시간 운동형 스포츠관광을 준비하는 참가자들이 '카보 로딩(carbo loading)' 용도로 즐겨 먹으며, 나폴리 피자와 로마식 피자는 가벼운 식사와 경기 관람 전후의 빠른 에너지 공급원으로 기능한다. 특히 로마 마라톤, 지로 디탈리아 같은 대회 기간에는 많은 참가자가 파스타 전문점과 피자리아에서 식사를 해결하는 모습이 흔하다.

축구·농구 등 관람형 스포츠관광에서는 스트리트푸드가 중요한 역할을 한다. 이탈리아의 대표적 간편식인 파니니, 트라메치니, 아란치니(시칠리아의 튀긴 주먹밥), 포카치아 등이 경기장 주변에서 쉽게 구할 수 있으며, 이는 경기 관람 문화와 밀접하게 결합되어 있다. 특히 시칠리아의 아란치니와 사르데냐의 파네 카라사우 같은 지역별 스낵류는 이동이 잦은 스포츠관광객에게 매우 실용적이다.

해양 스포츠가 활발한 사르데냐, 시칠리아, 아말피 해안에서는 신선한 해산물 요리가 대표적인 스포츠 회복식으로 소비된다. 문어샐러드, 생선구이, 레몬을 곁들인 해산물 파스타 등은 지중해식 식단 특유의 가벼움과 영양 균형 덕분에 다이빙, 요트, 오픈워터 수영 등을 즐긴 관광객이 선호하는 음식이다. 이러한 해산물 중심 식문화는 스포츠활동 후 무거움을 피하고 회복에 적합한 식사를 찾는 관광객에게 적합한 환경을 제공한다.

알프스 지역의 음식은 동계 스포츠관광과 강하게 연결된다. 돌로미티와 북부 알프스에서 대표적인 요리인 폴렌타, 스튜, 치즈·샤퀴테리(콜드컷), 카넬로니 등은 스키·스노보드 후 체력을 회복하는 고열량 식사로 인기가 높다. 따뜻한 수프와 치즈 요리, 지역 와인은 겨울 스포츠 체험과 함께하는 문화적 요소로 자리 잡아 산악 스포츠관광의 매력을 강화한다.

이탈리아의 올림픽 개최의 역사

이탈리아는 20세기 초부터 꾸준히 올림픽 무대에서 존재감을 보여 왔으며, 특히 하계·동계 올림픽 모두를 개최한 전통 있는 국가로 평가된다. 1960년 로마 올림픽은 이탈리아가 처음 개최한 하계올림픽으로, 고대 유적지와 현대 스포츠 시설을 조화롭게 사용한 획기적인 대회였다. 이 대회는 통신·기록 기술의 발전, 아베베 비킬라의 맨발 마라톤 우승, 캐시스 클레이(후일 무하마드 알리)의 등장 등 스포츠사적 장면을 다수 만들어냈고, 이탈리아는 개최국으로서 국제 스포츠 무대의 중심에 서게 되었다. 동계올림픽에서도 이탈리아는 1956년 코르티나담페초, 2006년 토리노, 그리고 2026년 밀라노-코르티나 대회를 통해 알프스 스포츠 강국으로서의 면모를 보여주었다. 이러한 개최 경험은 이탈리아의 스포츠 관광 기반과 인프라 확충에 결정적인 영향을 미쳤다.

참가 역사 측면에서도 이탈리아는 초기 근대올림픽부터 꾸준히 경쟁력을 유지해 왔으며, 육상·사이클·펜싱·수영·스키 등 다양한 종목에서 강세를 보여 왔다. 펜싱은 이탈리아를 대표하는 전통 종목으로, 근대올림픽의 역사와 함께 수많은 메달리스트를 배출해 국가 스포츠 정체성을 형성했다. 사이클링 역시 '지로디탈리아'로 대표되는 국민 스포츠 기반 아래 국제대회에서도 꾸준히 두각을 나타냈고, 알프스·돌로미티 자연환경은 동계스포츠 강국의 이미지를 강화했다. 이탈리아 수영, 체조, 레슬링도 20세기 이후 세계적 수준에 오르며 올림픽에서 지속적인 성과를 내는 종목으로 자리 잡았다.

이탈리아의 스포츠영웅들은 시대마다 다양한 종목에서 등장하며 국민적 정서와 스포츠문화를 형성했다. 육상에서는 '백색 탄환'이라 불린 피에트로 메네아가 1980년 모스크바 올림픽 200m 금메달을 통해 유럽 스프린트 기록을 새로 쓴 바 있으며, 그의 업적은 지금도 이탈리아 스포츠의 상징으로 남아 있다. 사이클에서는 지로디탈리아와 투르 드 프랑스를 제패한 파우스토 코피와 지노 바르탈리가 대표적이다. 특히 바르탈리는 제2차 세계대전 당시 유대인을 구한 영웅적 일화까지 더해져 스포츠를 넘어 인도주의적 상징으로 평가된다.

펜싱에서는 에도아르도 만기아롤리, 발렌티나 베잘리 등 여러 시대의 챔피언이 국제대회에서 압도적 존재감을 보였고, 베잘리는 여성 펜싱 역사상 가장 성공한 선수 중 한 명으로 꼽힌다. 동계스포츠에서는 알베르토 톤바가 스키 알파인 종목에서 세계적인 인기를 얻었으며, 최근에는 쇼트트랙과 피겨에서도 이탈리아 선수들이 국제적 두각을 나타내고 있다. 축구 역시 이탈리아 스포츠영웅의 중요한 축인데, 파올로 말디니, 로베르토 바조, 프란체스코 토티 등은 경기력뿐 아니라 도시 문화·팬 문화와 결합해 이탈리아 정체성의 일부로 자리 잡았다.

이탈리아 스포츠관광

관람형 스포츠관광은 이탈리아가 세계적으로 가장 유명한 프로 스포츠 리그와 다수의 국제대회를 보유하고 있다는 점에서 특히 활발하다. 세리에 A 축구는 관람형 스포츠관광의 중심축으로, 밀라노의 산 시로, 로마의 올림피코, 토리노의 알리안츠 스타디움은 해외 팬들이 방문하는 대표적 경기장이다. 유벤투스, AC 밀란, 인터밀란, AS 로마 등 구단의 치열한 경쟁과 도시별 팬 문화는 경기 관람 자체를 하나의 문화 체험으로 만든다. 축구 외에도 ATP·WTA

테니스 대회(로마 마스터스), 농구·배구·수구 등 실내 스포츠 리그, 모터스포츠 경기(모데나·몬차의 F1 관련 문화)도 관람형 스포츠관광을 풍부하게 채운다.

유산형 스포츠관광은 이탈리아 스포츠의 역사와 문화적 층위를 체험할 수 있는 관광 형태로, 도시유산·예술·고대경기 유적이 결합된 독특한 형태를 보인다. 로마의 포로 로마노, 콜로세움과 결합된 스포츠 역사 탐방, 올림피코 경기장 내 구단 역사관, 유벤투스 박물관, 밀란의 AC 밀란·인터밀란 박물관 등은 스포츠유산을 체계적으로 전시한다. 또한 이탈리아가 올림픽 개최국으로서 남긴 유산－1960년 로마 올림픽의 경기장, 1956년·2026년 코르티나의 동계올림픽 유적－은 고대와 현대가 중첩된 유산형 관광지를 형성한다. 사이클링, 펜싱, 모터스포츠의 역사관·기념관도 유산형 스포츠관광의 중요한 부분이며, 지역 정체성과 스포츠역사가 결합된 다양한 스토리텔링 자원을 제공한다.

(이탈리아 콜로세움 관광)

체험형 스포츠관광은 지형의 다양성과 기후의 온화함을 기반으로 사계절 다양한 활동을 제공한다. 지중해 연안의 아말피, 사르데냐, 시칠리아는 세일링, 요트, 다이빙, 서핑 등 해양 스포츠 체험지로 유명하며, 자연 경관 감상과 여가형 스포츠를 결합한 경험을 제공한다. 중부의 토스카나와 움브리아에서는 자전거 투어, 와이너리 러닝 · 하이킹 프로그램 같은 문화 · 자연체험형 스포츠 상품이 활성화되어 있다. 도시권에서도 '런 로마(Run Rome)' 같은 도심 러닝 투어, 베네치아와 피렌체의 카약 투어 등 체험형 활동이 꾸준히 확대되고 있다.

운동형 스포츠관광은 전문적인 스포츠 수행이나 본격적 트레이닝을 목적으로 하는 여행 형태로, 이탈리아는 알프스와 지중해라는 두 축을 통해 매우 경쟁력 있는 환경을 갖추고 있다. 돌로미티, 발 가르데나, 리비뇨 등 알프스 지역은 스키 · 스노보드, 트레일 러닝, MTB, 장거리 하이킹 등 고강도 운동형 스포츠를 지원하며, 국제 대회와 훈련 캠프가 정기적으로 개최된다. 사이클링 분야에서는 '지로디탈리아'의 명성 아래 세계적인 장거리 코스가 조성되어 전문 · 아마추어 선수들이 훈련과 도전을 위해 방문한다.

이탈리아 축구 관광

이탈리아의 프로 축구 관광은 먼저 세리에 A 구단들이 위치한 도시를 중심으로 형성된다. 밀라노의 인테르와 AC 밀란은 공동 홈구장인 산시로를 기반으로 국제 관광객을 대거 유치하며, 로마의 AS 로마와 라치오는 올림피코 경기장에서 고대 도시의 분위기를 품은 축구 문화를 제공한다. 토리노의 유벤투스는 현대적인 경기장 구조와 구단 박물관을 갖춘 대표적인 축구관광 중심지로, 구단 스토리와 전시물이 관광 콘텐츠로 활용되고 있다. 나폴리 역시 열정적인 팬 문화와 독특한 지역 분위기로 축구관광의 매력도가 높은 도시로 평가된다. 경기 관람 자체도 강한 관광 동기를 형성한다. 세리에 A는 유럽 전통을 대표하는 경기 운영 방식과 팀 간 라이벌 구도가 뚜렷해, 관람객은 경기력뿐만 아니라 치열한 응원 문화, 팬송, 지역별 축구 문화의 차이를 직접 체험할 수 있다. 빅매치 기간에는 도심의 식당과 광장에서 팬 문화가 확산되며, 축구가 도시 일상과 연결된 사회적 축제로 기능한다. 이탈리아 특유의 도시 건축과 결합된 경기장 분위기는 다른 국가에서 느끼기 어려운 관람 경험을 제공한다.

축구 관광의 또 다른 핵심은 구단 유산을 둘러보는 투어 프로그램이다. 유벤투스, AC 밀란, 인터밀란 등 주요 구단은 구단 박물관과 트로피룸, 선수 라커룸, 경기장 내부를 견학하는 투어를 운영하고 있으며, 이는 축구팬뿐 아니라 스포츠문화에 관심 있는 일반 관광객에게도 높은 인기를 끈다. 구단의 역사, 선수 기록, 전략 변화 등을 체험적으로 이해할 수 있는 공간은 스포츠유산의 중요한 구성 요소다. 음식·거리문화·구도심 탐방과의 결합 또한 이탈리아 프로 축구 관광을 특별하게 만드는 요소다. 팬들은 경기 관람 전후로 지역 전통 음식과 레스토랑을 방문하며, 이는 축구를 중심으로 지역 문화를 깊게 경험하는 방식으로 확장된다. 이탈리아 도시들은 대체로 경기장까지의 접근성이 좋아 경기 관람을 중심으로 도보나 대중교통을 활용한 도시 관광이 자연스럽게 이어진다.

이탈리아 스키 관광

이탈리아의 스키 관광은 지역의 자연환경과 문화, 그리고 스포츠 전통이 어우러지며 관람형, 유산형, 체험형, 운동형의 다양한 형태로 발전해 왔다. 관람형 측면에서는 코르티나 담페초와 돌로미티 지역을 중심으로 국제 스키 대회가 개최되며, 알파인 월드컵이나 세계선수권 등 수준 높은 경기를 보기 위해 전 세계 팬들이 방문한다. 관람객은 고산지대의 장엄한 설경 속에서 선수들의 속도와 기술을 감상하며, 경기 관람 자체가 하나의 겨울 축제로 자리 잡는다.

체험형 스키 관광은 이탈리아 스키 관광의 가장 넓은 영역을 차지한다. 돌로미티 수퍼스키처럼 광범위한 슬로프 네트워크를 갖춘 지역에서는 초급자부터 가족, 일반 관광객까지 누구나 무리 없이 스키를 체험할 수 있다. 스키 외에도 스노우슈잉, 겨울 산책, 케이블카 전망 체험 등이 가능하며, 산장(리파지오)에서 고산 음식을 맛보는 경험이 자연스러운 체험형 관광의 일부가 된다. 자연 속에서의 여유와 활동을 결합한 이 형태는 휴양과 레저를 동시에 추구하는 관광객에게 인기가 높다.

운동형 스키 관광은 전문적인 슬로프와 도전적 지형을 찾는 스키어들이 중심이 된다. 보르미오, 마돈나 디 캄필리오, 코르티나 담페초의 상급자 코스는 경사도와 설질이 뛰어나 기술적 스키를 요구하며, 장거리 루트나 스키투어링 같은 고난도 활동을 즐기려는 관광객에게 적합하다. 이탈리아 알프스는 높은 해발과 안정적인 적설량 덕분에 스포츠 퍼포먼스를 목표로 하는 스키어에게 최적의 환경을 제공하며, 체력과 기술 향상을 목적으로 한 체류형 운동 관광도 가능하다.

유산형 스키 관광은 이탈리아 산악 지역의 역사와 문화, 그리고 스키 전통이 결합된 형태로 나타난다. 돌로미티는 유네스코 세계자연유산으로 지정되어 있으며, 이 지역의 독특한 바위 지형과 라딘(Ladin) 문화는 스키와 함께 자연·문화유산을 체험하는 기회를 제공한다. 코르티나 담페초는 오랜 동계스포츠의 중심지로 역사적 산장, 고전적인 케이블카, 올림픽 유산 등 겨울 스포츠의 발자취가 남아 있어 유산 탐방형 스키 관광지로도 손꼽힌다. 알프스 산악 마을의 전통 건축과 겨울 생활문화 역시 유산형 관광의 중요한 요소로 작용한다.

이탈리아 F1 관광

이탈리아는 오랜 자동차 문화, 전통 있는 서킷, 강한 팬덤, 지역 축제 분위기가 결합되어 있어 F1을 중심으로 한 관광이 단순 경기 관람을 넘어 도시·문화·산업 체험을 포함하는 복합형 관광 형태로 발전해 있다. 이탈리아 F1 관광의 중심은 몬차 서킷이다. 세계에서 가장 오래된 그랑프리 개최지 중 하나로 "속도의 성지(Temple of Speed)"라는 별칭을 가지고 있으며, 특유의 고속 레이아웃과 울창한 왕립공원(Parco di Monza) 배경이 결합되어 독보적인 현장감을 제공한다. 관광객은 경기장에 들어서는 순간부터 엔진음과 팬들의 응원이 어우러진 독특한 분위기를 체험하게 되며, 팬들은 경주뿐 아니라 서킷 주변의 페스티벌, 팬존, 팀 프레젠테이션, 굿즈 판매 등 다양한 활동을 함께 즐긴다.

페라리 팬덤인 '티포시(Tifosi)'는 세계에서 가장 열정적으로 알려져 있으며, 몬차 경기 주말에는 빨간색 티셔츠와 깃발로 경기장이 장관을 이룬다. 관광객은 이 열정적인 분위기를 직접 체험하며, 단순한 스포츠 팬 경험을 넘어 '이탈리아 모터스포츠 문화' 자체를 경험하는 형태로 발전한다. 경기 관람과 함께 마라넬로의 페라리 박물관, 페라리 공장 주변 투어, 모데나의 람보르기니 박물관 방문 등 자동차 문화유산을 따라가는 여행도 자연스럽게 연계된다. 도시 관광과의 결합도 F1 관광을 확장시키는 요소다. 몬차 서킷 방문객의 대부분은 밀라노에 숙박하며 여행을 진행하는데, 쇼핑 · 음식 · 역사 명소 탐방 등 일반 관광과 모터스포츠가 결합된 형태의 여행이 쉽게 이루어진다. 특히 경기 전후 기간에는 밀라노 도심에서 팬 이벤트, 공식 행사, 브랜드 전시 등이 열리며, 도시 전체가 F1 축제 분위기를 띠게 된다. 또한 F1 이탈리아 그랑프리는 관람형 스포츠관광을 중심으로 하면서도 체험형 요소가 일부 포함된다. 팬들은 서킷 투어 프로그램, 주행 시뮬레이터 체험, 서킷 주변의 자동차 드라이빙 체험 등을 즐길 수 있으며, 이는 모터스포츠를 직접 체험하는 관광 형태로 발전한다. 클럽 레벨의 팬 패키지는 피트 레인 워크, 패독 방문 등 심화 체험을 제공해 스포츠와 관광의 몰입도를 높인다. 이탈리아 F1 경기는 전통 있는 서킷 → 강한 팬 문화 → 자동차 산업 유산 → 도시 관광 → 체험형 이벤트가 서로 연결된 대표적인 모터스포츠 기반 스포츠관광 자원이다. 경기 자체의 짜릿함뿐 아니라 이탈리아 특유의 자동차 문화, 페라리 중심 팬덤, 밀라노의 도시 매력이 함께 작용해 관람객에게 강한 관광 동기를 제공하는 종합적 스포츠여행의 형태로 자리 잡고 있다.

이탈리아의 지로디탈리아 관광

지로디탈리아는 이탈리아 전역을 무대로 펼쳐지는 3대 그랜드 투어 중 하나로, 스포츠 관광의 관점에서 매우 풍부한 경험을 제공하는 대회다. 관람형 측면에서는 알프스와 돌로미티 산맥, 토스카나 언덕, 북부 호수 지대, 남부 해안까지 이어지는 코스를 따라 대회가 지나가므로, 관람객은 자연 경관과 도시 경관이 결합된 특별한 관람 환경을 누릴 수 있다. 스테이지가 열리는 날이면 마을 전체가 축제처럼 변하고, 도로 양쪽에서 응원하는 사람들과 지역 특산품을 소개하는 장터, 음악 공연 등이 함께 열려 경기 관람이 지역 문화 체험으로 확장된다.

체험형 측면에서는 지로디탈리아의 코스 자체가 여행객의 체험 관광 자원이 된다. 유명한 고개인 스텔비오, 모르티롤로, 조콜란 등은 사이클 애호가라면 한 번쯤 도전하고 싶은 명소가 되었고, 이탈리아의 많은 지역에서는 지로디탈리아의 실제 루트를 따라 가이드 라이딩이나 단기 체험 프로그램을 운영한다. 초보자는 전동자전거를 이용해 일부 구간을 경험할 수 있고, 도심과 자연을 연결하는 단거리 체험 코스도 다양해 여행 일정 중 부담 없이 즐길 수 있다.

운동형 측면에서 지로디탈리아는 본격적인 사이클 훈련 관광의 기반이 된다. 선수들이 달리는 고난도 산악 코스는 장거리 라이딩과 체력 훈련을 원하는 운동형 관광객에게 최적의 환경을 제공한다. 이탈리아의 산악지대와 해안지대는 지형 변화가 크고 기후도 안정적이어서, 세계 여러 클럽과 동호인들이 시즌마다 이탈리아로 와 지로디탈리아 코스 기반의 훈련 캠프를 진행한다. 장거리 라이딩, 고지대 적응 훈련, 언덕 반복훈련 등 전문적인 운동형 프로그램이 다양하게 운영되는 것도 특징이다.

유산형 측면에서는 지로디탈리아가 가진 100년 이상의 역사가 중요한 관광 자원으로 작용한다. 1909년 시작된 이 대회는 이탈리아의 스포츠 문화와 지역 정체성을 형성한 상징적 유산이며, 밀라노 · 토리노 같은 초창기 개최지부터 알프스 산악 마을에 이르기까지 곳곳에 사이클 문화의 흔적이 남아 있다. 관광객은 지로디탈리아 관련 기념관, 역사적 경기장, 오래된 신문사 건물(핑크 저지를 만든 라 가제타 델로 스포르트) 등을 방문하며 스포츠 역사와 이탈리아 문화를 함께 이해할 수 있다. 또한 지로디탈리아가 지나는 도시들은 중세 · 르네상스 문화유산이 풍부해, 사이클 대회 관람과 역사 탐방을 자연스럽게 결합할 수 있다.

이탈리아 스포츠관광 여정 지도

여정 지도	그림, 장소, 점, 화살표로 표시

※ 손 글씨로 표에 내용을 기입하고 사진을 찍어서 클라썸에 과제로 제출.

이탈리아 스포츠관광 여정

목적	
여정(기간)	(　　　　　)~(　　　　　)
비용	
스포츠관광 유형	Sp　　Lg　　Ep　　At
전자여행허가서 이름, 비용	
비자 준비 유무	
항공사 이름과 코드	
공항 이름과 코드	
통신(유심) 이름과 비용	
기차 이름과 비용	
버스	
지하철	
택시	
자전거	
렌트카	
숙박	
음식	
목적지	

※ 손 글씨로 표에 내용을 기입하고 사진을 찍어서 클라썸에 과제로 제출.

〈이탈리아 스포츠관광 퀴즈〉

1. 이탈리아 알프스 지역이 관람형 스포츠관광에 중요한 이유는?

① 국제 스키 대회 개최 ② 저층 건물 중심
③ 사막 지형 ④ 온천 관광 중심

▸ 정답: ①
▸ 해설: 알프스는 월드컵·유럽컵 등 국제 스키 경기가 열리는 명소이다.

2. 이탈리아의 돌로미티가 체험형 관광의 중심지인 이유는?

① 난대림/상록활엽수 ② 산악 레저가 사계절 가능해서
③ 360개의 오름 ④ 해발이 1,950미터

▸ 정답: ②
▸ 해설: 돌로미티는 북동부에 위치하여 알프스의 보석, 유네스코 세계자연유산.

3. 운동형 사이클링 관광객이 이탈리아를 찾는 이유는?

① 넓은 평지 위주 ② 산악 · 코스가 다양함
③ 도로 통행 제한 없음 ④ 자전거 금지 지역 많음

▸ 정답: ②
▸ 해설: 이탈리아는 알프스·아펜니노 등 고난도 사이클링 코스가 인기다.

4. 이탈리아의 포로 이탈리코(Foro Italico)가 유산형 관광지인 이유는?

① 최신 공사 때문 ② 고대 유적과 스포츠공간 결합
③ 무료 입장 ④ 팬존이 많아서

▸ 정답: ②
▸ 해설: 포로 이탈리코는 고대 로마 건축과 현대 스포츠 공간이 결합된 곳.

5. 관람형 관광객이 이탈리아 항공을 이용하는 주요 이유는?

① 스포츠 시즌 증편 ② 의무 이용

③ 요금 고정　　④ 장비 무료 필수

▸정답: ①
▸해설: 세리에A 및 스키 시즌에 맞춘 증편으로 접근성이 높아진다.

6. 운동형 관광객이 렌터카를 선호하는 이유는?

① 장비 이동과 코스 접근 편리　　② 열차 이용 불가
③ 렌터카 의무화　　④ 숙박 예약 포함

▸정답: ①
▸해설: 스키 · 자전거 등 장비를 싣기 편하고 산악 코스 접근성이 뛰어나다.

7. 유산형 관광객이 전통 건축 숙박을 찾는 이유는?

① 저렴해서　　② 지역의 역사 · 스포츠유산과 연결되기 때문
③ 시설이 새로워서　　④ 대중교통과 멀어서

▸정답: ②
▸해설: 알프스 샬레 · 중세 건축 등은 지역 유산과 연결되어 있다.

8. 체험형 관광에서 통신(유심)이 중요한 이유는?

① 와이파이 금지　　② 야외활동 안전 · 위치 확인 때문
③ 예약 필수　　④ 유심 없으면 입국 불가

▸정답: ②
▸해설: 산악 · 해안 활동은 위험 관리와 위치 확인이 필수이다.

9. 알프스 산악 지역 스포츠관광과 직접적으로 연결되지 않는 도시는?

① 코르티나담페초　② 아오스타　③ 트렌토　④ 나폴리

▸정답: ④
▸해설: 나폴리는 남부 도시로 해양 · 도시형 스포츠관광과 밀접하다.

10. 이탈리아 밀라노 산시로 경기장이 관광객에게 매력적인 이유는?

① 현대적 건물　　② AC 밀란 · 인터의 전통과 팬 문화 체험 가능

③ 해수욕 덕분 ④ 가격이 가장 저렴함

▸ 정답: ②

▸ 해설: 산시로는 두 명문 구단의 역사와 팬 문화를 경험할 수 있다.

11. 이탈리아 스키 리조트가 체험형 관광에 적합한 이유는?

① 다이나믹한 슬로프 ② 초급/중급/상급 다양한 슬로프 제공

③ 딱딱한 인공 설질 ④ 현대적인 리프트

▸ 정답: ②

▸ 해설: 코르티나담페초, 발 가르데나, 체르비나 등은 다양한 난이도의 슬로프를 갖춤.

12. 이탈리아의 운동형 마라톤 관광이 활성화된 이유는?

① 교통 통제가 쉬움 ② 역사 도시가 마라톤 코스

③ 좁은 병목 기간 ④ 의료지원 미비와 인증문제

▸ 정답: ②

▸ 해설: 로마, 피렌체, 베네치아 마라톤은 역사적인 도시를 끼고 달리는 경기임.

13. 유산형 관광에서 코르티나담페초가 중요한 이유는?

① MTB 활성화 ② 동계올림픽 유산과 스키문화 결합

③ 여름 스키 가능 ④ 하계 올림픽 개최지

▸ 정답: ②

▸ 해설: 1956 동계올림픽 개최지로서 스키 역사 · 문화와 결합된 명소다.

14. 관람형 모터스포츠 관광에서 밀라노의 '몬차'가 유명한 이유는?

① 현대화도니 경기장 ② F1 전통 서킷 '속도의 성지'

③ 풍속의 영향 적음 ④ 기후 변화가 없음

▸ 정답: ②

▸ 해설: 몬차는 세계에서 가장 유명한 초고속 서킷으로 F1 팬들의 성지.

15. 운동형 자전거 관광에서 '토스카나'의 인기 이유가 아닌 것은?

① 슬로 투어리즘의 철학 ② 언덕 · 포도밭 · 전통 마을이 이어지는 코스
③ 화이트로드 ④ 현대화된 도시 건축

▸ 정답: ④
▸ 해설: 토스카나 자전거 투어는 중세 마을을 연결하는 거점 자전거 여행이다.

16. 이탈리아의 운동형 철인3종(트라이애슬론) 관광이 활성화된 이유는?

① ESG 정책 ② 다양한 해안 · 도시 코스 존재
③ 명품 장비 체험 ④ 자전거 친화 숙소

▸ 정답: ②
▸ 해설: 해안 · 호수 · 도시를 아우르는 국제급 트라이애슬론 코스가 많다.

17. 1960년 로마 하계올림픽의 상징적 특징은?

① 평화 유산 ② 고대 유산과 현대 스포츠의 결합
③ 동계 · 하계 동시 개최 ④ 올림픽 유산의 확립

▸ 정답: ②
▸ 해설: 로마의 고대 유적을 경기장 · 무대로 활용하여 고대와 현대를 연결.

18. 2006년 토리노 동계올림픽이 도시 발전에 기여한 내용은?

① 화이트 엘리펀트 ② 산업도시에서 스포츠 · 문화도시로 전환
③ 젠트리피케이션 ④ 오버투어리즘

▸ 정답: ②
▸ 해설: 토리노는 올림픽을 계기로 문화 · 관광 중심 도시로 탈바꿈.

19. 지로 디탈리아(Giro d'Italia)의 설명으로 거리가 먼 것은?

① 교통 환경 개선과 시민 인식 변화
② 국가 차원의 공간 불균형 초래
③ 국토 전반을 무대로 한 이동형 관람 스포츠관광

④ 저비용 고노출의 도시 마케팅 효과

▸ 정답: ②
▸ 해설: 지로 디탈리아는 국가 차원의 공간 균형을 유도한다.

20. 이탈리아 스포츠관광의 지속가능성 이슈로 가장 핵심적인 것은?

① 실내 경기장 노후화
② 해양 스포츠 수요 부족
③ 역사 도시와 자연 경관의 과잉 이용 문제
④ 스포츠 인력 부족

▸ 정답: ③
▸ 해설: 관광 과밀과 유산 훼손은 이탈리아 스포츠관광의 핵심 과제이다.

21. 이탈리아 스포츠관광에서 장소성(place identity)을 잘 설명한 문장은?

① 스포츠는 장소와 무관하다.
② 동일 종목은 어디서나 같은 관광 가치를 가진다.
③ 스포츠 경험이 도시의 역사, 경관, 생활 문화와 결합해 형성된다.
④ 접근성만이 중요하다.

▸ 정답: ③
▸ 해설: 이탈리아 스포츠관광은 장소 고유의 역사와 문화가 스포츠 경험의 핵심.

22. 이탈리아 스포츠관광 모델이 한국 스포츠관광에 주는 중요한 시사점은?

① 대형 국제대회 유치 강화
② 엘리트 스포츠 성과 집중
③ 지역 역사와 생활 스포츠를 결합한 관광 콘텐츠 개발
④ 실내 스포츠시설 확대

▸ 정답: ③
▸ 해설: 이탈리아 사례는 일상적 스포츠와 지역 유산을 결합한 지속가능한 스포츠관광 전략의 중요성을 보여준다.

23. 스포츠관광에서 스포츠 이벤트를 활용한 도시 마케팅의 핵심 목표로 가장 적절한 것은?

① 단기 티켓 판매 증대 ② 선수 성적 향상
③ 목적지 이미지와 관광 브랜드 강화 ④ 지역 주민 참여 확대

▸ 정답: ③
▸ 해설: 스포츠관광 마케팅의 핵심은 이벤트를 통해 도시 또는 지역의 브랜드 이미지를 구축하는 것이다.

24. 다음 중 스포츠관광 상품의 마케팅 믹스(4P)에서 ‘Product’에 해당하는 요소로 가장 적절한 것은?

① 항공권 가격 ② 스포츠 이벤트 관람 경험과 부가 체험
③ SNS 홍보 채널 ④ 할인 프로모션

▸ 정답: ②
▸ 해설: 스포츠관광에서 상품은 경기 관람, 체험, 해설, 분위기 등 총체적 경험을 의미한다.

25. 스포츠관광에서 유명 선수나 팀을 활용한 마케팅 전략은 어떤 개념과 가장 밀접한가?

① 가격 차별화 ② 스타 마케팅 ③ 관계 마케팅 ④ 내부 마케팅

▸ 정답: ②
▸ 해설: 선수와 팀의 인지도와 이미지를 활용하는 전략은 스타 마케팅.

26. 스포츠관광 소비자가 특정 이벤트를 반복적으로 방문하게 되는 과정을 가장 잘 설명하는 마케팅 개념은?

① 시장 세분화 ② 고객 충성도(customer loyalty)
③ 마케팅 근시안 ④ 가격 탄력성

▸ 정답: ②
▸ 해설: 만족 경험의 축적은 재방문과 충성도를 형성한다.

27. 스포츠관광에서 '경험 마케팅'이 중요한 이유는?

① 스포츠관광은 유형재 중심 산업
② 소비자는 기능보다 감정과 기억을 중시
③ 가격 경쟁이 불가능
④ 광고 효과가 제한적

▸ 정답: ②
▸ 해설: 스포츠관광은 감정, 현장감, 스토리가 핵심 소비 가치이다.

28. 다음 중 스포츠관광 시장 세분화 기준으로 가장 적절하지 않은 것은?

① 참가 목적(관람, 참가, 체험)　　② 스포츠 종목 선호
③ 관광객의 혈액형　　④ 여행 동기

▸ 정답: ③
▸ 해설: 혈액형은 마케팅 세분화 기준으로 활용되지 않는다.

29. 스포츠관광 목적지 마케팅에서 '장소성(place branding)'을 강화하는 전략으로 가장 타당한 것은?

① 모든 지역에 동일한 스포츠 콘텐츠 적용
② 지역과 무관한 글로벌 이벤트 유치
③ 지역 고유 스포츠 문화와 스토리 결합
④ 가격 할인 중심 홍보

▸ 정답: ③
▸ 해설: 장소성은 지역의 고유성에서 형성된다.

30. 스포츠관광 마케팅 전략 수립 시 가장 먼저 수행되어야 할 단계로 옳은 것은?

① 홍보 콘텐츠 제작　　② 가격 할인 전략 수립
③ 목표 시장과 타깃 고객 분석　　④ 이벤트 일정 확정

▸ 정답: ③
▸ 해설: 타깃 설정은 모든 스포츠관광 마케팅 전략의 출발점이다.

이탈리아 스포츠관광 학습자료

- 한국관광공사. (2021). *유럽 스포츠관광 동향과 시사점: 이탈리아 사례 중심으로*. 원주: 한국관광공사 관광연구원.
- 대한체육회. (2023). *국가별 스포츠관광 전략 비교 연구: 프랑스·이탈리아 중심으로*. 서울: 대한체육회 정책연구소.
- Weed, M. & Bull, C. (2004). *Sports Tourism: Participants, Policy and Providers*. Oxford: Elsevier Butterworth-Heinemann.
- Higham, J. (2005). *Sport Tourism Destinations: Issues, Opportunities and Analysis*. London: Routledge.
- Gibson, H. (1998). "Sport Tourism: A Critical Analysis of Research." *Sport Management Review*, 1(1), 45~76.
- Getz, D. (2003). *Sport Event Tourism: Planning, Development and Marketing*. New York: Cognizant Communication.
- Dallari, F., & Mariani, M. (2018). *Tourism in Italy: Cultural Heritage, Sustainability, and Local Development*. Milano: FrancoAngeli.
- ISTAT (Italian National Institute of Statistics). (2022). *Tourism and Sport Activities Report: Regional Trends in Italy*. Rome: ISTAT.
- UNWTO. (2020). *Sports Tourism: A State of the Art Report*. Madrid: World Tourism Organization.
- Hall, C. M. (2011). *Sustainable Tourism and Sport: European Perspectives*. Channel View Publications.
- OECD. (2019). *Italy Tourism Policy Review: Cultural and Sport Integration Strategies*. Paris: OECD Publishing.
- SUP in Venice with my friends
  https://youtu.be/mE5QtHGxjA4?si=9g5iqa9EG-zhPw5B
- 유럽 자전거 문화 체험과 사이클 역사 (ft. 산티아고 순례길) | Colnago C59
  https://youtu.be/XLdgZoaPegY?si=_NlL7U0cbA7Zyjp1
- Hockey - Ice Fever Arena (Pula) 16.09.2012 - Medveščak vs Capitals
  https://youtu.be/yv6hD3MLLK8?si=llaZr3vwqJV4f1MS
- 요즘 1위 나폴리 폼 미쳤습니다!!!! (나폴리 vs 피사)
  https://youtu.be/5F5zvyjNERs?si=pE5nHvdXiJDlBeaT

04

아르마다, 태양과 바람의 나라, 스페인

이 장의 흐름

스페인의 스포츠관광은 지형적 다양성과 풍부한 문화유산을 바탕으로 발전한 유럽의 대표적인 관광 형태이다. 지중해와 대서양을 끼고 있는 스페인은 온화한 기후와 다양한 지형 덕분에 축구, 골프, 서핑, 사이클링, 스키 등 사계절 스포츠관광이 가능하다. 특히 스페인은 축구 중심의 관람형 스포츠관광이 매우 발달해 있다. FC 바르셀로나와 레알 마드리드 같은 명문 구단의 경기는 세계 각국 관광객을 끌어들이며, 경기 관람과 함께 지역 문화·음식·축제가 결합된 관광 형태를 만들어낸다.

주요 내용

- 스페인의 지형과 문화, 스포츠관광 인프라
- 스페인의 올림픽 역사와 스포츠관광
- 스페인의 관람형 스포츠관광: 엘클라시코, 라리가, F1, 부엘타아에스파냐
- 스페인의 유산형 스포츠관광: 캄프누 스타디움
- 스페인의 체험형 스포츠관광: 서핑, 다이빙, 요트
- 스페인의 운동형 스포츠관광: 테니스, 스키, SUP, 사이클링

주제어

엘클라시코, 라리가, 피레네 산맥, 부엘타아에스파냐, 바르셀로나 올림픽 유산, AVE 고속철, 타파스, 파에야, 전통축제, 투우

스페인의 지형 문화

스페인의 지형은 피레네 산맥에서부터 광활한 고원 메세타, 지중해 연안, 대서양 연안, 그리고 카나리아 제도까지 매우 다양하며, 이러한 지형적 조건은 사계절 스포츠관광을 가능하게 한다. 북부 피레네 지역은 스키, 스노보드, 트레킹, 산악 마라톤 등 산악 스포츠의 중심지이며, 안도라와의 인접성은 국제적 스포츠 이동을 촉진한다. 반면 지중해 해안과 발레아레스 제도, 대서양 연안의 카나리아 제도는 세일링, 서핑, 카이트보딩, 다이빙 등 다양한 해양 스포츠의 이상적인 장소로 기능한다.

기후적으로 스페인은 지중해성 기후, 대서양 해양성 기후, 고산 기후, 아열대 기후가 혼재되어 스포츠관광의 계절성과 지역성을 다양하게 만든다. 지중해 연안은 따뜻하고 맑은 날씨가 많아 연중 해양 스포츠와 아웃도어 활동에 적합하며, 마라톤·트라이애슬론·사이클링 투어가 활발히 개최된다. 북부는 대서양의 영향을 받아 비교적 온화하고 습한 기후를 보이며, 피레네 산악지대는 눈이 풍부해 겨울철 동계 스포츠관광의 중심이 된다. 카나리아 제도는 아열대 기후로 겨울에도 따뜻해 유럽 전역 선수들의 전지훈련지로 각광받는다. 이러한 기후적 다양성은 스페인이 계절적 제약 없이 폭넓은 스포츠활동을 제공할 수 있는 기반이다.

문화적 측면에서 스페인은 스포츠와 지역 정체성이 매우 강하게 결합된 국가이다. 축구는 스페인의 문화 중심에 놓여 있으며, 라리가의 영향력은 세계적이다. 바르셀로나, 레알 마드리드, 아틀레티코 마드리드 등 명문구단의 존재는 관람형 스포츠관광의 핵심 자원으로, 경기 관람 자체가 지역 문화 경험으로 이어진다. 또 플라멩코, 가우디 건축, 스페인 광장 같은 문화유산과 스포츠관광을 결합한 복합형 관광도 자연스럽게 형성된다. 사이클링은 투르 데 프랑스와 더불어 세계 3대 그랜드투어 중 하나인 '부엘타 아 에스파냐'의 개최로 스포츠·문화적 의미가 크며, 북부 바스크 지역은 강한 스포츠 애호 문화와 팬 문화를 지니고 있다. 또한 스페인은 지역축제와 스포츠가 서로 결합하는 특징이 두드러진다. 발렌시아의 파야스 축제와 마라톤, 파엠플로나의 산페르

민 축제와 달리기 문화(전통적 소몰이), 안달루시아의 승마·투우 유산 등은 스포츠와 문화가 상호작용하는 독특한 관광 형태를 만든다. 지중해식 식문화도 스포츠관광에 큰 영향을 미치는데, 타파스, 파에야, 올리브유 중심의 식단은 활동 전후 회복식으로 적합해서 운동형·체험형 관광객의 만족도를 높인다.

스페인의 항공

스페인의 대표 항공사인 이베리아항공(Iberia)은 마드리드 바라하스 공항을 중심으로 유럽·아메리카·아프리카 노선을 운항하며, 국제 스포츠 이벤트 관람객과 참가자들의 주요 이동 루트 역할을 한다. 라리가 경기를 관람하기 위해 마드리드와 바르셀로나를 방문하는 해외 여행객, 마드리드 마라톤 및 세계 육상·테니스·농구 대회 참가자들 대부분이 이베리아의 네트워크를 활용한다. 이베리아는 라틴아메리카 노선이 특히 강해 축구 팬과 선수단의 교류가 활발한 남미와 스페인을 잇는 스포츠 흐름을 강화한다. 저비용항공사인 부엘링(Vueling), 라이언에어, 이지젯은 스페인 내·유럽 내 스포츠관광을 대중화하는 데 결정적인 역할을 한다. 부엘링은 바르셀로나를 허브로 삼아 지중해 연안과 섬 지역을 촘촘히 연결하며, 이는 바르셀로나 FC 경기 관람, 발렌시아의 도시 스포츠 이벤트, 마요르카·이비사·테네리페의 해양 스포츠 체험 등 다양한 활동을 지원한다. 라이언에어와 이지젯은 유럽 주요 도시에서 곧바로 스페인 남부·동부 해안으로 이동할 수 있게 해, 골프·서핑·요트 등 체험형 스포츠관광을 더욱 활성화한다.

애틀랜타 바라하스 공항은 라리가의 중심 도시인 마드리드의 접근성을 책임지며, 레알 마드리드와 아틀레티코 마드리드의 경기 관람, 국제 육상·테니스 대회, 대규모 축구 토너먼트에서 발생하는 대량 수요를 원활하게 수용한다. 바르셀로나 엘프라트 공항은 FC 바르셀로나의 경기 관람뿐 아니라 해양 스포츠와 문화·체험형 관광이 결합된 다양한 여행 동선을 지원하며, 스포츠 관광의 국제 접근성을 크게 높인다. 스페인 북부의 빌바오 공항은 바스크 지역의 강한 스포츠문화와 연결된다. 이 지역은 사이클링, 서핑, 하이킹, 축구문화가 활발하며, 아틀레틱 빌바오 경기나 '부엘타 아 에스파냐' 일부 구간 관람객이 주로 이 공항을 이용한다. 볼프 마라톤, 산악 러닝 등 북부 특유의 자연 기반 스포츠관광도 빌바오 공항을 통해 접근성이 강화된다. 남부 안달루시아 지역에서는 말라가 공항이 스포츠관광의 핵심 역할을 하며, 골프 투어리즘, 지중해 해안의 세일링 · 요트 활동, 말라가 · 세비야 축구 경기 관람 등 다양한 스포츠 목적 여행을 지원한다. 텐리페 · 그란카나리아 · 란사로테 같은 카나리아 제도 공항은 아열대 기후를 활용한 전지훈련, 철인3종 · 사이클링 · 러닝 캠프의 중심지이며, 유럽 선수단이 겨울철 훈련지로 자주 선택한다. 마요르카와 이비사의 공항은 요트, 사이클링, 오픈워터 수영 등 체험형 · 운동형 스포츠관광을 크게 활성화시키는 관문이다.

스페인 대중교통

스페인의 철도 브랜드 RENFE(렌페)는 스포츠관광 이동의 핵심 인프라로 기능한다. 고속열차 AVE · AVLO는 마드리드－바르셀로나－발렌시아－세비야－말라가 등 주요 도시를 빠르게 연결해 라리가 경기 관람객의 안정적인 이동을 지원한다. 국제 테니스 · 육상 · 농구 대회 등 대규모 스포츠 이벤트가 열리는 도시 간 이동도 RENFE를 통해 효율적으로 이루어지며, 피레네나 북부 해안으로 이동하는 지역노선은 하이킹 · 트레일 러닝 · 사이클링 관광객의 접근성을 높인다. 민간 고속철 Iryo 역시 주요 도시 간 이동 속도를 높여 관람형 스포츠관광을 강화한다. 도시 교통 브랜드들은 경기장 접근성과 도시형 스포츠체험의 편의성을 좌우한다. 마드리드의 EMT Madrid와 Metro de Madrid는 산티아고 베르나베우, 완다 메트로폴리타노 등 주요 경기장으로 향하는 관람객의 이동을 안정적으로 지원하며, 마드리드 마라톤과 같은 대형 스포츠 이벤트 기간에는 특별 운행을 통해 참가자의 동선을 조정한다. 바르셀로나의 TMB는 Camp Nou와 몬주익 체육시설군으로 향하는 트램 · 지하철을 촘촘하게 운영해 도시형 스포츠관광의 대표 사례가 된다. 빌바오의 Metro Bilbao는 산악 스포츠와 서핑 명소가 가까운 바스크 지역으로 이동하는 기반이 되며, 지역 특유의 스포츠문화를 체험하려는 관광객에게 필수적이다. 장거리 버스 브랜드 ALSA는 스페인 전역을 연결하는 가장 중요한 육상 교통망으로, 철도로 접근하기 어려운 지역의 스포츠관광을 가능하게 한다. 북부 피레네 스키장, 작은 도시의 축구 경기장, 해안의 서핑 스폿, 농촌 지역의 하이킹 코스 등은 대개 ALSA 버스를 통해 접근한다. 세비야의 TUSSAM, 발렌시아의 EMT Valencia 등은 도시 내 스포츠시설과 해변 레저 지역을 연결하며 체험형 스포츠관광을 지원한다. 해상교통에서는 Balearia, Trasmed, Fred. Olsen Express 같은 페리 브랜드가 대표적이다.

스페인의 숙박

스페인에서 스포츠관광을 위한 대표적 숙박시설은 먼저 도시 중심의 국제 호텔 브랜드가 중요한 역할을 한다. Marriott, Hilton, Meliá Hotels International, AC Hotels 등은 마드리드·바르셀로나·세비야 같은 대도시에 집중되어 있어 라리가 경기 관람, 테니스·농구·육상 등 국제대회 참가자와 관람객이 많이 찾는다. 마드리드 산티아고 베르나베우, 바르셀로나 캄프누·몬주익 스타디움 주변에는 특히 Meliá·NH Hotels·Eurostars 같은 스페인 기반의 중대형 체인이 밀집해 관람형 스포츠관광의 숙박 허브 역할을 한다.

Iberostar, Barceló, Riu Hotels & Resorts 같은 스페인 대표 리조트 체인은 마요르카, 테네리페, 그란카나리아, 이비사 등 해양 스포츠의 중심지에 대거 분포한다. 이들 리조트는 세일링, 다이빙, 서핑, 패들보드, 오픈워터 스윔 등 다양한 해양 스포츠 프로그램과 직접 연계되어 있으며, 장비 보관 시설, 스포츠 아카데미, 스파·피트니스 등 회복형 시설을 갖춘 경우가 많다. 특히 카나리아 제도에서는 연중 따뜻한 기후 덕분에 유럽 각국의 전지훈련팀(육상·수영·철인3종)이 머무는 스포츠캠프형 리조트로써 기능한다. 골프 관광이 발달한 코스타 델 솔·마요르카·카나리아 제도에서는 Vinci Hoteles, Alanda Hotel Marbella, Lopesan Hotels 같은 숙박 브랜드가 골프 리조트와 결합된 형태로 운영된다.

산악 스포츠 중심 지역에서는 Paradores, Catalonia Hotels, Eurostars 등 중급 이상의 로컬 호텔 체인이 하이킹·트레일 러닝·산악자전거(MTB) 여행자를 지원한다. 파라도레스(Paradores)는 스페인 전역의 역사적 건축물을 개조해 만든 국영 호텔 브랜드로, 피레네의 국립공원 인근, 산악 마라톤 코스 주변, 바스크·나바라 지역 등 자연 기반 스포츠관광지의 접근성을 높인다. 이외에도 Room Mate Hotels, H10 Hotels 같은 스페인 중견 호텔 브랜드는 도시와 해안 사이에서 균형 있게 위치하여, 마라톤 참가자, 자전거 투어 참가자, 비치 스포츠 체험객 등 이동 동선이 다양한 관광객에게 실용적인 숙박을 제공한다.

스페인 음식

스페인 스포츠관광에서 가장 널리 소비되는 브랜드 중 하나는 100 Montaditos(세엔토 몬타디토스)이다. 이 브랜드는 작은 사이즈의 샌드위치인 '몬타디토'를 저렴하게 제공하며, 경기 관람 전후 간편하게 에너지를 보충하기 좋은 메뉴를 갖추고 있다. 이동이 잦은 라리가 관람객, 사이클링·러닝 관광객에게 부담 없는 식사 형태로 인기가 높다. 같은 패스트캐주얼 계열인 Pans & Company는 샌드위치와 감자튀김 중심의 메뉴 구조를 가지고 있어 경기장 주변에서 빠르게 식사를 해결하는 데 적합하며, 마라톤이나 대규모 도시 스포츠 이벤트 참가자들도 자주 이용한다.

전통음식 브랜드로는 Lizarran(리사란)이 대표적이다. 이 브랜드는 핀초스(Pintxos)를 중심으로 다양한 소량 메뉴를 제공하는데, 이는 바스크 지역의 강한 스포츠문화–축구, 펠로타, 사이클링–와 자연스럽게 연결된다. 바스크 지역 스포츠관광객은 경기 관람이나 하이킹 후 가볍게 단백질·탄수화물을 보충하기 위해 리사란을 선호하며, 이는 '지역 음식과 스포츠문화의 결합'이라는 스페인적 특징을 잘 보여준다. 해산물 중심의 체험형 스포츠관광에서는 La Tagliatella,

Goiko, Ginos 같은 브랜드가 마요르카 · 테네리페 · 이비사 등 섬 지역에 분포해 있어 다이빙 · 세일링 관광객이 쉽게 접근할 수 있는 식사 선택지가 된다.

도시형 스포츠관광에서는 커피 · 디저트 브랜드의 역할도 크다. Café & Té, Rodilla, Farggi 같은 브랜드는 마드리드 · 바르셀로나 · 세비야 등 대도시 곳곳에 위치해 있어 경기 관람 전후 휴식 공간 또는 이동 중 에너지 보충의 장소로 기능한다. 특히 Rodilla의 샌드위치류는 가볍지만 영양 균형이 좋아 러너 · 사이클링 관광객에게 인기이다. 또한 젤라토 브랜드인 Llaollao는 마라톤 · 러닝 관광객이 당 보충을 위해 자주 선택하며, 여름철 비치 스포츠 참가자에게도 선호도가 높다. 스페인의 대표 외식 브랜드인 VIPS와 Telepizza는 관람형 · 가족형 스포츠관광에서 자주 활용된다. VIPS는 브런치 · 파스타 · 샐러드를 제공해 다양한 연령층이 함께 스포츠 이벤트를 즐기는 환경과 잘 맞고, Telepizza는 홈경기 관람 문화와 결합해 도시 경기장 주변에서 간편식 역할을 한다. 이는 스페인 도시의 '축구는 일상'이라는 문화적 기반과도 긴밀하다.

스페인 올림픽 역사

스페인은 1992년 바르셀로나 올림픽을 통해 세계 스포츠 역사에서 중요한 전환점을 만든 국가로 평가된다. 바르셀로나 대회는 단순한 스포츠 이벤트를 넘어 도시 재생, 국가 이미지 혁신, 지역 문화의 세계화까지 달성한 성공 사례로 꼽힌다. 항만 재개발, 몬주익 체육시설군 조성, 도심 · 해안 연결 인프라 구축은 이후 스포츠관광 모델로 자리 잡았으며, 바르셀로나를 세계적인 관광 · 스포츠도시로 재탄생시키는 계기가 되었다. 이 대회는 스페인이 민주화 이후 국제사회에 본격적으로 복귀한 상징이기도 하며, 개막식과 라이트 디자인, 문화 공연 등은 '스페인의 문화와 스포츠의 결합'을 세계에 각인시켰다. 스페인은 1982년 월드컵, 2014년 농구 월드컵 등 주요 국제 스포츠 이벤트를 지속적으로 유치하며 이러한 기반을 더욱 확장했다.

스페인은 축구, 농구, 핸드볼, 테니스, 사이클링, 체조, 수영 등 다양한 종목에서 강세를 보여 왔다. 스페인은 팀 스포츠에서 두드러진 성과를 내는 국가로, 남자농구 국가대표팀은 1990년대 이후 세계 최강 수준에 올랐고, 남자축구는 1992년 바르셀로나 올림픽 금메달을 계기로 국제적 경쟁력을 높였다. 사이클링 역시 부엘타 아 에스파냐와 결합돼 올림픽과 세계선수권에서 경쟁력을 발휘하는 체계를 구축했다. 올림픽 영웅들도 다양한 종목에서 등장하며 스페인의 스포츠문화 정체성을 강화해 왔다. 축구에서는 1992년 바르셀로나 대회의 금메달 멤버들이 중요한 상징으로 남아 있으며, 농구에서는 파우 가솔 형제가 스페인의 '드림팀 시대'를 이끌며 세계 농구사에 큰 족적을 남겼다. 테니스에서는 라파엘 나달이 올림픽 금메달과 그랜드슬램 우승을 모두 거머쥐며 스페인을 대표하는 글로벌 스포츠 아이콘으로 자리매김했고, 최근에는 카를로스 알카라스가 두각을 나타내고 있다. 여자 스포츠영웅도 두드러지는데, 카롤리나 마린은 배드민턴에서 유럽 최초의 세계 챔피언·올림픽 금메달리스트로 등극하며 스페인이 전통적으로 강하지 않았던 종목에서도 세계 정상에 오를 수 있음을 보여주었다. 체조에서는 가리도·후안사 등 다수의 메달리스트가 배출되었고, 수영·카누·요트 같은 해양 종목에서는 지중해·대서양 연안 환경을 기반으로 꾸준히 경쟁력을 보이며 올림픽 스타들이 등장했다. 스페인의 올림픽 영웅들은 단지 메달리스트가 아니라, 지역문화·국가정체성과 결합해 스페인의 스포츠 이미지를 다층적으로 형성한 인물들이다.

스페인 스포츠관광

스페인의 스포츠관광은 유럽에서도 가장 활발하고 다양하게 발전한 형태로, 지형적 조건, 문화적 열정, 스포츠 인프라가 조화를 이룬 대표적인 복합관광 산업이다. 스페인은 지중해와 대서양을 모두 끼고 있어 사계절 스포츠관광이 가능한 나라이다. 북부 피레네 산맥 지역에서는 스키, 하이킹, 산악자전거 등 산악형 스포츠가 발달했고, 남부 안달루시아나 발레아레스 제도, 카나리아 제도 등 해안 지역에서는 서핑, 요트, 다이빙 등 해양형 스포츠관광이 활발하다.

또한 스페인은 관람형 스포츠관광의 중심지이기도 하다. 세계적인 축구 리그인 라리가(La Liga)의 존재는 관광객 유입에 큰 영향을 미친다. 레알 마드리드(Real Madrid)와 FC 바르셀로나(FC Barcelona)의 경기는 전 세계 팬들을 끌어들이며, 경기 관람 자체가 관광 상품으로 발전했다. 문화적으로도 스포츠와 예술, 음식, 축제가 결합된 독특한 형태의 관광이 발전했다.

관람형 스포츠관광에서는 스페인이 보유한 세계적 인기 종목과 대형 스포츠 이벤트가 핵심이다. 라리가의 FC 바르셀로나와 레알 마드리드 같은 명문 구단 경기는 전 세계 팬들이 찾는 대표적 관람 콘텐츠이며, 바르셀로나 카탈루냐 서킷에서 열리는 F1 스페인 그랑프리, 프로농구 · 핸드볼 경기, 투르 데 에스파냐 같은 사이클 대회도 관람객을 끌어 모은다. 각 도시의 경기장은 교통망과 관광 인프라가 잘 연결되어 있어 경기 당일 축제 분위기와 열정적 응원 문화를 함께 즐기기 좋다.

유산형 스포츠관광에서는 스페인의 역사 · 문화와 스포츠가 결합된 독특한 경험을 제공한다. 스페인은 로마 시대 경기장 흔적, 중세 도시축제, 전통 스포츠 문화가 남아 있어 스포츠를 통해 지역의 역사 정체성을 이해하는 데 적합하다. 바스크 지역의 펠로타 경기, 안달루시아의 투우 문화, 바르셀로나의 1992년 올림픽 유산 등은 지역별 스포츠 문화를 보여주는 대표적인 유산이다. 오래된 경기장, 지역 축제, 역사적 스포츠 공간을 탐방하면서 스페인의 문화적 깊이를 스포츠와 함께 경험할 수 있다.

체험형 스포츠관광에서는 스페인의 다양한 자연환경이 매력적인 체험 활동의 기반이 된다. 지중해 해안에서는 서핑, 스노클링, 요트 등 해양 스포츠를 쉽게 즐길 수 있고, 안달루시아와 발렌시아는 입문자부터 경력자까지 참여할 수 있는 수상 레저 체험 프로그램이 풍부하다. 피레네 산맥과 시에라네바다 산악 지역에서는 트레킹, 암벽등반, 패러글라이딩 같은 체험형 스포츠를 경험할 수 있으며, 농촌 지역에서는 와인 루트 자전거 투어, 문화 · 자연 체험 프로그램도 결합하여 즐길 수 있다.

운동형 스포츠관광에서는 스페인의 기후와 지형이 운동 중심 여행에 최적의 조건을 제공한다. 연중 온화한 날씨와 다양한 고도 · 지형은 사이클링, 마라톤, 철인3종, 트레일 러닝 같은 고강도 스포츠 활동에 유리하다. 피레네 산맥과 시에라네바다의 고지대 훈련 환경은 유럽 선수들의 전지훈련지로 유명하며, 해안 도시는 철인3종 훈련과 수영 · 러닝 이동 코스를 조합하기 좋다. 카나리아 제도는 겨울에도 따뜻해 유럽 운동형 관광객의 동계훈련지로 널리 활용된다.

(스페인의 캄프 누 경기장에서 축구 관람)

스페인 축구 관광

스페인 축구 관광의 중심은 라리가 경기 관람이다. FC 바르셀로나의 캄프 누(에스타디 올림픽 루이스 콤파니스), 레알 마드리드의 산티아고 베르나베우, 아틀레티코 마드리드의 메트로폴리타노 경기장은 세계 축구 팬들이 성지처럼 찾는 명소다. 특히 엘클라시코나 마드리드 더비 같은 빅매치는 경기 자체뿐 아니라 도시 전체가 축제 분위기로 변해 축구를 통한 도시 문화 체험도 가능하다. 베르나베우와 바르셀로나 경기장은 상설 경기장 투어 프로그램을 운영하며, 라커룸 · 선수 통로 · 프레스룸 · 우승 트로피 전시관을 직접 보고 사진을 남길 수 있다. 각 클럽의 박물관은 지역 사회와 축구가 어떤 방식으로 연결되어 왔는지 보여주어 스페인의 축구 문화 깊이를 이해하는 데 도움이 된다. 운동형 관광객은 트레이닝 캠프나 지역 축구 클리닉을 통해 직접 몸을 움직이며 축구문화를 경험할 수도 있다. 바스크 지역의 아틀레틱 빌바오는 '바스크 선수만 영입하는 전통'을 통해 지역 문화와 스포츠가 어떻게 연결되는지를 보여주며, 세비야·베티스 같은 남부 클럽들은 도시의 축제·종교 문화와 자연스럽게 결합된 응원 문화를 가지고 있다. 가우디 건축물과 바르셀로나 축구, 카스티야 문화와 마드리드 축구의 결합처럼 축구는 도시문화의 상징적 코드로 자리 잡아 관광 경험의 깊이를 더한다.

스페인 테니스 관광

스페인은 온화한 기후, 우수한 테니스 인프라, 세계적 대회를 기반으로 테니스 관광이 활발한 나라다. 마드리드에서 열리는 ATP/WTA 마드리드 오픈은 세계 정상급 선수들이 참여하는 대형 클레이코트 대회로, 경기장 규모와 팬 서비스가 뛰어나 관람객에게 높은 만족도를 제공한다. 바르셀로나 오픈(ATP 500)도 유명한 클레이코트 대회로, 라파엘 나달과 깊은 연관성을 지닌 토르토사 클럽을 중심으로 열리며 남유럽 특유의 테니스 관람 분위기를 느낄 수 있다. 체험형 테니스 관광에서는 초보자·중급자 대상의 단기 레슨 프로그램, 클럽 이용권, 호텔 연계 테니스 체험이 많이 활용된다. 스페인의 리조트 지역인 마르베야, 마요르카, 테네리페 등은 관광과 테니스 체험을 결합한 리조트형 체험 관광이 발달해 있다. 운동형 테니스 관광에서는 본격적인 훈련형 프로그램과 장기 캠프 참여가 중심이 된다. 스페인은 라파 나달 아카데미(마요르카)를 비롯해 유럽에서 가장 탄탄한 테니스 훈련 인프라를 갖춘 국가 중 하나로, 성인 아마추어와 청소년 모두를 위한 집중 훈련 프로그램이 운영된다. 운동형 관광객은 체력 평가, 기술 분석, 장비 피팅, 스파와 회복 프로그램을 포함하는 전문적인 훈련 코스를 선택하기도 한다.

스페인의 사이클 관광

스페인의 부엘타 아 에스파냐(Vuelta a España)는 투르 드 프랑스, 지로디탈리아 사이클 경기는 3대 그랜드투어 중 하나로, 스페인의 지형·문화·기후를 가장 역동적으로 보여주는 대표적인 스포츠관광 콘텐츠다. 부엘타는 단순한 스포츠 이벤트가 아니라 스페인 전역을 무대로 한 이동형 축제로 기능해 관람형, 유산형, 체험형, 운동형 스포츠관광을 모두 활성화한다. 관람형 스포츠관광 관점에서 부엘타는 스페인 전역을 무대로 열려 다양한 지역의 팬들이 직접 경기를 관람할 기회를 얻는다. 다른 그랜드투어보다 관람 접근성이 높고, 스테이지 결승선 주변은 축제 분위기와 팬 이벤트가 활발히 펼쳐진다. 경기 관람은 대부분 무료이며, 팬들은 산악 정상 피니시(앙길루, 코바돈가 등)부터 해안 결승선까지 다양한 자연 배경 속에서 현장 열기를 체험할 수 있다. 스페인 도시들은 부엘타 개최 시 도시 축제·음악 공연·지역 먹거리 행사 등을 병행해 관광객 유입을 적극적으로 유도한다.

부엘타는 1935년 첫 대회 이후 스페인의 현대 체육사와 함께 성장하며 여러 지역의 역사·문화와 깊이 결합되었다. 나바라·바스크·아스투리아스는 전통적으로 사이클 영웅을 많이 배출한 지역으로, 미겔 인두라인·알베르토 콘타도르 같은 세계적 선수의 유산을 기념하는 박물관·기념 코스·클럽이 존재한다. 또한 부엘타 개최지는 대회 기간 동안 스페인의 전통축제와 결합해 더 깊은 지역 문화를 보여준다. 산 정상 피니시를 통해 마을과 산악 문화가 드러나고, 해안 도시는 해양 문화와 결합한 테마 이벤트를 펼쳐 유산형 관광 요소를 강화한다. 체험형 스포츠관광 관점에서 부엘타는 다양한 사이클 체험 프로그램을 촉진한다. 많은 스페인 도시와 리조트 지역은 부엘타 주요 스테이지와 유사한 구간에서 '팬 라이딩', '셀프 라이딩 투어'를 운영해 일반 관광객이 실제 코스 일부를 직접 달려볼 수 있게 한다. 카스트로네스·갈리시아·카탈루냐 해안 등은 지형 변화가 풍부해 체험 라이딩 코스가 잘 구축되어 있고, 스테이지 종료 후에는 팬들이 결승선 주변에서 자전거를 타고 돌아보는 '오픈 코스 이벤트'도 종종 개최된다. 여행자는 대회 전후로 스페인의 해안길·산악

길을 체험하는 사이클 관광을 즐길 수 있다. 운동형 스포츠관광 관점에서는 부엘타 코스가 '훈련 루트'로 전 세계 자전거 애호가들에게 유명하다. 스페인은 기후가 안정적이고 지형이 다양해 프로 선수들이 시즌 중·오프 시즌에 집중 훈련 캠프를 열기 좋은 환경이다. 지로나·안달루시아·카나리아 제도는 특히 유명한 훈련지로, 부엘타 출전 팀도 이 지역에서 캠프를 치르는 경우가 많다. 운동형 관광객은 프로 선수들이 사용하는 루트(앙길루, 볼타네라스, 시에라네바다 고지대 등)를 따라 자신만의 '미니 부엘타' 훈련을 경험할 수 있다.

스페인 SUP 관광

스페인은 지중해와 대서양을 동시에 접하고, 바스크, 안달루시아, 카탈루냐, 발레아레스 제도 등 각 지역마다 해양 환경이 달라 SUP(Stand Up Paddle) 관광을 다양하게 즐길 수 있는 조건을 갖추고 있다. 관람형 SUP 관광에서는 해양스포츠 행사와 SUP 대회를 중심으로 한 관람 활동이 이루어진다. 바스크 해안과 카나리아 제도에서는 SUP 레이스, 다운윈드 경기, 해안 도시를 배경으로 한 SUP 페스티벌이 열려 관광객이 여유롭게 관람할 수 있다. SUP 대회는 서핑·요트와 함께 종종 복합 해양 스포츠 이벤트로 진행되기 때문에 관람객은 축제 같은 분위기 속에서 다양한 해양 스포츠 문화를 체험할 수 있다. 체험형 SUP 관광에서는 초보자부터 중급자까지 해상에서 직접 패들링을 경험하는 프로그램이 중심이 된다. 바르셀로나 해변, 발레아레스 제도(마요르카·이비사), 안달루시아 해안 등은 잔잔한 수역이 많아 입문자 체험에 적합하다. 해양 스포츠 센터에서는 장비 렌탈, 1~2시간 체험 수업, 일몰 SUP 투어, 해양생태 탐방 SUP 등 다양한 프로그램을 제공한다. 도시와 해변이 가까운 스페인 특성 덕분에 여행 중 잠깐 시간을 내어 SUP를 즐기기 쉽고, 수상에서 도시 스카이라인을 바라보는 색다른 체험이 가능하다.

스페인 스포츠관광 여정 지도

여정 지도	그림, 장소, 점, 화살표로 표시

※ 손 글씨로 표에 내용을 기입하고 사진을 찍어서 클라썸에 과제로 제출.

스페인 스포츠관광 여정

목적	
여정(기간)	( )~( )
비용	
스포츠관광 유형	Sp Lg Ep At
전자여행허가서 이름, 비용	
비자 준비 유무	
항공사 이름과 코드	
공항 이름과 코드	
통신(유심) 이름과 비용	
기차 이름과 비용	
버스	
지하철	
택시	
자전거	
렌트카	
숙박	
음식	
목적지	

※ 손 글씨로 표에 내용을 기입하고 사진을 찍어서 클라썸에 과제로 제출.

〈스페인 스포츠관광 퀴즈〉

1. 스페인에서 최근 가장 인기가 있는 관람형 스포츠관광 종목은?

① 투우 ② 축구 ③ 스키 ④ 수영

▸ 정답: ②

▸ 해설: 라리가 중심의 축구 문화가 세계적으로 유명하다.

2. FC 바르셀로나의 홈구장으로 가장 널리 알려진 경기장은?

① 베르나베우 ② 메트로폴리타노

③ 캄프 누 ④ 산 마메스

▸ 정답: ③

▸ 해설: 캄프 누는 세계적으로 가장 잘 알려진 대표 경기장이다.

3. 스페인의 해양 스포츠 관광지로 SUP · 윈드서핑이 인기 많은 지역은?

① 카나리제도 ② 마드리드 내륙

③ 세비야 ④ 카스티야 평원

▸ 정답: ①

▸ 해설: 대서양 파도 조건이 좋아 서핑 · SUP 명소로 유명하다.

4. 스페인의 대표적인 사이클링 그랜드 투어의 이름은?

① 지로 디탈리아 ② 투르 드 말라가

③ 부엘타 아 에스파냐 ④ 롬바르디아 투어

▸ 정답: ③

▸ 해설: 세계 3대 그랜드 투어 중 하나다.

5. 스페인 시에라네바다 산맥은 어떤 스포츠관광에 적합한 지역인가?

① 사막 트레킹 ② 스키 · 스노우보드

③ 서핑 ④ 승마

▸ 정답: ②

▸ 해설: 해발이 높아 스페인 남부에서도 겨울스포츠가 가능하다.

6. 스페인의 체험형 관광에서 인기 있는 해양 프로그램은?

① 스쿠버다이빙 ② 볼링
③ 실내 암벽 ④ 승마 경주 관람

▸ 정답: ①

▸ 해설: 카나리아 제도 등 해안 수중환경이 좋아 스쿠버다이빙이 대표 체험활동이다.

7. 라리가 축구관광객이 즐겨 찾는 또 다른 대형 경기장은?

① 메트로폴리타노 ② 크로크 파크
③ 시그널 이두나 파크 ④ 올림피오 스타디움

▸ 정답: ①

▸ 해설: 아틀레티코 마드리드의 홈구장으로 최신 시설과 관람 환경을 갖춘 경기장

8. 스페인의 기후적 특징 중 스포츠관광을 촉진하는 가장 큰 요소는?

① 연중 온화한 날씨 ② 사계절 폭우
③ 극심한 추위 ④ 짧은 일조시간

▸ 정답: ①

▸ 해설: 온화한 기후는 다양한 야외 스포츠활동에 적합하다.

9. 라파 나달 아카데미(마요르카)는 어떤 유형의 스포츠관광에 적합할까?

① 관람형 ② 체험형
③ 운동형 ④ 유산형

▸ 정답: ③

▸ 해설: 집중 훈련과 퍼포먼스 향상을 위한 운동형 관광지이다.

10. 바르셀로나 올림픽 박물관 관광은 어떤 유형일까?

① 관람형 ② 체험형
③ 운동형 ④ 유산형

▸ 정답: ④
▸ 해설: 유산 및 역사적 자료가 중심인 유산형 관광이다.

11. 스페인 북부 바스크 지역에서 유명한 전통 스포츠는 무엇일까?

① 루차 리브레 ② 펠로타
③ 하키 ④ 오지볼

▸ 정답: ②
▸ 해설: 펠로타는 바스크 지역의 대표 민속 스포츠다.

12. 스페인 해양 도시에서 제공되는 일몰 관광형 스포츠 체험은?

① 야간 SUP ② 모래조각 체험
③ 불꽃놀이 관람 ④ 수상 마술쇼

▸ 정답: ①
▸ 해설: 잔잔한 해역과 아름다운 일몰을 활용한 대표 활동이다.

13. 세계적 사이클 훈련 중심지로 스페인에서 유명한 곳은?

① 발렌시아 해안 ② 지로나(Girona)
③ 마드리드 중심부 ④ 빌바오 항구

▸ 정답: ② ▸ 해설: 지로나는 프로선수들도 선택하는 최적의 사이클 훈련지다.

14. 스페인의 골프 관광이 가장 발달한 지역은?

① 안달루시아(코스타 델 솔) ② 갈리시아 숲지대
③ 마드리드 교외 ④ 카스티야 평원

▸ 정답: ①
▸ 해설: 70개 이상의 골프장이 밀집한 유럽 대표 골프 벨트이다.

15. 스페인 스포츠관광에서 렌터카가 유리한 이유는?

① 사막지대여서 ② 해안 · 시골 · 산악 접근성이 좋아짐

③ 고속도로 부족 ④ 주차가 거의 필요 없음

▸ 정답: ②

▸ 해설: 주요 스포츠 명소가 도심 외곽에 있어 차량이 효율적이다.

16. 스페인 스포츠관광의 형성을 가장 구조적으로 설명한 것은?

① 중앙정부 주도의 단일 스포츠관광 모델

② 엘리트 스포츠 성과 중심 구조

③ 해양, 산악, 역사 도시가 결합된 스포츠관광 구조

④ 실내 경기장 중심 구조

▸ 정답: ③

▸ 해설: 스페인은 지중해와 대서양 해안, 피레네와 시에라 네바다 산악, 역사 도시가 결합된 구조이다.

17. 다음 중 스페인 스포츠관광에서 '운동형(Active)' 스포츠관광 사례로 가장 적절한 것은?

① 라리가 경기 관람 ② 산 세바스티안 마라톤 참가

③ 축구 박물관 방문 ④ 경기장 투어

▸ 정답: ②

▸ 해설: 마라톤 참가자는 직접 스포츠활동에 참여하는 운동형 스포츠관광이다.

18. 스페인 스포츠관광 모델이 한국 스포츠관광에 주는 가장 중요한 시사점은?

① 대형 실내 스포츠시설 확대 ② 국제대회 유치 경쟁 강화

③ 지역 자치와 생활 스포츠 기반 관광 콘텐츠 개발

④ 엘리트 스포츠 투자 집중

▸ 정답: ③

▸ 해설: 스페인 사례는 지역 자치와 생활 스포츠를 결합한 스포츠관광 전략의 중요성을 보여준다.

19. 스포츠관광에서 참가자의 재방문 의도를 가장 직접적으로 설명하는 스포츠심리학 개념은 무엇인가?

① 각성 수준(arousal) ② 자기효능감(self-efficacy)
③ 인지 부조화(cognitive dissonance) ④ 공격성(aggression)

▸ 정답: ②
▸ 해설: 스포츠활동을 성공적으로 수행했다는 자기효능감은 만족도와 재참여, 재방문 의도를 높인다.

20. 마라톤, 트레일 러닝, 철인3종 대회 참가형 스포츠관광에서 참가자의 동기를 가장 잘 설명하는 이론은?

① 본능 이론 ② 목표지향 이론(goal orientation theory)
③ 사회적 촉진 이론 ④ 행동주의 이론

▸ 정답: ②
▸ 해설: 기록 달성, 완주, 자기 성취 등은 목표지향적 동기와 밀접하다.

21. 대형 스포츠 이벤트 관람형 스포츠관광에서 집단 응원이 개인의 감정 고조를 강화하는 현상은?

① 사회적 태만 ② 사회적 촉진
③ 내적 귀인 ④ 학습된 무기력

▸ 정답: ②
▸ 해설: 타인의 존재는 각성과 수행, 감정 반응을 증폭시키는 사회적 촉진 효과를 만든다.

22. 스포츠관광 상품 기획 시 '도전적이지만 달성 가능하다'는 인식이 참가자의 몰입(flow)을 유도하는 이유로 가장 적절한 것은?

① 불안 수준을 극대화하기 때문이다
② 기술 수준과 과제 난이도의 균형이 형성되기 때문이다
③ 외적 보상이 커지기 때문이다 ④ 경쟁자를 제거하기 때문이다

▸ 정답: ②
▸ 해설: 몰입 이론에서 기술과 과제 난이도의 균형은 핵심 조건이다.

23. 번지점프나 패러글라이딩 등 체험형 익스트림 스포츠에 참여하는 관광객의 심리를 가장 잘 설명하는 개념은?

① 감각추구(sensation seeking) ② 자기통제(self-control)
③ 사회적 동일시 ④ 안정 욕구

▸ 정답: ①
▸ 해설: 감각추구 성향이 높은 개인은 위험과 강한 자극을 선호한다.

24. 스포츠관광 참가 후 기대와 실제 경험이 불일치할 때 나타나는 심리 상태는?

① 몰입 ② 자기결정
③ 인지 부조화 ④ 각성 저하

▸ 정답: ③
▸ 해설: 기대 대비 경험 차이는 인지 부조화를 유발하며 스포츠관광의 만족도에 영향을 미친다.

25. 스포츠관광에서 '참가 자체가 목적'이 되는 경우를 가장 잘 설명하는 동기 유형은?

① 외적 동기(extrinsic motivation) ② 성취 회피 동기
③ 내적 동기(intrinsic motivation) ④ 보상 의존 동기

▸ 정답: ③
▸ 해설: 즐거움, 도전, 경험 자체를 중시하는 것은 내적 동기이다.

26. 스포츠관광 관람객이 특정 팀이나 선수와 정서적으로 강하게 연결되는 심리 개념은?

① 자기효능감 ② 사회적 동일시(social identification)
③ 내재적 강화 ④ 탈개인화

▸ 정답: ②
▸ 해설: 팬은 팀을 '우리'로 인식하며 정체성을 공유한다.

27. 스포츠관광 참가자의 불안을 완화하기 위한 심리적 전략으로 가장 적절한 것은?

① 과제 난이도 상향 ② 경쟁 요소 강화
③ 사전 정보 제공과 시뮬레이션 경험 ④ 기록 공개 의무화

▸ 정답: ③
▸ 해설: 예측 가능성 증가는 불안을 낮추고 심리적 안정감을 제공한다.

28. 스포츠관광 프로그램 설계 시 심리적 만족도를 높이기 위한 핵심 원칙으로 가장 타당한 것은?

① 경쟁 극대화 ② 위험 요소 증가
③ 통제감, 선택권, 성취 경험 제공 ④ 일정의 최대 밀도화

▸ 정답: ③
▸ 해설: 자기결정성 이론에 따르면 자율성, 유능감, 관계성은 스포츠관광 만족도의 핵심 요소이다.

29. 트레일 러닝, 철인3종, 장거리 사이클 투어 참가자가 '완주 그 자체'를 가장 중요한 성취로 인식할 때 적용하기 가장 적절한 동기 이론은?

① 사회적 비교 이론 ② 목표지향 이론의 수행 목표 지향
③ 기대 불일치 이론 ④ 목표지향 이론의 숙달 목표 지향

▸ 정답: ④
▸ 해설: 운동형 스포츠관광에서는 타인과의 비교보다 자기 향상과 완주 경험을 중시하는 숙달 목표 지향이 우세하다.

30. 운동형 스포츠관광 참가자가 대회 전 "나는 이 코스를 끝까지 해낼 수 있다"라고 믿는 심리 상태를 가장 정확히 설명하는 개념은?

① 자기결정성 ② 자기효능감
③ 내적 귀인 ④ 성취 회피 동기

▸ 정답: ②
▸ 해설: 자기효능감은 특정 과제를 성공적으로 수행할 수 있다는 개인의 신념이다.

31. 고난도 자연환경을 이용한 스포츠관광에서 참가자의 불안이 수행을 저해하지 않고 오히려 집중을 높이는 조건을 설명하는 이론은?

① 사회적 태만 이론

② 역 U자형 각성 이론(Yerkes–Dodson 법칙)

③ 인지 부조화 이론

④ 사회적 동일시 이론

▸ 정답: ②

▸ 해설: 적정 각성 수준은 수행을 최적화하지만 과도한 각성은 수행을 저하시킨다.

32. 장거리 스포츠관광 참가자가 후반부 극심한 피로에도 불구하고 포기하지 않는 심리를 가장 잘 설명하는 개념은?

① 외적 보상 ② 정신적 강인성(mental toughness)

③ 사회적 태만 ④ 회피 동기

▸ 정답: ②

▸ 해설: 정신적 강인성은 압박과 피로 상황에서도 목표를 유지하는 능력이다.

33. 이탈리아 마라톤 관광의 특징으로 가장 적절하지 않은 것은?

① 로마 마라톤은 콜로세움, 판테온 등 역사적 유적지를 지나는 '살아있는 박물관' 코스다.

② 베네치아 마라톤은 수많은 운하와 다리를 건너는 독특한 경험을 제공한다.

③ 도심의 '산피에트리니(Sanpietrini)' 돌길은 발목에 무리를 줄 수 있어 주의가 필요하다.

④ 고도가 너무 낮고 평지만 이어져 전문 엘리트 선수들에게는 인기가 없다.

▸ 정답: 4

▸ 해설: 이탈리아 마라톤은 역사적 풍광과 적당한 난이도 덕분에 전 세계 엘리트 선수와 동호인 모두에게 매우 인기가 높다.

스페인 스포츠관광 학습자료

- 박진호(2021). 올림픽과 도시재생: 바르셀로나 모델 분석. 서울: 경기연구원.
- 김종 · 최윤지(2019). 축구관광과 지역경제 효과: 라리가 사례 중심. *관광학연구*, 43(2), 87~104.
- Breda, Z., Ribeiro, J. C., & Costa, C. (2006). Sport tourism destinations: Spain as a competitive example in Southern Europe. *Tourism Review*, 61(3), 47~56.
- García, B. (2001). The global sport media and the Barcelona Olympic legacy. *International Review for the Sociology of Sport*, 36(3), 271~286.
- Higham, J., & Hinch, T. (2009). *Sport and Tourism: Globalization, Mobility and Identity*. Butterworth-Heinemann.
- Kurtzman, J. (2005). Sports tourism categories. *Journal of Sport Tourism*, 10(1), 15~20.
- Puig, N., & Borrat, H. (2017). Sport and urban transformation in Barcelona: Legacy of the 1992 Games. *Journal of Urban Affairs*, 39(2), 235~254.
- Sánchez, P., & Campos, C. (2019). Tourism, sport and sustainability in Spain: Emerging tendencies. *Sustainability*, 11(14), 3920.
- Spanish Tourism Institute (Turespaña). (2018~2024). *Tourism and Sport in Spain: Official Reports*. Madrid: Ministry of Industry, Commerce and Tourism.
- World Tourism Organization (UNWTO). (2019). *Sport Tourism and Mega Events: European Perspectives*. Madrid: UNWTO.
- García Ferrando, M. (2006). *Post-Olympic Barcelona: Sport Participation and Social Change*. Universitat de Barcelona Press.
- Parra-Camacho, D., Alonso-Dos-Santos, M., & González-Serrano, M. H. (2021). Determinants of spectator sport tourism in La Liga. *European Sport Management Quarterly*, 21(3), 412~433.
- INE (Instituto Nacional de Estadística). (2020~2024). *Sports Participation and Tourism Mobility in Spain.*
- Borzyskowski, I. (2014). Cycling tourism in Spain: Routes, heritage, and regional development. *Journal of Outdoor Recreation and Tourism*, 7~8, 45~58.
- Ramírez, M. (2015). Nautical tourism in the Balearic Islands. *Tourism Management*, 47, 298~309.
- 오버투어리즘. 190조 벌어들인 유럽의 심장 스페인
  https://youtu.be/3UJ-WrMSSd0?si=G-jGAdOIg8s7wy90

05

과거 해가 지지 않았던, 근대 스포츠의 종주국, 영국

이 장의 흐름

영국의 스포츠관광은 전통과 현대가 조화를 이룬 세계적 스포츠문화를 바탕으로 발전하였다. 축구, 테니스, 럭비, 골프 등 다양한 스포츠의 발상지로서, 프리미어리그, 윔블던, 런던 마라톤, 브리티시 오픈 등 국제적 이벤트가 관광산업을 이끌고 있다. 영국은 스포츠를 지역 정체성과 공동체 문화의 핵심으로 인식하며, 경기 관람뿐 아니라 스포츠 유산과 문화 체험이 결합된 역사문화관광을 발전시켰다. 특히 2012년 런던 올림픽 이후 경기장과 인프라를 관광자원으로 재활용하고 있다.

주요 내용

- 영국의 지형과 문화, 스포츠관광 인프라
- 영국의 올림픽 역사와 스포츠관광
- 영국의 관람형 스포츠관광: EPL, 럭비, 윔블던
- 영국의 유산형 스포츠관광: 올드 트래포드, 트위크넘 스타디움, 윔블던
- 영국의 체험형 스포츠관광: SUP
- 영국의 운동형 스포츠관광: 테니스 교류 경기, SUP 대회 출전

주제어

하이랜드, 브리티시 에어웨이즈, 히스로 공항, 개트윅 공항, 프리미어리그, 올드 트래포드, 윔블던, 럭비 트위크넘, 런던 올림픽, 로즈 크리켓 그라운드

영국의 지형 문화

호주(다운언더)와 비교되는 스코틀랜드 하이랜드는 하이킹, 트레일 러닝, 마운틴 바이크, 야외 모험 스포츠의 중심지로 기능하며, 로몬드 호수와 스카이 섬 일대는 자연 경관을 결합한 체험형 스포츠관광의 대표 지역이다. 웨일스의 스노도니아 국립공원과 펨브로크셔 해안은 클라이밍, 카약, 서핑 등 야외 스포츠가 활발하며, 잉글랜드 남부는 완만한 지형과 정비된 도로 환경 덕분에 사이클링 투어와 러닝 코스가 발달해 있다.

기후는 온대해양성 기후가 지배적이며, 연중 온화하나 변덕스러운 날씨가 특징이다. 잦은 비와 흐린 하늘은 야외 스포츠활동에 도전적 조건을 제공하기도 하지만, 럭비, 축구, 크리켓과 같은 영국 특유의 강인한 스포츠문화를 형성하게 하였다. 여름은 평균 20도 내외로 비교적 시원하여 마라톤, 사이클링, 골프, 하이킹 등 장시간 야외 스포츠에 이상적이다.

문화적으로 영국은 현대 스포츠의 발상지로서 독보적 위치를 가진다. 축구, 럭비, 테니스, 골프, 크리켓 등 세계적 스포츠 종목이 영국에서 체계화되었으며, 이는 스포츠관광의 가장 강력한 동력이 된다. 프리미어리그는 세계적인 관람형 스포츠관광의 대표적 콘텐츠로써 맨체스터, 리버풀, 런던 등은 경기 관람과 도시문화 체험이 결합한 복합 스포츠관광지가 되었다. 윔블던 테니스 챔피언십, 디 오픈 챔피언십, 런던 마라톤, 옥스퍼드–케임브리지 보트 레이스 등은 영국 특유의 전통과 스포츠정신을 보여주는 상징적 이벤트이다.

영국의 항공

영국의 대표 항공사인 브리티시 에어웨이즈(British Airways)는 런던 히스로 공항을 중심으로 전 세계 주요 도시를 연결해준다. 저비용항공사인 이지젯(easyJet)과 라이언에어(Ryanair)는 스포츠관광의 대중화를 이끈 브랜드이다. 이지젯은 런던, 맨체스터, 리버풀뿐 아니라 스코틀랜드·웨일스 등지로 이동하는 주요 노선을 다수 보유해 프리미어리그 원정 관람, 6개국 럭비대회, 스코틀랜드 하이랜드 트레킹 등의 이동을 부담 없이 가능하게 한다. 라이언에어는 유럽 내 저가 이동을 제공하여 유럽 축구팬들이 런던 · 맨체스터 · 글래스고 등의 경기장을 찾거나, 영국 골프 코스와 하이킹 코스를 방문하는 활용된다.

공항 측면에서는 런던 히스로 공항이 영국 스포츠관광의 절대적 관문 역할을 한다. 세계 최고 수준의 국제 접근성을 갖춘 히스로는 프리미어리그 빅클럽(첼시 · 아스널 · 토트넘) 경기 관람객, 윔블던 참가자, 런던 마라톤 선수단 등이 가장 많이 이용하는 공항이다. 런던 시내 경기장과의 접근성이 좋아 스포츠관광 동선이 매우 효율적이다. 런던 개트윅 공항은 저비용항공과 중거리 국제선이 많아 가족 단위 스포츠관광객, 골프 · 사이클링 투어 참가자들에게 실용적인 선택지이다. 맨체스터 공항은 북부 스포츠관광의 중심 허브이다. 맨체스터 유나이티드 · 맨체스터 시티 경기 관람객의 주요 경유지이며, 리버풀 안필드와 에버턴 경기장, 리즈 · 뉴캐슬 · 셰필드 등 전통 산 · 공업도시의 축구·럭비 경기로 이동하기도 쉽다. 스코틀랜드의 에든버러 · 글래스고 공항은 스코틀랜드 프리미어십 경기 관람, 스코틀랜드 하이랜드 하이킹, 골프 성지(세인트앤드루스) 방문 등 체험형 · 유산형 스포츠관광의 관문이다.

영국의 대중교통

영국 스포츠관광에서 가장 중요한 철도 브랜드는 National Rail(내셔널 레일) 체계이며, 그중에서도 Avanti West Coast, LNER, Great Western Railway(GWR) 등이 핵심 역할을 한다. Avanti West Coast는 런던－맨체스터－리버풀－글래스고를 연결해 프리미어리그 원정 관람, 맨유 · 맨시티 · 리버풀 FC 경기 이동의 중심축을 이룬다. LNER는 런던－리즈－뉴캐슬－에든버러를 잇는 노선으로 북잉글랜드와 스코틀랜드의 축구 · 럭비 경기장으로 이동하는 데 널리 사용된다. GWR은 런던에서 웨일스 · 브리스톨 · 남서부 해안으로 이동하기 좋아, 카디프 럭비 경기 관람, 콘월 서핑 지역 방문 등 체험형 스포츠관광의 접근성을 높인다. 런던의 도시 대중교통을 운영하는 Transport for London(TfL)은 세계에서 가장 스포츠관광 친화적인 교통 브랜드라고 할 수 있다. 런던 지하철(Tube), 런던 버스, 트램, DLR, 오버그라운드가 모두 포함된 TfL 네트워크는 윔블던, 경기장(Emirates, Stamford Bridge, Tottenham Hotspur Stadium), 런던마라톤 코스, 크리켓 경기장(Lord's), 올림픽파크(Queen Elizabeth Olympic Park) 등 주요 스포츠시설로의 접근을 매우 편리하게 만든다. Stagecoach, First Bus, National Express 등 대중버스 브랜드는 도시 간·도시 내 이동을 모두 제공하는 중요한 교통망이다. National Express는 런던·버밍엄·맨체스터·브리스톨·카디프 등 주요 도시를 저렴하게 연결하여 예산형 스포츠관광객, 유학생 팬층, 장거리 원정 관람객에게 실용적이다. Stagecoach와 First Bus는 스코틀랜드와 잉글랜드 북부 등 철도 접근성이 약한 지역에서 하이킹·골프·산악 러닝·MTB 관광을 지원하며, 경기장 주변 셔틀버스 운행에도 적극적으로 참여해 지방 도시의 축구 경기 관람 접근성을 높인다.

영국의 유심

영국의 유심(SIM)은 이동성, 정보 접근성, 경기 관람과 참여 경험의 질을 좌우하는 핵심 지원 요소로 볼 수 있다. 유심을 통한 안정적인 모바일 데이터는 경기 일정 확인, 전자 티켓 제시, 좌석 정보 확인, 경기장 출입 관리에 필수적이다. 특히 대부분의 경기장이 모바일 티켓을 기본으로 사용하기 때문에 현지 유심은 사실상 필수 인프라에 가깝다. 축구 스타디움 투어, 골프 여행, 사이클 투어, 하이킹, 마라톤 참가 등 체험형 스포츠관광에서는 GPS 기반 기록 앱, 운동 기록 공유, 안전 관리 기능이 중요하다. 영국은 Three, EE, Vodafone, O2 등 주요 통신사가 경쟁하는 구조로, 관광객용 선불 유심과 eSIM 상품이 잘 발달해 있다. 특히 Three는 유럽 로밍 포함 상품이 많아 영국을 거점으로 유럽 스포츠관광을 연계하는 데 유리하다.

영국의 숙박

영국의 스포츠관광에서 가장 널리 이용되는 숙박 브랜드는 Premier Inn(프리미어 인)과 Travelodge(트래블로지) 같은 중저가 체인이다. Premier Inn은 경기장 근처 지점이 많아 '경기 당일 숙박' 수요에 매우 강하다. 도시형 스포츠관광에서는 Hilton, Marriott, Hyatt, InterContinental, Radisson Blu, Novotel(Accor) 등 글로벌 호텔 체인이 중요한 역할을 한다. 전통과 유산을 강조하는 스포츠관광에서는 De Vere, Macdonald Hotels, The Pig, Hand Picked Hotels 같은 영국식 컨트리 호텔 · 매너 하우스 브랜드가 중요한 역할을 한다. 이들 숙박시설은 골프 코스와 결합된 경우가 많아 디 오픈 챔피언십, 세인트앤드루스 방문객, 잉글랜드 · 스코틀랜드 골프 투어 관광객에게 최적이다.

(영국의 숙박)

저예산 원정 스포츠관광객이나 청년층 스포츠팬층에게는 YHA(Youth Hostel Association)와 다양한 독립 호스텔 브랜드가 중요한 선택지이다. YHA는 레이크디스트릭트, 스노도니아, 콘월, 스코틀랜드 하이랜드 등 야외 스포츠 중심 지역에 전략적으로 위치해 트레일 러닝, MTB, 서핑 · 세일링 활동 참가자들이 장비 보관, 셀프 조리 공간, 커뮤니티 환경을 활용할 수 있다.

영국의 음식

영국 스포츠관광에서 가장 상징적인 음식 브랜드는 Wetherspoon이다. 전국에 촘촘히 분포한 이 대형 펍 체인은 경기 관람 전후 팬들이 모이는 대표적 공간으로, 프리미어리그 · 럭비 · 크리켓 팬 문화의 중심지 역할을 한다. Greene King, Fuller's 같은 펍 브랜드 역시 지역 팬 문화와 결합해 스포츠관광의 사회적 경험을 강화한다. 도시 중심의 간편식 브랜드로는 Pret A Manger(프레타망제), Greggs(그렉스), Eat., Leon 등이 있다. 프레타망제와 리온은 샌드위치 · 샐러드 · 래핑 메뉴 중심으로, 런던마라톤 · 도심 러닝 이벤트 · 사이클링 관광객들이 활동 전후 부담 없이 식사할 수 있는 형태를 제공한다. 프리미어리그 도시에서 흔히 볼 수 있는 캐주얼 다이닝 브랜드 Nando's는 단백질 중심 메뉴(그릴드 치킨)로 운동 후 회복식으로도 선호된다. Pizza Express, Zizzi, Bella Italia 같은 이탈리아식 캐주얼 레스토랑 체인도 팬 · 가족 단위 스포츠관광객에게 적합한 메뉴 구성을 갖추고 있다.

영국의 올림픽 역사

영국의 런던은 1908년, 1948년, 2012년 총 세 차례 올림픽을 개최한 도시로, 이는 영국이 올림픽운동의 역사적 중심지이자 조직 능력이 뛰어난 스포츠 강국임을 보여준다. 1908년 대회는 표준화된 트랙 규격, 심판 시스템, 선수 관리 규정 등, 근대올림픽의 제도적 기반을 마련한 대회로 평가되며, 런던은 초기 근대 스포츠문화 확립에 중요한 기여를 했다. 1948년 런던올림픽은 전쟁 직후 열려 '절약의 올림픽'이라 불렸지만, 폐허 속에서도 국제 스포츠교류가 다시 시작되는 상징적 의미를 남겼다. 2012년 런던올림픽은 도시재생과 스포츠유산 관리의 대표적인 성공 사례로 남아 있다. 개막식은 영국의 산업혁명 · 대중문화 · 스포츠정신을 스토리텔링한 작품으로 세계적 호평을 받았다. 특히 2000년 이후 영국은 엘리트 스포츠에 체계적 투자(UK Sport 시스템)를 하며 세계적

올림픽 강국으로 부상해 메달 종합 3위권을 꾸준히 유지하는 강한 면모를 보이고 있다. 영국 스포츠영웅들은 올림픽을 통해 시대정신을 상징하는 존재가 되어 왔다. 육상에서는 4회 연속 올림픽 금메달을 획득한 중거리 전설 세바스찬 코와 장거리 영웅 모 파라가 대표적이다. 사이클에서는 크리스 호이, 브래들리 위긴스, 크리스 프룸 같은 스타들이 세계 최강 사이클 강국의 이미지를 구축했으며, 이들의 활약은 영국 사이클링문화와 스포츠관광의 성장을 견인했다. 조정에서는 5연속 올림픽 금메달을 획득한 스티브 레드그레이브가 영국 스포츠 역사에서 가장 존경받는 영웅 중 한 명이다. 수영에서는 레베카 아들링턴이 여성 선수로서 새로운 기록을 세우며 전국적 인기를 얻었다. 축구는 영국 올림픽 대표팀이 큰 비중을 차지하지 않지만, 여자 축구에서 올림픽 무대 진출과 경쟁이 본격화되며 관심을 모았고, 럭비와 필드하키에서는 꾸준한 성과를 내왔다. 특히 여자 필드하키 대표팀의 리오 2016 금메달은 올림픽 역사에서 중요한 순간으로 기록된다.

영국의 스포츠관광

런던, 맨체스터, 리버풀, 뉴캐슬 등 주요 도시에는 프리미어리그 경기장을 중심으로 한 관람 문화가 강력하게 자리 잡고 있다. 축구를 비롯해 윔블던 테니스 챔피언십, 프리미어쉽 럭비, 크리켓 더 애시즈 등 상징적인 스포츠 이벤트가 연중 이어져 관람객에게 풍부한 선택지를 제공한다. 경기장 주변의 펍 문화, 팬들의 응원 전통, 지역 클럽 정체성은 관람형 관광객에게 단순히 경기를 보는 것을 넘어 도시의 스포츠 문화를 온전히 체감하는 경험을 만들어 준다. 체험형 스포츠관광에서는 영국의 자연환경과 생활 스포츠 문화가 결합하여 다양한 체험 활동을 가능하게 한다. 스코틀랜드 하이랜드의 트레킹, 웨일스의 산악 체험, 콘월의 서핑, 케임브리지 주변의 카약 체험 등 지역별로 자연을 활용한 스포츠 체험이 풍부하다. 또한 영국은 테니스, 골프, 럭비, 크리켓 등 전통 종목에 대한 아카데미와 프로그램이 잘 발달해 있어 관광객이 직접 영국식 스포츠 수업에 참여하거나 지역 커뮤니티 스포츠활동에 참여하는 체험이 가능하다. 스코틀랜드의 산악 지대는 트레일 러닝이나 MTB 코스가 활발하게 운영되고, 요크셔와 웨일스는 자전거 투어와 마라톤 코스로 유명하다. 영국의 해양성 기후는 극단적 기온 변화가 적기 때문에 장시간의 운동 활동에 적합하며, 다양한 지역에서 열리는 철인 3종 경기, 사이클링 이벤트, 대규모 달리기 대회가 국내외 관광객을 끌어들인다. 런던의 윔블던, 맨체스터의 올드 트래포드, 런던의 웸블리, 세인트앤드루스 골프 링크스 등은 스포츠 역사와 상징성을 체험할 수 있는 대표적인 유산 관광지이다. 경기장 박물관, 스포츠 명예의 전당, 오래된 클럽하우스 등은 스포츠의 발전 과정과 지역 공동체 문화가 결합된 장소로 기능하며, 관광객은 이곳에서 영국 스포츠의 뿌리와 전통을 직접 느낄 수 있다.

영국의 축구 관광

영국의 EPL은 단순한 경기 관람이 아니라 도시 · 문화 · 응원 · 전통이 결합된 '현장 체험형 관람 관광'으로 영국 스포츠관광의 핵심 동력으로 작용하고 있다. 해외 관광객들은 경기장에서 느껴지는 긴장감과 응원 문화, 도시별로 뚜렷하게 나타나는 팬들의 정체성을 직접 체험하기 위해 영국을 찾는다. EPL 경기장 내부에서는 팬들의 응원 방식, 전통적인 구단가(anthem), 지역 공동체의 일체감이 강하게 느껴지며 관람객은 단순히 경기를 보는 것을 넘어 그 도시와 구단이 형성해 온 문화적 배경까지 함께 경험하게 된다. 올드 트래포드, 안필드, 스탬퍼드 브리지, 에미레이트 스타디움 등은 경기일뿐 아니라 비경기일에도 투어 프로그램이 운영되어 방문객이 라커룸, 선수 입장 통로, 기자회견장 등 평소에 접할 수 없는 공간까지 직접 둘러볼 수 있다. 이는 경기 관람과 더불어 스포츠 유산 관람의 성격까지 결합된 독특한 공간 체험을 가능하게 한다.

(영국 맨유 스타디움 투어)

영국의 럭비 관광

잉글랜드의 트위크넘 스타디움은 세계 럭비의 중심지로 불리며, 국제 경기와 프리미어십 경기가 열릴 때면 수십만 명의 팬이 몰린다. 관람객은 경기의 속도감과 강한 충돌, 전략적 플레이뿐 아니라 영국 특유의 응원 문화와 경기 당일 도시 전체에 퍼지는 축제 분위기를 함께 느낄 수 있다. 웨일스 카디프의 밀레니엄 스타디움, 스코틀랜드 에든버러의 머레이필드 역시 강력한 지역적 정체성을 가진 경기장이며, 관람객은 단순한 경기 관람을 넘어 각 지역이 지닌 럭비 공동체 문화를 체감하게 된다.

럭비의 기원으로 알려진 럭비 스쿨(Rugby School)은 스포츠 역사에서 매우 중요한 장소로, 세계 각국 관광객이 럭비 탄생지 탐방을 위해 도시를 방문한다. 럭비 박물관, 역사적 경기장, 오래된 클럽하우스 등은 럭비의 규칙이 어떻게 발전해 왔는지, 지역 공동체가 어떻게 럭비를 중심으로 형성되었는지를 보여주는 유산 공간으로 기능한다. 스코틀랜드와 웨일스에서는 국가 정체성과 럭비가 결합해 있기 때문에, 경기장을 방문하는 것만으로도 해당 지역의 역사·문화적 배경을 이해하는 경험이 된다.

(영국의 럭비 관광)

영국의 크리켓 관광

크리켓 관광은 영국 크리켓 특유의 경기 분위기, 관중 문화, 시즌 운영 방식을 직접 체험하는 데 초점을 둔다. 중심지는 런던의 로즈(Lord's)와 오벌(Oval), 맨체스터의 올드 트래포드(Old Trafford), 버밍엄의 에지바스턴(Edgbaston), 노팅엄의 트렌트 브리지(Trent Bridge) 등이 있다. 특히 로즈는 '크리켓의 메카'로 불리며, 애쉬즈 시리즈(The Ashes), 테스트 매치, 원데이 국제경기(ODI) 등을 보기 위해 전 세계 팬들이 몰린다. 크리켓 경기 관람은 단순한 경기 소비가 아니라 영국식 하루 스포츠 문화를 체험하는 과정으로써 장시간에 걸친 경기 특성상 관람객은 피크닉 · 티타임 · 가벼운 맥주 문화 등을 즐기며 여유로운 방식으로 스포츠를 경험한다. 5일 동안 진행되는 테스트 매치는 영국 특유의 '여유 · 관조 · 전통'을 반영하고, T20 같은 단축 경기에서는 현대적 · 대중적 팬 경험을 즐길 수 있다. 유산형 크리켓 관광지는 MCC(Marylebone Cricket Club)의 로즈 크리켓 그라운드 역사관, 크리켓 규칙을 정비해 온 런던 기반의 전통 기관들, 그리고 도시·학교 문화 속 크리켓 유산을 확인할 수 있는 지역들이다.

영국의 테니스 관광

런던은 관람형 테니스 관광의 절대적인 중심지로, 윔블던 챔피언십이 열리는 올잉글랜드클럽은 전 세계 테니스 팬들의 성지이다. 경기관람 외에도 'Queueing (현장 줄서기)', 센터코트 투어, 잔디 코트 유지관리 교육 등 윔블던만의 의례와 문화가 관광 콘텐츠로 작동한다. 런던 서쪽에 위치한 퀸즈 클럽에서는 잔디 시즌 개막을 알리는 퀸즈 클럽 챔피언십이 열려 ATP 최정상 선수들을 가까이에서 볼 수 있다. 운동형 관광 측면에서는 런던 곳곳의 멤버십 클럽과 공공 코트에서 잔디 · 하드 · 인조잔디를 체험할 수 있으며, 여름에는 단기 레슨, 잔디 코트 체험, 주니어 · 성인 캠프 등이 다양하게 운영된다.

(영국의 윔블던 투어)

런던 남동쪽 서식스 해안 도시 이스트본은 여름 잔디 시즌의 중요한 국제대회가 열리는 지역으로, 관람형 관광의 중심지 중 하나다. 세계 정상급 WTA · ATP 선수가 출전해 경쟁력이 높고, 경기장과 해변이 가까워 스포츠와 휴양 관광이 자연스럽게 결합된다. 스포츠관광객은 이 지역의 잔디 코트 클럽에서 짧은 체험 레슨이나 입문 강습에 참여할 수 있어 잔디 코트 운동형 체험이 용이하다. 잉글랜드 중부 지역에서는 버밍엄 클래식, 노팅엄 오픈 등 WTA ·

ATP 투어가 열리며, 이는 대규모 대회보다 관람 동선이 편하고 선수 접근성이 높아 관람형 테니스 관광의 새로운 인기 지역으로 떠오르고 있다.

영국의 SUP 관광

영국의 SUP 관광은 전문 브랜드가 주도하는 구조를 가지고 있으며, 이 브랜드들은 지역적 특성과 수역 환경에 맞춰 서로 다른 형태의 SUP 경험을 제공한다. 런던을 중심으로 성장한 Active360은 템스강 SUP 문화를 대중화한 대표 브랜드로, 야경 투어와 도시 경관 감상 SUP를 영국의 새로운 어반 스포츠관광으로 자리 잡게 했다. 남서부 잉글랜드의 The SUP Hut과 The SUP Store는 콘월과 데번의 해안 지형을 기반으로 SUP 서핑과 해양 탐험형 투어에 특화된 브랜드로, 모험형·체험형 SUP 관광을 선도한다. 뉴키를 거점으로 활동하는 Newquay Activity Centre는 서핑 중심 지역에서 바다 SUP, 해양 동굴 탐험, 조류 체험 SUP를 운영하고 있다.

▪ 템즈강
▪ 패딩턴

(영국의 섭 투어)

영국 스포츠관광 여정 지도

여정 지도	그림, 장소, 점, 화살표로 표시

※ 손 글씨로 표에 내용을 기입하고 사진을 찍어서 클라썸에 과제로 제출.

영국 스포츠관광 여정

목적				
여정(기간)	(	)~(		)
비용				
스포츠관광 유형	Sp	Lg	Ep	At
전자여행허가서 이름, 비용				
비자 준비 유무				
항공사 이름과 코드				
공항 이름과 코드				
통신(유심) 이름과 비용				
기차 이름과 비용				
버스				
지하철				
택시				
자전거				
렌트카				
숙박				
음식				
목적지				

※ 손 글씨로 표에 내용을 기입하고 사진을 찍어서 클라썸에 과제로 제출.

〈영국의 스포츠관광 퀴즈 문항〉

1. 영국에서 프리미어리그 경기 관람이 활발한 이유로 가장 적절한 것은?

① 경기장 접근성이 떨어져 독립형 관광 가능
② 도시 간 교통이 발달해 관람 이동이 편리
③ 대부분 소규모 경기장에서 진행
④ 문화관광이 우선이라 경기 관람 비중 낮음

▸ 정답: ②
▸ 해설: 영국은 철도·버스 등 도시 간 이동 인프라가 좋은 편임.

2. 윔블던 테니스 대회의 가장 큰 관광적 특징은?

① 인공 잔디 사용　② 복장 규정 자유
③ 잔디코트 전통과 엄격한 예절 강조　④ 실내 경기

▸ 정답: ③
▸ 해설: 윔블던은 엄격한 드레스 코드·잔디코트·정통성 문화를 유지한다.

3. 런던 트위커넘 스타디움이 유명한 이유는?

① EPL 결승 전용　② 영국 럭비의 중심지
③ 올림픽 마라톤 출발지　④ 암벽등반 대회장

▸ 정답: ②
▸ 해설: 트위커넘은 영국 럭비 본거지로 전통과 상징성을 가진다.

4. 영국이 근대 스포츠의 발상지로 평가받는 근거는?

① 20세기 이후 스포츠 개발
② 축구 · 골프 · 테니스 · 럭비 · 크리켓 규범화가 영국에서 시작
③ 스포츠에 소극적 국가　④ 체육교육 제도 늦게 정착

▸ 정답: ②
▸ 해설: 근대 스포츠 규칙의 정립 및 제도화가 영국에서 이루어졌기 때문.

5. 다음 중 영국의 유산형 스포츠관광 자원으로 가장 적절한 것은?

① 런던 마라톤 참가 ② 윔블던 테니스 선수권대회 경기 관람
③ 서핑 강습 ④ 올드 트래퍼드, 안필드 스타디움 투어

▸ 정답: ④
▸ 해설: 축구 경기장 투어는 유산형 스포츠관광 자원이다.

6. 영국의 크리켓 관람 문화 특징은?

① 짧고 빠른 경기 ② 여러 날 이어지는 느긋한 관람
③ 야간 경기 중심 ④ 실내 경기 중심

▸ 정답: ②
▸ 해설: 크리켓은 경기 시간이 길어 느긋한 피크닉형 관람 문화가 발달했다.

7. 스코틀랜드 세인트앤드루스가 중요한 이유는?

① SUP 중심지 ② 잉글랜드 대표팀 훈련장
③ 골프의 발상지 ④ 최초 럭비 경기장

▸ 정답: ③
▸ 해설: 세인트앤드루스는 '골프의 성지'로 세계적으로 인식된다.

8. 영국이 운동형 스포츠관광에 적합한 기후적 요인은?

① 여름 폭염 ② 잔디가 잘 얼지 않는 해양성 기후
③ 겨울 폭설 ④ 건조한 사막성

▸ 정답: ②
▸ 해설: 영국은 해양성 기후로 영하로 떨어지지 않는 기후를 가지고 있다.

9. EPL 관람 관광객이 매력을 느끼는 요소는?

① 경기 중 티타임 ② 지역별 펍 문화와 응원 분위기
③ 모든 경기 무료입장 ④ 경기장 모두 신축

▸ 정답: ②
▸ 해설: 영국 EPL의 팬 문화와 펍 문화는 관광객의 큰 만족 요인이다.

10. 영국의 테니스 체험형 관광에서 중요한 요소는?

① 잔디코트 이용 가능　② 실내 클레이코트만 운영
③ 코칭 프로그램 없음　④ 경기 관람만 가능

▸ 정답: ①
▸ 해설: 영국은 잔디코트를 보유한 테니스클럽이 많다.

11. 영국 하이랜드 지역이 스포츠관광에서 인기인 이유는?

① 해양관광 중심　② 역사문화관광 중심
③ 생태관광 중심　④ 트레킹 · 러닝관광 중심

▸ 정답: ③
▸ 해설: 하이랜드는 산악 · 호수 중심 자연환경이 아름답다.

12. 런던 히스로 공항이 스포츠관광에 중요한 이유는?

① 경기장이 공항 안에 있음　② 국제 관람객의 주된 입국 관문
③ SUP 대회 개최지　④ 국내선 전용

▸ 정답: ②
▸ 해설: 국제 스포츠 이벤트 관광객의 주요 입국 경로이다.

13. 영국의 버스 교통이 스포츠관광에 기여하는 방식은?

① 스포츠 장소 접근 어려움　② 경기장~소도시 체험지를 세밀히 연결
③ 관광객 탑승 금지　④ 농촌 중심만 운행

▸ 정답: ②
▸ 해설: 버스망이 촘촘하여 경기장 · 체험지 이동이 효율적이다.

14. 영국의 기차가 스포츠관광에 중요한 이유는?

① 장비 반입 금지　② 경기장과 자연 관광지를 효율적으로 연결
③ 속도 느림　④ 스포츠 이벤트와 무관

▸ 정답: ②
▸ 해설: 영국 철도는 도시와 자연지대를 연결해 스포츠 이동에 유리하다.

15. 영국의 스포츠 유산관광 대표 공간은?

① 마담투소 ② 로즈 크리켓 그라운드
③ 브라이튼 피어 ④ 에든버러 성

▸ 정답: ②
▸ 해설: 로즈 크리켓 그라운드는 크리켓의 성지로 불리는 대표 스포츠 유산 공간이다.

16. 영국의 자전거 관광이 발달한 이유는?

① 국립자전거도로망(National Cycle Network) 구축
② 대부분 도로가 금지구역
③ 대여 어려움
④ 관광객 이용 낮음

▸ 정답: ①
▸ 해설: 영국은 국립자전거도로망이 잘 갖추어져 있음.

17. 영국의 스포츠 이벤트가 도시재생의 수단으로 활용된 대표적 지역은?

① 케임브리지 ② 브라이턴 ③ 동런던 ④ 요크

▸ 정답: ③
▸ 해설: 2012 런던올림픽은 동런던의 도시재생 대표적인 사례이다.

18. 영국 스포츠관광 정책의 전반적 성격으로 가장 적절한 것은?

① 단기 이벤트 중심 전략 ② 엘리트 선수 육성 중심 전략
③ 스포츠 유산과 대중 참여의 결합 ④ 국가 주도 통제형 전략

▸ 정답: ③
▸ 해설: 영국은 스포츠 유산, 대중 참여를 결합하고자 함.

19. 영국 스포츠관광의 지속가능성 논의에서 핵심 쟁점은?

① 자연 설상 환경 유지
② 해양 생태계 보호

③ 전통 경기장과 유산 시설의 보존과 활용

④ 고산 스포츠 인프라 확충

▸ 정답: ③

▸ 해설: 역사적 경기장과 스포츠 유산의 보존은 스포츠관광의 핵심이다.

20. 영국 스포츠관광에서 장소성(place identity)을 가장 잘 설명한 문장은 어느 것인가?

① 스포츠는 장소와 무관하다.

② 동일 종목은 어디서나 같은 의미를 가진다.

③ 스포츠의 역사와 장소가 결합해 고유한 경험을 만든다.

④ 접근성만이 스포츠관광의 핵심이다.

▸ 정답: ③

▸ 해설: 스포츠관광은 '어디서 보느냐'가 '무엇을 보느냐'만큼 중요하다.

21. 영국 스포츠관광 모델이 한국 스포츠관광에 주는 가장 중요한 시사점은 무엇인가?

① 대형 국제대회 유치 확대

② 엘리트 스포츠 성과 강화

③ 스포츠 역사와 공간을 관광 콘텐츠로 체계화

④ 실내 스포츠시설 집중

▸ 정답: ③

▸ 해설: 영국 사례는 스포츠의 역사성과 장소성을 관광 자원으로 전환하는 전략의 중요성을 보여준다.

22. 고산 트레킹이나 알프스, 히말라야 스포츠관광에서 초기 적응 실패 시 가장 먼저 저하되는 생리적 기능은 무엇인가?

① 근력

② 최대산소섭취량(VO_2 max)

③ 유연성

④ 체지방률

▸ 정답: ②

▸ 해설: 고산 환경에서는 산소 분압 감소로 인해 최대산소섭취량이 감소한다.

23. 여름철 마라톤, 트라이애슬론 관광 상품에서 열사병 위험을 가장 잘 설명하는 생리적 지표는?

① 안정시심박수 ② 혈당 농도
③ 심부 체온(core temperature) ④ 폐활량

▸ 정답: ③
▸ 해설: 열사병은 체온 조절 실패로 심부 체온이 급격히 상승하는 것이 핵심이다.

24. 장거리 사이클 투어, 트레킹 등 지속적인 운동형 스포츠관광에서 주요 에너지 공급 체계는?

① ATP-PCr 시스템 ② 무산소성 해당과정
③ 유산소성 에너지 시스템 ④ 인산화 억제 시스템

▸ 정답: ③
▸ 해설: 장시간 지속되는 운동은 산소를 이용한 유산소 대사에 의존한다.

25. 사막, 열대 해안 지역에서 운동형 스포츠관광에서 탈수가 경기력과 안전에 미치는 영향을 가장 정확히 설명한 것은?

① 근육 비대 촉진 ② 체온 조절 능력 저하
③ 젖산 제거 속도 증가 ④ 산소 운반 능력 향상

▸ 정답: ②
▸ 해설: 탈수는 발한 기능과 혈액량을 감소시켜 체온 조절 능력을 떨어뜨린다.

26. 초보자를 대상으로 한 스포츠관광 프로그램에서 운동 강도 설정의 기준으로 가장 적절한 생리적 지표는?

① 최대 근력 ② 최대 심박수 대비 운동 강도
③ 체질량지수(BMI) ④ 유연성 검사

▸ 정답: ②
▸ 해설: 심박수는 개인별 운동 강도를 안전하게 조절할 수 있는 실용적 지표이다.

27. 고온 다습한 환경에서 스포츠관광 참가자의 피로가 빨리 누적되는 주요 생리적 원인은?

① 근육 내 크레아틴 증가 ② 심박출량 감소
③ 혈액이 피부로 과도하게 분산됨 ④ 젖산 생성 감소

▸ 정답: ③
▸ 해설: 체온조절을 위해 혈류가 피부로 이동하면 근육으로 가는 산소공급이 감소한다.

28. 겨울철에 이루어지는 스키나 크로스컨트리 등과 같은 스포츠관광에서 에너지 소비량이 평지 운동보다 증가하는 이유로 가장 적절한 것은?

① 기초대사량 감소
② 저온 환경에서의 열 생산 요구 증가
③ 산소 이용률 감소
④ 심박수 안정화

▸ 정답: ②
▸ 해설: 저온 환경에서는 체온 유지를 위한 추가적인 에너지 소모가 발생한다.

29. 장거리 운동형 스포츠관광 참가자의 근육 경련(cramp)을 예방하는 데 가장 중요한 생리적 요인은?

① 탄수화물 섭취 ② 단백질 섭취
③ 전해질과 수분 균형 ④ 최대 근력 유지

▸ 정답: ③
▸ 해설: 전해질 불균형과 탈수는 근육 경련의 주요 원인이다.

30. 운동형 스포츠관광에서 초반 페이스 조절 실패 시 후반 급격한 수행 저하를 설명하는 생리학 개념은?

① 초과회복
② 에너지 고갈(glycogen depletion)
③ 근비대

④ 심폐 적응

▸ 정답: ②

▸ 해설: 초기 과도한 강도는 근육 글리코겐을 빠르게 고갈시켜 후반 수행을 제한한다.

31. 운동형 스포츠관광 프로그램 설계 시 고령 참가자를 고려한 운동생리학적 원칙으로 가장 타당한 것은?

① 최대 강도 운동 권장 ② 회복 시간 최소화

③ 점진적 부하와 충분한 회복 제공 ④ 경쟁 요소 강화

▸ 정답: ③

▸ 해설: 노화에 따라 회복 속도가 감소하므로 점진적 부하와 회복 관리가 핵심이다.

32. 스키, 서핑, 다이빙과 같은 체험형 스포츠관광에서 초보자가 첫날 빠르게 기본 동작을 습득하도록 돕는 지도 전략으로 가장 적절한 것은?

① 전 동작을 한 번에 완성하도록 지도한다

② 오류를 지적하지 않고 자유 연습만 제공한다

③ 단순한 핵심 동작부터 단계적으로 학습시킨다

④ 경쟁 상황을 조기에 도입한다

▸ 정답: ③

▸ 해설: 운동학습 초기에는 과제를 단순화하고 단계적으로 제시하는 것이 효과적이다.

33. 짧은 일정의 체험 스포츠관광 프로그램에서 기술 학습 효율을 높이기 위한 연습 방식으로 가장 적절한 것은?

① 집중연습(massed practice)

② 분산연습(distributed practice)

③ 무작위연습(random practice)

④ 과잉연습(overlearning)

▸ 정답: ②

▸ 해설: 체력 소모와 피로를 고려할 때 분산 연습이 학습 효과와 안전성에 유리하다.

34. 스포츠관광에서 체험 활동 후 일정 시간이 지나도 기술이 유지되는지를 평가하는 운동학습 개념은?

① 전이 ② 강화
③ 파지(retention) ④ 수행

▸ 정답: ③
▸ 해설: 파지는 학습된 기술이 시간 경과 후에도 유지되는 정도를 의미한다.

35. 마라톤 참가형 스포츠관광 프로그램에 처음 참여하는 관광객에게 가장 우선적으로 고려해야 할 트레이닝 원리는 무엇인가?

① 과부하의 원리
② 특이성의 원리
③ 개별성의 원리
④ 가역성의 원리

▸ 정답: ③
▸ 해설: 스포츠관광 참가자는 체력 수준, 운동 경험, 연령 등이 다양하므로 개인별 차이를 고려한 개별성의 원리가 가장 중요하다.

36. 고산지에서 진행되는 트레킹 스포츠관광 상품을 기획할 때 적용해야 할 트레이닝 이론으로 가장 적절한 것은 무엇인가?

① 점진적 과부하 원리
② 특이성 원리
③ 반복성 원리
④ 가역성 원리

▸ 정답: ②
▸ 해설: 고산 트레킹은 저산소 환경이라는 특수 조건이 있으므로 해당 환경에 적응하는 특이성 원리를 고려해야 한다. 고산지 여행 시 가장 주의해야 할 질병은 고산병이며, 급성 고산병, 고산성 폐부종과 뇌부종, 탈수 및 저체온증, 수면 관련 장애등이 있다. 예방 및 관리를 위해서는 급격한 고도 상승을 피하고 점진적으로 적응해야 한다. 충분한 수분 섭취와 과도한 운동을 제한하고 증상 발생 시 즉시 휴식 또는 하산이 요구된다.

영국의 스포츠관광 학습자료

- Bale, J. (2003). *Sports geography* (2nd ed.). Routledge.
- Barnett, S., & Gavis, P. (2017). Wimbledon and the economics of mega-event tourism: An assessment of heritage and economic impact. *Journal of Sport & Tourism*, 21(3), 235~252.
- Barrett, J. (2014). *Wimbledon: The official history*. Vision Sports Publishing.
- Benkwitz, A., & Molnar, G. (2012). Situating the supporter: Mobilities, place and football fandom in England. *Sport in Society*, 15(3), 398~414.
- British Marine. (2020). *Annual watersports participation survey: UK trends in boating, SUP, and coastal recreation*. British Marine Publishing.
- Gammon, S., & Robinson, T. (2003). Sport and tourism: A conceptual framework. In S. Hudson (Ed.), *Sport and adventure tourism* (pp. 1~25). Haworth Press.
- Giulianotti, R. (1999). *Football: A sociology of the global game*. Polity Press.
- Gratton, C., & Henry, I. (2001). *Sport in the city: The role of sport in economic and social regeneration*. Routledge.
- Higham, J., & Hinch, T. (2009). *Sport and tourism: Globalization, mobility, and identity* (2nd ed.). Butterworth-Heinemann.
- Hudson, S. (2010). *Sport and adventure tourism*. Routledge.
- Malcolm, D. (2013). *Globalizing cricket: Englishness, empire, and identity*. Bloomsbury Academic.
- Marylebone Cricket Club Museum. (2018). *Heritage and collections annual review*. MCC Publications.
- National Trails UK. (2021). *Walking, running, and outdoor participation report*. National Trails Office.
- VisitBritain & UK Sport. (2014). *Events are GREAT: The economic impact of major sporting events in the UK*. London: UK Government.
- VisitScotland. (2019). *Golf tourism and heritage report: St Andrews and Scotland's golf identity*. VisitScotland Research Department.
- 역사를 바꾼 근대 해상무역 쟁탈전
  https://youtu.be/pPCiaHp113M?si=KjP2KCdvsSzWhOlO
- 유럽 여행 중 가장 당황스러웠던 날 – 유럽
  https://youtu.be/IOhLHpZONQU?si=o1cy2yav4syM7Xiu
- 영국유학 스포츠전공에 관심있는 그대를 위해
  https://youtu.be/M7umd0x-deI?si=BL_WYdlpSGX_N6vc

06

에펠탑, 루브르와 오르세, 예술과 스포츠가 만나는 곳, 프랑스

이 장의 흐름

프랑스의 스포츠관광은 예술과 문화, 자연환경, 스포츠가 융합된 복합형 관광산업이다. 알프스 산맥과 지중해, 대서양 연안을 배경으로 스키, 서핑, 사이클링 등 사계절 스포츠가 활발하며, 투르 드 프랑스(Tour de France), 롤랑가로스 테니스 대회(Roland Garros), 파리 마라톤 등 세계적인 스포츠 이벤트가 관광 활성화에 큰 역할을 한다. 또한 프랑스는 스포츠를 문화와 지역 발전의 수단으로 인식하여, 지속가능한 관광과 지역경제 활성화를 동시에 추구한다. 이 단원에서는 프랑스의 지형적·문화적 특징과 주요 스포츠 이벤트가 관광산업에 미친 영향을 살펴보고, 스포츠와 문화가 융합된 프랑스형 관광 모델을 이해하는 것을 목표로 한다.

주요 내용

- 프랑스의 지형과 문화, 스포츠관광 인프라
- 프랑스의 올림픽 역사와 스포츠관광
- 프랑스의 관람형 스포츠관광: 리그1, 프랑스오픈
- 프랑스의 유산형 스포츠관광: 롤랑가로스, 프랑스 올림픽
- 프랑스의 체험형, 운동형 스포츠관광: 테니스, SUP, 스키, UTMB

주제어

에펠탑, 센강, 알프스/피레네 산악관광, 지중해 해양스포츠, 투르 드 프랑스, 롤랑가로스, UTMB, 알피니즘, 리그원, PSG, 샤모니, 그르노블

프랑스의 지형과 문화

프랑스의 지형은 스포츠관광의 형태를 결정하는 핵심 요소로, 국토 전체가 알프스·피레네·주라 같은 고산 지대, 프로방스·코트다쥐르의 지중해 해안, 노르망디·브르타뉴의 대서양 해안, 파리·리옹·보르도 같은 도시권 평야지대가 대비되는 구조를 가진다. 알프스는 샤모니, 꾸르슈벨, 발토랑스 같은 세계 최고 수준의 스키 리조트를 통해 겨울 스포츠관광의 중심지로 기능한다. 트레킹·암벽등반·산악자전거(MTB) 등 사계절 아웃도어 스포츠가 모두 가능해 운동형·체험형 관광이 발달한다. 피레네 산맥은 프랑스인에게 더 '자연친화적이고 조용한 산악관광지'로 알려져 있으며, 투르 드 프랑스의 결정적 산악 코스로 활용되어 관람형 사이클 관광과 깊이 결합한다.

반면 지중해 연안의 코트다쥐르(니스, 칸, 마르세유)는 해변과 햇빛이 풍부한 기후를 기반으로 요트·세일링·수영·트라이애슬론 등 수상 스포츠관광이 활발하며, 해안 도시들의 열정적인 축구 문화(마르세유·니스)와도 결합해 복합 스포츠관광의 중심지로 기능한다. 대서양 연안의 브르타뉴·비아리츠·라로셸은 강한 바람과 파도를 기반으로 서핑, 윈드서핑, 카이트서핑 등 해양 레저 관광이 발달해 유럽 서핑의 중심축으로 평가된다.

프랑스의 기후는 지역별로 크게 다르지만, 전반적으로 스포츠 활동에 적합한 온화함을 갖추고 있다. 북부·서부 지역은 해양성 기후로 여름이 시원하고 겨울이 온화하여 사이클링·마라톤·하이킹 관광에 이상적이다. 남부는 지중해성 기후로 장시간 야외 스포츠–특히 테니스, 트라이애슬론, 수상 스포츠–에 적합하다. 알프스·피레네 산악 지역은 겨울 스포츠관광을 만들어내는 안정적 적설 환경을 제공하며, 여름철에는 고지대 기후가 트레킹과 사이클링에 유리하게 작용한다. 이러한 기후적 다양성은 프랑스가 사계절 스포츠관광을 운영할 수 있는 기반이다.

문화적 측면에서 프랑스는 스포츠와 예술·도시문화·국가정체성이 깊이 연결된 독특한 스포츠관광 구조를 가지고 있다. 투르 드 프랑스는 프랑스 전역을 무대로 개최되며 스포츠와 풍경·유산·도시를 동시에 소비하는 대표 관광 콘텐츠이다. 축구문화는 도시 정체성과 결합되어 파리 생제르맹(PSG), 올랭피크 드 마르세유(OM), 올랭피크 리옹(OL) 등 스포츠관광의 중심 도시를 형성한다. 프렌치 오픈(롤랑가로스)은 프랑스식 '테니스 문화의 품격'을 상징하며, 도심 스포츠관광과 문화 관광의 결합 모델을 보여준다. 또한 프랑스는 유산형 스포츠관광이 매우 발달한 국가이다. 파리의 롤랑가로스 경기장, 투르 드 프랑스의 전통 코스, 1924 · 2024 파리올림픽 유산 등은 스포츠가 프랑스 역사와 도시정책에 깊게 스며 있는 예를 보여준다. 도시재생과 스포츠는 파리 · 리옹 · 마르세유 등에서 중요한 정책적 축으로 사용되며, 관광객은 경기장 투어, 스포츠박물관, 역사 특화 코스를 통해 스포츠문화를 체험할 수 있다.

프랑스 항공

프랑스 항공사의 중심은 에어 프랑스(Air France)로, 파리 샤를드골 공항을 기반으로 전 세계 주요 도시를 연결한다. 에어 프랑스는 투르 드 프랑스, 프렌치 오픈(롤랑가로스), 리옹 · 마르세유 · 니스 등 주요 축구 경기 관람, 2024 파리올림픽 같은 국제 스포츠이벤트 참가 여행의 주 이동망을 제공한다. 특히 파리에서 리옹 · 툴루즈 · 마르세유 · 니스 · 몽펠리에 · 보르도 등 스포츠 중심 도시로 빠르게 이동할 수 있어 관람형 스포츠관광이 매우 편리하다. 저비용항공사인 Transavia France와 easyJet France는 스포츠관광의 대중화를 이끈 항공사들이다. 이들 항공사는 니스 해안의 수상 스포츠, 알프스 스키 리조트 접근, 몽펠리에 · 비아리츠의 서핑 관광, 남부 도시의 축구 · 럭비 경기를 찾는 관광객에게 경제적인 이동 수단을 제공한다. 특히 알프스 인근 공항으로 운항되는 계절편은 스키 · 스노보드 관광객에게 필수적인 역할을 한다.

프랑스의 공항들은 각 지역의 스포츠 특성과 결합해 차별화된 역할을 수행한다. 파리 샤를드골(Charles de Gaulle, CDG)은 프렌치 오픈 개최지 롤랑가로스로 접근하기 가장 중요한 국제 관문이자, 파리 생제르맹(PSG) 경기 관람, 파리 마라톤, 투르 드 프랑스 개막 · 종착 행사 등을 찾는 스포츠관광객을 대규모로 수용한다. 파리 오를리(Orly) 공항은 국내·유럽 단거리 노선 중심으로 운영되어, 파리에서 프랑스 각 도시로 이동하는 관람형·체험형 스포츠 여행자의 주요 허브 역할을 한다. 알프스 스포츠관광에서 가장 중요한 공항은 리옹 생텍쥐페리(Lyon-Saint Exupéry)와 그르노블(Grenoble Alpes–Isère), 제네바(Geneva, 스위스지만 프랑스 알프스 접근의 핵심)이다. 이 공항들은 샤모니·발토랑스·꾸르슈벨 등 세계적 스키 리조트로 이동하는 출발점으로 기능한다. 겨울철에는 스키 관광객이 폭발적으로 증가하며, 여름에는 MTB, 트레일러닝, 산악등반 관광객의 접근성이 높아진다. 지중해 연안 스포츠관광에서는 니스(Nice Côte d'Azur Airport)가 핵심이다. 니스·칸·마르세유·생트로페 해안의 요트·세일링 스포츠, IRONMAN 니스, 리그 1 축구 경기 관람 등에 접근하기 좋은 국제 공항으로, '해양 스포츠·휴양 관광의 관문'으로 평가된다. 니스 공항은 항공편 수가 많고 도심 접근이 쉬워 관람형·체험형 스포츠관광의 복합 허브 역할을 한다. 대서양 연안에서는 비아리츠(Biarritz Pays Basque Airport)가 서핑 관광의 중심 공항이며, 브르타뉴·라로셸 지역의 해양 스포츠 접근성도 우수하다. 사이클링·트라이애슬론·서핑과 같은 운동형 관광객이 주로 이용하며, 지역의 스포츠 이벤트(서핑 월드투어 경기 등)와도 자연스럽게 결합된다.

프랑스 대중교통

프랑스 스포츠관광에서 가장 중요한 대중교통 브랜드는 SNCF(프랑스 국철)이다. SNCF가 운영하는 TGV는 파리–리옹–마르세유–니스–툴루즈–보르도 등 주요 스포츠 도시를 빠르게 연결하며, 관람형 스포츠관광의 흐름을 사실상 좌우한다. 프렌치 오픈(파리 롤랑가로스), 리옹·마르세유 축구 경기, 몽펠리에·보르도의 럭비 경기, 투르 드 프랑스 주요 스테이지 이동 등이 모두 이 TGV 이동을 기반으로 한다. 또한 스키 시즌에는 TGV Ski Express가 알프스 인근 역(부르그생모리스, 무티에, 샹베리 등)까지 직결되어 발토랑스·레제·샤모니 같은 세계적 스키 리조트 접근성을 극대화한다. 파리는 RATP(파리교통공사)라는 세계적 수준의 도시 대중교통 브랜드를 통해 스포츠관광을 운영한다. RATP가 관리하는 지하철(Métro), RER 광역철도, 버스 · 트램 시스템은 롤랑가로스 경기장, 파슬 데 프랭스(PSG 홈구장), 스타드 드 프랑스(국가대표 경기장)과 같은 스포츠시설로의 접근을 쉽게 한다. 파리 마라톤, 투르 드 프랑스 파리 피날레, NBA Paris Game 같은 스포츠 이벤트는 RATP의 증편 · 특별 운행체계 덕분에 대규모 인파를 안정적으로 소화한다. RATP는 관광객 친화 안내 시스템을 갖추고 있어 스포츠 이벤트 방문객에게 가장 신뢰받는 교통 브랜드다. 리옹에서는 TCL(Transports en Commun Lyonnais)이 스포츠관광의 핵심 역할을 한다. 리옹은 프랑스에서 가장 강력한 스포츠 문화 도시 중 하나로, 올랭피크 리옹(OL) 경기, 프랑스 럭비, 실내 스포츠대회, 시티 런 등이 자주 열린다. TCL은 지하철 · 트램 · 버스 · 케이블카를 통해 경기장(그루파마 스타디움), 리옹 스포츠파크, 론강 수변 이벤트 구역을 빠르게 연결해 관람형 · 운동형 스포츠관광을 모두 지원한다. 지중해권에서는 RTM(마르세유 대중교통)이 중요한 브랜드이다. 마르세유의 축구 성지 벨로드롬 경기장, 요트 · 세일링 센터, 해안 스포츠 이벤트 지역은 모두 RTM 지하철 · 버스 · 트램으로 접근성이 좋다. 마르세유는 수상 스포츠, 마라톤, 철인3종 경기가 자주 열리기 때문에 RTM은 관광객 이동의 핵심 축으로 기능한다. 니스에서는 Lignes d'Azur가 공항–도시–해안 스포츠 구역을 유기적으로 연결해 IRONMAN Nice, 프랑스 리그 1 경기, 항해 · 요트 스포츠 관광을 지원한다. 대서양 연안에는 TBM(보르도 도시교통)과 Kéolis Rennes(렌 대중교통)이 중요한 스포츠관광 이동 체계를 제공한다. 보르도는 럭비 명문 클럽이 위치하고, 와인 산지와 결합된 사이클링 관광이 활성화된 지역이어서 TBM의 트램 · 버스망이 다양한 스포츠 이벤트 동선을 연결한다. 렌 역시 리그 1 축구와 브르타뉴 지역 사이클링 관광의 중심지로, Kéolis Rennes의 지하철 · 버스망이 중요한 역할을 한다. 프랑스에서는 Keolis · Transdev 같은 글로벌 교통 운영 브랜드가 전국의 다수 중형 도시 교통을 운영하며, 지역별 스포츠 이벤트–예를 들어 투르 드 프랑스 지방 스테이지, 몽펠리에 핸드볼 경기, 툴루즈 럭비 경기–이 원활히 운영되도록 지원한다.

프랑스 숙박

프랑스의 스포츠관광 숙박 인프라에서 가장 널리 사용되는 브랜드는 Accor(아코르 호텔 그룹)이다. 이 그룹은 Sofitel, Pullman, Novotel, Mercure, Ibis 등 다양한 브랜드를 보유해, 프렌치 오픈 · 리그 1 축구 · 투르 드 프랑스 · 마라톤 등 대형 스포츠 이벤트의 관광객을 폭넓게 수용한다. 파리는 물론 리옹 · 마르세유 · 보르도 · 니스 등 주요 스포츠 도시에서 Accor 계열 호텔은 경기장 접근성이 좋고 교통 결절점과 가까워 관람형 스포츠관광에 특히 유리하다. Ibis와 Mercure는 합리적인 가격대와 일정 수준의 시설을 갖추고 있어 원정 팬들의 선호도가 높다.

럭셔리 스포츠관광에서는 Hyatt, Marriott, Hilton, InterContinental 같은 글로벌 체인 호텔이 중요한 역할을 한다. 이 브랜드들은 파리 롤랑가로스, 스타드 드 프랑스 경기, 포뮬러 1 프랑스 GP, 니스 IRONMAN, 리옹 · 마르세유 축구 경기 등 주요 이벤트에 참가하는 VIP · 선수단 · 국제 관광객의 주요 숙소로 자리한다. 프랑스의 스포츠 활동 중 가장 규모가 큰 알프스 스키 관광에서는 Club Med(클럽메드)와 Pierre & Vacances, Maeva, Belambra Clubs 같은 리조트 브랜드가 핵심이다. Club Med는 스키 · 스노보드 · 겨울 아웃도어 활동을 올인클루시브 방식으로 제공해, 가족 단위 스포츠관광객에게 매우 높은 만족도를 준다. Pierre & Vacances와 Maeva는 알프스 · 피레네 전역에 체인 리조트를 운영하며, 장기 체류형 스포츠관광(스키 시즌, 여름 트레킹, MTB)을 위한 아파트식 숙박 옵션을 제공한다. 이러한 브랜드들은 운동형 스포츠관광과 자연 기반 체류형 관광을 동시에 지지하는 기반이 된다.

지중해 스포츠관광에서는 Barrière, Radisson Blu, Best Western France 등이 해양 스포츠와 축구 · 육상 이벤트 관광에 적합한 중상위권 숙박 옵션으로 자리한다. 니스 · 칸 · 마르세유 해안에 위치한 호텔들은 요트 · 세일링, 철인 3종 경기, 수영 · 해변 스포츠 이벤트 참가자의 이동과 회복을 쉽게 해준다. Radisson Blu Nice와 같은 호텔은 해안 접근성이 뛰어나 스포츠 활동 후 휴양에 최적화되어 있다. 서핑과 해양 레저 중심 지역인 비아리츠(Biarritz)와 호세고(Hossegor)

에서는 Surfhouse France, Biarritz Surf Hostel, JO&JOE(Accor 계열) 같은 라이프스타일·호스텔 브랜드가 인기 있다. 사이클링·하이킹·트레일러닝 관광이 활발한 프로방스·보르도·브르타뉴·페리고르 지역에서는 작은 규모의 Relais & Châteaux, Logis Hotels, Gîtes de France 같은 전통 호텔·게스트하우스 브랜드가 자연 기반 운동형 관광과 잘 맞는다. 이들 숙박시설은 지역 농촌 경관, 와인 밸리, 산악 지형을 체험하는 투어리스트에게 이상적이며, 여행자 친화 서비스(조식, 자전거 보관, 장거리 여행자용 회복식 제공 등)를 갖추고 있다.

프랑스 음식

프랑스 스포츠관광에서 가장 널리 이용되는 외식 브랜드는 Paul(폴)과 Brioche Dorée(브리오슈 도레) 같은 베이커리·카페 체인이다. Paul은 파리 롤랑가로스, 스타드 드 프랑스, 리옹·마르세유 경기장 주변 등 접근성이 좋은 입지에 많아 테니스·축구 관람객이 경기 전·후로 가볍게 식사를 해결하기에 적합하다. Brioche Dorée는 빠르고 간편한 메뉴(샌드위치, 키슈, 패스트리)를 제공해 투르 드 프랑스 팬, 사이클링·러닝 관광객, 도심 이동이 많은 스포츠여행자들이 자주 이용한다.

전국적 패밀리 레스토랑 브랜드인 Flunch(플랑슈)는 합리적인 가격과 셀프서비스 방식 때문에 원정 팬, 가족 단위 스포츠관광객에게 인기가 높다. 경기장 근처나 도심 상업지에 위치해 리그 1 축구, 프렌치 오픈, 마라톤 참가자들이 부담 없이 식사할 수 있는 브랜드로 기능한다. Buffalo Grill은 스테이크·그릴 중심의 메뉴로 운동 후 회복식, 단백질 섭취가 필요한 스포츠관광객에게 적합하며, 교외·고속도로 인근에도 많이 위치해 알프스나 피레네로 이동하는 스키·트레킹 관광객이 이용하기 편하다. 빠른 이동이 필요한 도시 기반 스포츠관광에서는 Monoprix Food, Carrefour City 같은 그로서리·델리 브랜드가 중요한 역할을 한다. 롤랑가로스 경기 관람객, 파리 마라톤 참가자, 투르 드 프랑스 파리를 찾는 팬들은 이러한 브랜드의 샌드위치·샐러드·생과일 주스를 활용해 활동 전후로 가볍게 식사를 해결한다. 특히 Monoprix는 파리 전역에 밀집해 있어 스포츠관광객의 '도시형 에너지 스테이션'처럼 기능한다. 해안·수상 스포츠 중심 지역에서는 La Mie Câline과 Maison Kayser 같은 베이커리 브랜드가 관광객에게 사랑받는다. 비아리츠·라 로셸·호세고의 서핑 관광객들은 휴대가 편하고 칼로리 보충이 쉬운 바게트 샌드위치, 파스티, 패스트리류를 많이 찾는다. Maison Kayser는 고품질 프렌치 베이커리로 니스·칸 등 지중해권 스포츠관광객에게 높은 만족도를 제공한다.

프랑스의 올림픽 역사

프랑스의 올림픽 역사는 근대 올림픽을 창설한 피에르 드 쿠베르탱 남작은 1896년 아테네올림픽을 주도하며 올림픽운동을 현대적으로 재탄생시킨 인물이며, 프랑스는 올림픽 정신의 철학적 원류를 가진 국가로 평가된다. 프랑스는 1900년 파리올림픽을 처음 개최했다. 이 대회는 스포츠와 문화 행사를 결합한 최초의 실험적 올림픽으로, 펜싱·승마·요트·사격 등 프랑스 전통 스포츠와 박람회 형식이 결합된 독특한 구성이 특징이었다. 이어 1924년 파리에서 다시 올림픽을 개최하면서, 경기 규칙·운영 체계·선수촌 제도의 토대를 구축해 근대 올림픽의 체계를 완성하는 데 기여했다. 1924년 동계올림픽도 샤모니에서 열려 '동계올림픽의 탄생'을 프랑스가 주도했다는 상징적 의미를 남겼고 이러한 역사적 기반은 프랑스를 스포츠유산과 올림픽 교육의 중심지로 확립시켰다. 2024년 파리올림픽은 지속가능성, 도시재생, 평등의 가치를 강조하며 현대적 스포츠이벤트의 새로운 기준을 제시했다. 센강 수상 개막식, 도심 경기장 재활용, 파리 전역의 스마트 교통 시스템 등은 글로벌 스포츠관광 모델로 평가받았다. 프랑스는 올림픽을 통해 도시 브랜딩과 관광산업 발전을 동시에 이루어낸 대표적인 사례가 되었다.

프랑스 스포츠영웅은 다양한 종목에서 배출되었으며, 이들은 프랑스 스포츠혼(l'esprit sportif français)을 상징한다. 육상에서는 400m 허들의 전설 스테판

디아가나와 장대높이뛰기 세계기록 보유자 르노 라빌니가 대표적이다. 사이클에서는 투르 드 프랑스의 상징적 영웅인 베르나르 이노와 자크 앙케틸이 프랑스 스포츠 역사에서 빼놓을 수 없는 존재이다. 축구에서는 미셸 플라티니와 지네딘 지단이 프랑스 스포츠의 상징적 영웅이다. 남자 유도의 테디 리네르는 역대 최강자로 꼽힌다. 여성 유도에서도 클라리세 아그베그누 같은 세계적 스타가 꾸준히 등장하며 프랑스의 강세를 보여준다. 알랭 베르나르는 단거리 수영에서 세계적 기록을 세우며 국민적 영웅이 되었고, 프랑스 남자 핸드볼 대표팀은 'Experts'라는 별명과 함께 다수의 올림픽 · 세계대회 우승을 기록하며 국가적 자부심을 높였다.

(프랑스 홉온홉오프 버스 투어)

프랑스의 스포츠관광

관람형 스포츠관광은 프랑스 오픈(롤랑가로스), 투르 드 프랑스, 리그 1 축구, 럭비 등 세계적 이벤트를 중심으로 성장해왔다. 클레이코트 특유의 분위기와 프랑스적 예술 감성이 어우러진 롤랑가로스, 프랑스 전역을 누비며 도시 · 산악 · 해안 풍경을 함께 소비하는 투르 드 프랑스, 그리고 파리 생제르맹(PSG),

올랭피크 마르세유(OM) 같은 강렬한 지역 정체성을 지닌 축구 클럽들이 관람형 관광의 핵심이다.

알프스와 피레네에서는 초보자와 가족이 즐길 수 있는 스키 강습, 암벽등반, 패러글라이딩 등의 체험이 활성화되어 있다. 대서양 연안 비아리츠·호세고에서는 서핑 체험과 SUP, 윈드서핑 등이 발달해 있어 유럽 최고의 서핑 스쿨들이 밀집해 있다. 니스·칸·마르세유 같은 지중해 도시에서는 요트 세일링, 스노클링, 해양 스포츠 아카데미 등 다양한 해양 체험 관광이 가능하며, 도시에서는 마라톤, 요가, 도심형 스포츠 워크숍도 꾸준히 성장하고 있다.

알프스의 샤모니·발토랑스·쿠르슈벨은 장거리 스키, 고산 트레킹, 산악 마라톤, MTB 등 고강도 스포츠 활동을 즐기려는 관광객의 중심지이다. 피레네는 투르 드 프랑스의 전설적 산악 코스를 따라가는 사이클링 투어로 유명하며, 많은 아마추어 사이클리스트가 도전의 스포츠관광을 위해 방문한다. 프로방스는 온화한 기후 덕분에 연중 사이클링·러닝·트라이애슬론 훈련지로 각광받고 있고, 니스는 세계적인 철인 3종 대회(IRonman Nice)를 개최하며 고난도 스포츠관광의 메카가 되었다.

1900년, 1924년, 2024년 파리올림픽을 통해 축적된 스포츠유산은 파리 곳곳의 경기장과 문화시설을 중심으로 관광 콘텐츠로 활용되고 있다. 샤르티에 코트(롤랑가로스), 스타드 드 프랑스, 베르시 아레나 등은 스포츠사적 의미를 지닌 명소이며, 투르 드 프랑스의 고전적 산악 구간을 따라가는 유산형 사이클링 관광은 프랑스 스포츠문화의 시간성과 전통을 체험하는 특징을 지닌다. 또한 마르세유 벨로드롬, 리옹 그루파마 스타디움 같은 전통 경기장은 지역 정체성과 스포츠 역사를 보여주는 중요한 관광지이다.

프랑스의 축구 관광

프랑스의 축구관광은 세계적 수준의 리그, 상징적인 스타 선수, 현대적 경기장, 그리고 도시·문화 관광과의 결합을 통해 강력한 관광 콘텐츠로 자리 잡아 왔다. 프랑스 리그1은 유럽 5대 리그 중 하나로 평가되며, 특히 파리 생제르맹(PSG)의 경기 관람은 프랑스를 방문하는 축구 팬에게 가장 인기 있는 스포츠관광 경험이다. 파르크 데 프랭스 경기장은 세계적인 선수들의 경기력을 직접 볼 수 있는 장소일 뿐 아니라 경기장 투어 프로그램, 클럽 스토어, 팬 체험 공간 등을 통해 관광객에게 다양한 소비 활동을 제공한다.

마르세유의 벨로드롬 경기장, 리옹의 그룹라마 스타디움 또한 지역 도시 브랜드와 결합해 해당 지역의 축구 문화를 체험할 수 있는 인기 관광지로 기능한다. 이러한 경기장은 홈 경기뿐 아니라 경기장 투어 프로그램, 역사 전시, 팬 인터랙티브 콘텐츠 등을 운영하며 관광객을 유치한다. 또한 프랑스 대표팀을 중심으로 한 축구관광도 중요한 부분을 차지한다. 1998년과 2018년 월드컵 우승 이후 프랑스 축구는 세계적 브랜드로 자리 잡았으며, 클레르퐁텐국립축구센터와 같은 대표적 훈련 시설은 축구 꿈나무와 아마추어 선수들이 방문하는 스포츠 유산 관광지로 역할한다. 프랑스 축구 박물관, 월드컵 관련 기념 장소 등은 축구 역사를 재조명하는 유산형 관광지로 소비된다.

롤랑가로스 테니스 관광

파리 롤랑가로스에서 개최되는 프랑스 오픈이 중심이 된다. 세계 4대 그랜드슬램 중 유일한 클레이코트 대회로서 국제적 관심이 높으며, 관람객은 파리의 도시 관광과 동시에 최고 수준의 테니스 경기를 즐길 수 있다. 대회 기간 동안 경기장 내외에서 다양한 팬존, 이벤트, 선수 인터뷰 프로그램이 운영되며 관람 경험을 확대한다. 파리, 니스, 보르도 등 주요 도시에서는 공공 코트를 쉽게 예약할 수 있으며, 롤랑가로스 클레이 코트 체험 프로그램은 테니스 팬들에게 특별한 경험을 제공한다. 프랑스 전역의 테니스 리조트에서는 단기 레슨, 가족 체험 프로그램, 코치와 함께하는 클레이코트 클리닉 등이 운영되며 관광객이 테니스를 가볍게 경험할 수 있도록 구성되어 있다.

(롤랑가로스 테니스 관광)

프랑스는 유럽에서 가장 발달된 테니스 지도자 시스템을 보유하고 있으며, 니스 · 칸 · 아비뇽 등지에는 선수 및 아마추어 대상의 집중 훈련 캠프가 운영된다. 클레이코트 특성에 맞춘 테크닉 훈련, 피지컬 프로그램, 토너먼트 참가 등을 포함하는 패키지는 장기 체류를 유도하며, 유소년 선수와 성인 아마추어 모두가 운동 중심의 관광 목적을 위해 프랑스를 찾는다.

투르 드 프랑스 사이클 관광

세계에서 가장 유명한 사이클 대회인 투르 드 프랑스는 매년 7월 프랑스 전역을 달리며 수백만 명의 관람객을 끌어들인다. 도시와 농촌, 산악 지역을 넘나드는 코스를 따라 관람객은 자유롭게 이동하며 경기를 지켜볼 수 있고, 대회가 지나가는 지역은 축제 분위기로 가득 차며 스포츠 기념품, 지역 축제, 팬 체험 이벤트 등이 함께 운영된다. 일반 관광객도 몽방투, 알프듀에즈, 콜뒤 갈리비에 등 유명 업힐 구간을 자전거로 오르며 투르드프랑스 선수들의 경험을 간접적으로 느낄 수 있다. 또한 루아르, 알자스, 보르도 와인 지역에는 관광용 사이클링 루트가 잘 조성되어 있어 가벼운 라이딩과 와이너리 방문을 결합한 체험형 관광이 인기를 끌고 있다. 투르 드 프랑스 코스를 기반으로 한 아마추어 레이스인 에탑 뒤 투르(L'Étape du Tour)는 운동형 관광의 대표적 콘텐츠로, 참가자들은 실제 프로 코스를 주행하며 성취감을 경험한다. 투르 드 프랑스가 1903년 시작된 이후 쌓아온 기록과 전통은 프랑스의 스포츠 유산으로 자리 잡았으며, 유명 코스 곳곳에는 기념비, 박물관, 역사 안내판이 설치되어 있다.

프랑스의 스키 관광

프랑스의 스키 관광은 알프스·피레네를 중심으로 세계적 수준의 리조트, 다양한 겨울 스포츠 문화, 풍부한 지역 전통이 결합되면서 관람형·체험형·운동형·유산형 영역이 균형 있게 발달해 있다. 먼저 관람형 스포츠관광에서는 알프스 지역에서 열리는 FIS 월드컵 스키대회, 프리스타일 스키와 스노보드 월드컵, 샤모니와 발디제르 등 주요 리조트가 개최하는 국제 스키 이벤트가 핵심적 역할을 한다. 대회 기간 동안 전문 선수들의 고난도 기술을 직접 관람할 수 있으며, 리조트는 경기장 주변에 팬존, 지역 축제, 스키 브랜드 전시 등을 운영해 관광객의 체류 경험을 확장한다. 쿠르슈벨, 메리벨, 티뉴, 발토랑스 등 프랑스의 유명 스키 리조트에서는 초보자를 위한 스키 스쿨, 가족 단위의 눈썰매·스노슈잉 체험, 케이블카·곤돌라 관광 등 다양한 참여형 콘텐츠가 제공된다. 여름철에도 빙하 지역에서 스키 훈련이 가능한 티뉴·레제두알프 등은 사계절 스포츠 목적지를 형성하고 있으며, 프리스타일, 알파인, 백컨트리 등 다양한 종목의 전문 캠프가 운영된다. 이러한 운동형 관광은 체력 향상, 기술 훈련, 이색적인 고산 지형 체험을 목적으로 하는 관광객을 꾸준히 유치한다. 유산형 스포츠관광에서는 프랑스 스키 문화의 역사와 알프스 지역의 전통이 중요한 자원으로 활용된다. 샤모니는 근대 알피니즘의 시작점이자 1924년 제1회 동계올림픽 개최지로서 상징성을 지니며, 관련 기념관과 스포츠 역사 유산이 관광객에게 제공된다. 오래된 산악 마을의 건축과 스키 문화는 지역 고유의 유산적 매력으로 소비되며, 알프스 전통 음식 · 생활 방식, 산악 철도와 같은 역사적 인프라는 스키와 결합된 유산형 관광 자원으로 기능한다.

UTMB 관광

UTMB(Ultra-Trail du Mont-Blanc)는 알프스 몽블랑을 배경으로 열리는 세계 최고 수준의 트레일 러닝 대회로, 관람형 · 체험형 · 운동형 · 유산형 스포츠관광이 모두 활성화된 대표적 사례로 평가된다. 먼저 관람형 스포츠관광의 관점에서 UTMB는 국제적 관심을 끄는 대형 이벤트이다. 샤모니 중심가와 산악 지점마다 설치된 응원 포인트에는 수만 명의 관람객이 모여 선수들을 응원하며, 경기 자체가 40시간 이상 지속되기 때문에 장시간 관람이 가능한 독특한 스포츠 축제를 만든다. 관람객들은 선수들의 극한 도전 과정을 실시간으로 지켜보며 감동을 경험하고, 샤모니는 대회 기간 동안 도시 전체가 스포츠관광지로 변화한다. 체험형 스포츠관광의 측면에서 UTMB는 다양한 참여 프로그램을 제공한다. 대회 주간에는 일반인도 참가할 수 있는 짧은 코스(10km~40km 수준), 부대 행사, 알프스 트레일 체험 워크숍 등이 함께 운영된다. 관광객은 몽블랑 주변 트레일을 직접 걸어보거나 일부 구간을 체험하는 방식으로 UTMB 코스를 간접적으로 경험할 수 있다. 이러한 체험 프로그램은 전문 선수뿐 아니라 가족 단위 관광객, 아마추어 러너 등 다양한 계층의 참여를 유도한다. 운동형 스포츠관광에서는 UTMB가 핵심적인 역할을 한다. 본 대회인 170km UTMB와 CCC · TDS · OCC 등 다양한 난이도의 장거리 트레일 러닝 코스는 세계 러너들이 직접 도전하기 위해 프랑스를 찾는 대표적 운동형 관광 콘텐츠이다. 참가자들은 장기간 준비와 훈련을 거쳐 알프스를 실제로 달리며, 개인의 체력과 정신력을 시험하는 도전형 스포츠관광을 완성한다. 이 과정에서 지역 숙박, 식음료, 장비 구매 등 다양한 경제적 활동이 수반되며 스포츠 기반 운동형 관광이 강하게 이루어진다.

알피니즘

알피니즘은 알프스 산악지대를 중심으로 발달한 근대 등반 문화로, 자연을 탐험하고 고산을 등정하는 활동을 포괄하는 개념이다. 스포츠관광의 관점에서 볼 때 알피니즘은 도전, 탐험, 자연 체험을 핵심 가치로 하는 고유한 관광 형태로 발전해 왔다. 18세기 말 샤모니·몽블랑 일대를 기반으로 본격적으로 시작된 알피니즘은 단순한 등반 기술의 발달을 넘어, 성취 중심의 여행 문화, 고산 지형의 관광 자원화, 산악 마을의 경제적 구조 변화에 큰 영향을 미쳤다.

알피니즘은 관광객이 자연 환경을 직접 체험하고, 신체적·정신적 도전에 참여하는 스포츠관광의 대표적 모델이다. 알프스, 히말라야, 안데스 등 고산 지역에서는 등반, 빙벽 등반, 트레킹 등이 알피니즘을 기반으로 한 주요 관광 콘텐츠로 자리 잡았으며, 탐험을 위한 가이드 투어, 장비 임대, 숙박과 음식 서비스가 결합해 지역 관광 산업을 형성하고 있다. 특히 샤모니는 근대 알피니즘의 성지로서 세계 각지에서 모여든 등반가와 관광객들이 자연 속에서 도전을 경험하는 중심지로 기능한다.

알피니즘은 또한 지역 문화와 스포츠 유산을 형성하는 데 중요한 역할을 한다. 고산 등반과 탐험의 역사는 박물관, 기념관, 등반 기록 전시 등을 통해 관광 자원으로 활용되고 있으며, 전통적인 산악 마을의 생활 문화와 결합하여 독특한 유산형 스포츠관광 자원으로 확장되고 있다. 알피니즘의 영웅들과 그들의 업적은 지역 정체성과 관광 매력을 강화하는 데 기여한다.

프랑스의 SUP 관광

프랑스의 SUP 관광은 지중해·대서양 연안의 풍부한 해양 환경과 안정적인 기후, 그리고 레저스포츠 인프라가 결합되면서 빠르게 성장한 수상 스포츠관광 분야로 자리 잡고 있다. 남부의 코트다쥐르(Côte d'Azur) 해안은 잔잔한 바다와 맑은 날씨 덕분에 초보자도 쉽게 SUP를 체험할 수 있는 최적의 장소로 평가된다. 니스, 칸, 앙티브 등 주요 해안 도시는 SUP 체험 프로그램, 단기 레슨, 연안 투어 코스를 운영하며 관광객들의 참여를 유도하고 있다.

대서양 연안 역시 프랑스 SUP 관광의 중요한 축을 이룬다. 비아리츠, 오세안, 라코트 바스크 지역은 파도와 조류 조건이 다양해 중급자와 상급자에게 적합한 해양 환경을 제공한다. 특히 비아리츠는 서핑과 SUP가 함께 발달한 스포츠 관광지로서, 해안 절경을 따라 이어지는 SUP 코스는 자연경관 감상과 레저 활동을 동시에 즐길 수 있는 매력적인 자원으로 기능한다. 노르망디와 브르타뉴 지역의 해안 절벽과 만(灣) 지형 또한 SUP 투어와 탐험형 관광지로 활용되면서 지역 관광의 다양성을 넓히고 있다.

프랑스의 SUP 관광은 강과 호수를 활용한 내륙형 관광도 활발하다. 아네시 호수, 제네바 호수 프랑스 측, 베르동 협곡 등은 SUP 투어와 자연 감상을 결합한 체험형 관광의 대표적 목적지로 꼽힌다. 특히 에메랄드빛 물색과 주변 산악 경관이 조화를 이루는 아네시 호수는 가족 단위와 일반 관광객이 즐겨 찾는 프랑스 최고의 호수 SUP 명소로 자리 잡았다.

또한 프랑스는 SUP를 스포츠 이벤트와 결합하여 운동형 스포츠관광을 강화하고 있다. 연안 도시에서는 SUP 레이스, 다운윈드 대회, 장거리 코스 이벤트 등이 개최되며, 참가자들은 실제 바다 환경에서 기록 경쟁과 도전을 경험한다. 이러한 대회는 지역 해양문화와 결합되어 축제 분위기를 형성하고, 관광객의 체류 시간을 늘리는 효과를 제공한다.

프랑스 스포츠관광 여정 지도

여정 지도	그림, 장소, 점, 화살표로 표시

※ 손 글씨로 표에 내용을 기입하고 사진을 찍어서 클라썸에 과제로 제출.

프랑스 스포츠관광 여정

목적	
여정(기간)	( )~( )
비용	
스포츠관광 유형	Sp Lg Ep At
전자여행허가서 이름, 비용	
비자 준비 유무	
항공사 이름과 코드	
공항 이름과 코드	
통신(유심) 이름과 비용	
기차 이름과 비용	
버스	
지하철	
택시	
자전거	
렌트카	
숙박	
음식	
목적지	

※ 손 글씨로 표에 내용을 기입하고 사진을 찍어서 클라썸에 과제로 제출.

〈프랑스 스포츠관광 퀴즈 문항〉

1. 매년 7월 프랑스 전역을 순회하며 열리는 세계 최대 사이클 대회는 무엇인가?

① 지로디탈리아 ② 투르 드 프랑스
③ 부엘타 ④ 파리 루베

▸ 정답: ②
▸ 해설: 투르 드프랑스는 세계 3대 그랜드 투어 중 가장 규모가 크다.

2. 파리에서 열리는 세계 4대 그랜드슬램 테니스 대회는 무엇인가?

① 윔블던 ② US 오픈 ③ 롤랑가로스 ④ 호주 오픈

▸ 정답: ③
▸ 해설: 롤랑가로스는 유일한 클레이코트 그랜드슬램 대회이다.

3. 알프스 샤모니에서 시작된 근대 산악 등반 문화로 스포츠관광의 기원이 된 활동은?

① 스키점프 ② 알피니즘 ③ 카약 ④ 패러글라이딩

▸ 정답: ②
▸ 해설: 샤모니는 알피니즘의 중심지로 산악관광의 역사적 의미가 크다.

4. UMMB에 대한 설명으로 거리가 먼 것은?

① Ultra-Trail du Mont-Blanc ② 다국경 코스로 샤모니 개최
③ 체험형 스포츠관광 ④ UTNP와 관련이 있음

▸ 정답: ③
▸ 해설: UTMB는 자연환경과 지역 정체성 혼합 운동형 스포츠관광이다.

5. 여름 스키가 가능하여 운동형 스키 관광객이 찾는 프랑스 리조트는?

① 발디제흐 ② 꾸흑슈벨 ③ Les2 Alps ④ Merybelle

▸ 정답: ③
▸ 해설: Les2 Alps는 고지대 빙하 스키가 가능하다.

6. UTMB가 개최되는 중심 도시로 트레일 러닝의 성지로 불리는 곳은?

① 그르노블 ② 샤모니 ③ 안시 ④ 디종

▸ 정답: ②

▸ 해설: UTMB 세계 트레일 러닝 최고의 대회로 샤모니가 중심지이다.

7. 세계 최대 규모의 스키 지역인 레 트루아 발레가 위치한 프랑스 리조트는?

① 발토랑스 ② 메제브 ③ 꾸흑슈벨 ④ 티뉴

▸ 정답: ③

▸ 해설: 꾸흑슈벨은 레 트루아 발레(세 계곡) 중심 스키 리조트.

8. 프랑스 최초의 투르 드프랑스 5회 우승 사이클 영웅은 누구인가?

① 미겔 인두라인 ② 에디 메르크스

③ 자크 앙케틸 ④ 베르나르 이노

▸ 정답: ③

▸ 해설: 자크 앙케틸은 투르 드프랑스 최초의 5회 우승자.

9. '영원한 2등'으로 불리며 프랑스 국민에게 사랑받은 사이클 선수는?

① 레몽 풀리도르 ② 투마스 보크러

③ 로맹 바르데 ④ 줄리앙 알라필리프

▸ 정답: ①

▸ 해설: 레몽 풀리도르는 꾸준한 성적으로 국민적 사랑을 받았다.

10. 테니스 역사와 기록을 전시하는 박물관이 자리한 경기장은 어디인가?

① 윔블던 센터코트 ② 롤랑가로스

③ 아서 애시 스타디움 ④ 로드 레이버 아레나

▸ 정답: ②

▸ 해설: 롤랑가로스에는 테니스 박물관이 위치해 있다.

11. 프랑스 럭비 국가대표의 홈경기장이 위치한 곳은 어디인가?

① 리옹 ② 마르세유 ③ 생드니 ④ 니스

▸ 정답: ③
▸ 해설: 생드니의 스타드 드 프랑스는 프랑스 럭비 대표팀의 홈구장.

12. 스키 외에도 빙벽 등반, 스노슈잉 등 다양한 체험형 관광이 가능한 알프스 산악지는?

① 샤모니 ② 알베르빌 ③ 안시 ④ 리옹

▸ 정답: ①
▸ 해설: 샤모니는 사계절 산악 체험형 관광의 중심지.

13. 세계적 내구 자동차 경주로 유명한 프랑스의 대회는?

① 인디 500 ② 모나코 그랑프리 ③ 르망 24시 ④ 바레인 GP

▸ 정답: ③
▸ 해설: 르망 24시는 세계에서 가장 오래된 내구 레이스

14. 일반 참가자가 투르 드프랑스 코스를 직접 달릴 수 있는 아마추어 레이스는?

① 에탑 뒤 투르 ② 파리 루베 챌린지
③ 지로 그란폰도 ④ 라 볼타 투어

▸ 정답: ①
▸ 해설: 에탑 뒤 투르는 일반인에게 투르 드프랑스 코스를 체험할 수 있다.

15. 와인 관광과 사이클 관광이 결합된 루트로 유명한 프랑스 지역은?

① 브르타뉴 ② 보르도 ③ 노르망디 ④ 코르시카

▸ 정답: ②
▸ 해설: 보르도는 와이너리와 사이클 루트를 결합한 대표적인 관광지이다.

16. 프랑스 축구 유망주들이 훈련하는 국가대표 센터는 어디인가?

① 밀라넬로 ② 라 마시아
③ 클레르퐁텐 ④ 코브

▸ 정답: ③
▸ 해설: 클레르퐁텐은 프랑스 축구 인재육성의 핵심 기관이다.

17. 다음 중 하계올림픽을 세 번 개최한 도시는 어디인가?

① 아테네 ② 베이징 ③ 파리 ④ 로스앤젤레스

▸ 정답: ③
▸ 해설: 파리는 1900, 1924, 2024년에 하계올림픽을 개최하였다.

18. 프랑스 남서부의 세계적 서핑 관광지로 유명한 해변은?

① 니스 ② 비아리츠 ③ 칸 ④ 몽펠리에

▸ 정답: ②
▸ 해설: 비아리츠는 대서양 파도가 강해 유럽 최고의 서핑 명소이다.

19. 파리의 파르크 데 프랭스를 홈구장으로 사용하는 축구 클럽은?

① 올랭피크 리옹 ② AS 모나코
③ 파리 생제르맹 ④ 릴 OSC

▸ 정답: ③
▸ 해설: 파리 생제르맹(PSG)은 파르크 데 프랭스에서 홈경기를 치른다.

20. 프랑스가 동계 스포츠관광 강국으로 자리 잡게 된 역사적 계기로 가장 적절한 것은?

① 1924년 파리 올림픽 ② 1924년 샤모니 동계올림픽
③ 1968년 파리 올림픽 ④ 1998년 파리 월드컵

▸ 정답: ②
▸ 해설: 1924년 샤모니 동계올림픽은 세계 최초의 동계올림픽으로, 프랑스 알프스 지역의 동계 스포츠관광 기반을 확립하였다.

21. 다음 중 프랑스 스포츠관광의 지속가능성 논의에서 가장 핵심은?

① 실내 경기장 노후화
② 해양 스포츠 수요 감소
③ 자연 기반 스포츠관광과 환경 보전의 균형
④ 스포츠 인력 부족

▸ 정답: ③
▸ 해설: 알프스와 해안 지역에서의 자연 훼손 문제는 프랑스 스포츠관광의 핵심 과제이다.

22. 프랑스 스포츠관광에서 장소성(place identity)을 가장 잘 설명한 문장은 어느 것인가?

① 스포츠는 장소와 무관하게 동일한 경험을 제공한다.
② 동일 종목은 어디서나 같은 관광 가치를 가진다.
③ 스포츠 경험이 자연 경관, 역사, 이동 경로와 결합한 정체성
④ 접근성만이 스포츠관광의 핵심이다

▸ 정답: ③
▸ 해설: 프랑스 스포츠관광은 '어디에서, 어떤 경로로 경험하는가'가 핵심.

23. 프랑스 스포츠관광 모델이 한국 스포츠관광에 주는 가장 중요한 시사점으로 가장 타당한 것은?

① 국제 메가 이벤트 유치 확대
② 엘리트 스포츠 투자 강화
③ 이동형 스포츠 이벤트와 지역 자연 자원의 관광화
④ 대형 실내 스포츠시설 확충

▸ 정답: ③
▸ 해설: 프랑스 사례는 이동성과 자연 공간을 활용한 스포츠관광 전략의 중요성을 보여준다.

프랑스 스포츠관광 학습자료

- Atout France. (2020). *Le tourisme sportif en France: Analyse des pratiques et perspectives de développement*. Atout France.
- Barnett, J. (2014). *Roland-Garros: The official history of the French Open*. Vision Sports Publishing.
- Dauncey, H., & Hare, G. (Eds.). (2000). *France and the ideals of sport: A cultural history*. Palgrave Macmillan.
- French Ministry of Sports. (2021). *Stratégie nationale du sport et du tourisme 2021~2030*. Ministère des Sports.
- French Surfing Federation. (2019). *Annual report: Surf tourism and coastal sports in France*. Fédération Française de Surf.
- Gratton, C., & Henry, I. (2001). *Sport in the city: The role of sport in economic and social regeneration*. Routledge.
- Higham, J., & Hinch, T. (2009). *Sport and tourism: Globalization, mobility and identity* (2nd ed.). Butterworth-Heinemann.
- Holt, R., & Lanfranchi, P. (1999). *Sport and society in modern France*. Palgrave Macmillan.
- Ritchie, B., & Adair, D. (Eds.). (2004). *Sport tourism: Interrelationships, impacts and issues*. Channel View Publications.
- Thompson, C. (2006). *The Tour de France: A cultural history*. University of California Press.
- VisitFrance. (2018). *Sports tourism and regional development in France*. French National Tourism Board.

07

질서 속의 열정, 겨울왕국, 절제된 우아함, 전차군단 독일

이 장의 흐름

독일의 스포츠관광은 축구 중심의 관람형 문화, 알프스와 중부 산악지형을 활용한 운동형 스포츠 관광, 라인 강을 활용한 체험형 관광, 올림픽 · 분데스리가 · 전통 경기장 등 유산형 스포츠관광이 고르게 발달한 형태를 지닌다. 도시마다 고유한 스포츠정체성을 가지고 있어 베를린, 뮌헨, 도르트문트, 함부르크 등은 관람형 스포츠관광의 중심지로 기능하며, 바이에른 알프스와 흑림(Black Forest) 지역은 하이킹 · 스키 · MTB 등 자연 기반 운동형 관광을 지원한다. 독일의 스포츠관광은 효율적 교통 · 안정적 시설 · 풍부한 지역 스포츠문화가 결합된 종합 관광 모델로, 유럽에서 가장 균형 잡힌 스포츠관광 구조를 보여준다.

주요 내용

- 독일의 지형과 문화, 스포츠관광 인프라
- 독일의 올림픽 역사와 스포츠관광
- 독일의 관람형 스포츠관광: 분데스리가
- 독일의 유산형 스포츠관광: 뮌헨 스타디움
- 독일의 체험형, 운동형 스포츠관광: 흑림 숲 체험, 스키

주제어

알프스 산악지대, 북해 · 발트해 해안, 분데스리가, 올림픽 유산, 하이킹 · 사이클링, ICE 고속철도, 렌터카 이동성, 지역 식문화, 지속가능성 · 친환경 관광

독일의 지형 문화

독일의 지형은 북부의 평야, 중부의 구릉 및 삼림 지대, 남부의 알프스 산악 지대가 뚜렷하게 대비되며 다양한 스포츠활동을 가능하게 한다. 남부 바이에른 알프스 지역은 겨울 스포츠관광의 핵심지로, 가르미슈파르텐키르헨과 베르히테스가덴은 독일 스키 · 스노보드 · 썰매 종목의 중심지로 기능한다. 알프스 전경과 호수를 결합한 자연환경은 여름철 하이킹, 트레킹, MTB, 패러글라이딩 · 트레일러닝 같은 운동형 관광에도 이상적이다. 중부의 흑림(Black Forest)과 타우누스, 하르츠 산맥은 중 · 장거리 하이킹 코스와 사이클링 루트가 잘 정비되어 있어 가족 단위와 동호인 중심의 체험형 · 운동형 스포츠관광지로 널리 활용된다. 북해 · 발트해 연안은 평탄한 지형과 강풍이 결합해 요트, 세일링, 카이트서핑 등 해양 스포츠관광의 기반이 된다. 독일의 기후는 대체로 온대성 기후로 사계절 스포츠관광을 가능하게 한다. 여름은 기온이 온화해 마라톤, 사이클링, 조정, 카누 등 장시간 야외 스포츠관광이 용이하며, 봄과 가을은 트레킹 · 러닝 · 도시 스포츠 이벤트 운영에 최적의 조건을 갖추고 있다. 겨울에는 특히 남부 지역에서 안정적인 적설량을 제공해 겨울철 스포츠관광 비중이 높다. 독일의 강과 호수는 계절에 관계없이 수상 스포츠를 즐길 수 있으며, 라인강 · 모젤강 · 슈프레강 수역은 카약, 패들보드(SUP), 조정(Rowing) 등의 체험형 스포츠관광이 활발하게 이루어진다. 문화적으로 독일은 스포츠를 공동체 · 도시 정체성 · 지역적 자부심과 강하게 결합해 왔다. 축구는 독일 스포츠문화의 핵심으로, 분데스리가의 응원 문화 · 경기장 접근성 · 가족 친화적 경기 문화는 관람형 스포츠관광을 대표한다. 베를린, 뮌헨, 도르트문트, 함부르크 같은 도시들은 경기장 투어, 팬 박물관, 구단 역사공간을 갖추고 있어 스포츠를 통한 도시문화 체험을 강화한다. 또한 독일은 1936 베를린올림픽, 1972 뮌헨올림픽을 통해 스포츠유산이 남아 있어 올림픽파크, 전통 스타디움, 스포츠박물관 등이 유산형 관광 자원으로 활용되고 있다.

독일인의 생활문화는 질서 · 효율 · 안정성을 강조하기 때문에 스포츠시설 관리, 경기 운영, 관광 서비스 품질이 매우 안정적이라는 점도 스포츠관광의 큰 강점이다. 축제문화와 스포츠가 결합한 사례도 많아, 베를린 마라톤, 쾰른 마라톤, 옥토버페스트 기간의 스포츠 이벤트는 스포츠와 지역축제가 결합한 복합적 관광경험을 제공한다. 음악 · 맥주 · 축구가 어우러지는 독일 특유의 '팬 문화'도 방문객의 스포츠 경험을 풍부하게 만든다.

독일의 항공

독일의 대표 항공사는 루프트한자(Lufthansa)로, 프랑크푸르트와 뮌헨을 허브로 전 세계를 연결한다. 루프트한자는 분데스리가 주요 도시－뮌헨, 도르트문트, 베를린, 함부르크, 레버쿠젠－로의 접근성을 강화해 관람형 스포츠관광의 기반을 제공하며, 베를린 마라톤, IRONMAN Frankfurt, 프랑크푸르트 · 쾰른 트라이애슬론 등 대형 스포츠대회 참가자들의 국제 이동을 거의 전적으로 담당한다. 또한 겨울철에는 알프스 및 바이에른 지역으로 향하는 스키 관광 수요를 고려해 계절편과 연계 노선을 확대해 운동형 스포츠관광 접근성을 높인다.

저비용항공사인 Eurowings는 독일 국내 · 유럽 단거리 스포츠관광 이동에서 중요한 역할을 한다. Eurowings는 쾰른 · 함부르크 · 슈투트가르트 · 뒤셀도르프를 중심으로 다양한 유럽 도시와 연결되며, 원정 팬이나 예산 여행객이 분데스리가 경기를 보기 위해 가장 많이 이용하는 항공사다. 서핑 · 카이트서핑 등 체험형 스포츠가 발달한 북해 · 발트해 연안으로 이동하는 관광객도 Eurowings의 국내선과 유럽 내 저가 항공편을 자주 활용한다. 독일 항공 인프라의 중심은 프랑크푸르트 국제공항(FRA)이다. 유럽 최대 허브 가운데 하나인 프랑크푸르트 공항은 IRONMAN Frankfurt, 분데스리가 경기, 국제 축구 · 육상 대회 등 대규모 스포츠관광객 수용에 최적화되어 있다. 유럽 고속철도망과 직접 연결되어 있어, 공항에서 곧바로 도르트문트 · 쾰른 · 하노버 · 라이프치히 등 스포츠도시로 이동하기도 쉽다. 공항 자체가 국제 스포츠 이벤트 기간에 특별 안내 서비스를 제공할 만큼 스포츠관광 비중이 높다. 뮌헨 국제공항(MUC) 역시 독일 스포츠관광의 핵심 관문이다. 뮌헨은 FC Bayern Munich의 홈도시이자

1972 올림픽 유산을 보유한 스포츠 중심지로, 경기장 관광 · 챔피언스리그 · 스키 관광으로 접근하는 대부분의 해외 방문객은 뮌헨 공항을 이용한다. 더불어 바이에른 알프스가 가까워 가르미슈파르텐키르헨, 베르히테스가덴 등 겨울 스포츠 관광지까지 이동이 매우 수월하다. 독일의 수도 베를린은 베를린 브란덴부르크 공항(BER)을 통해 국제 스포츠관광객을 맞이한다. 베를린 마라톤, 이스터너림 수영대회, 월드컵 · 유로 대회 경기 개최 등 국제 이벤트가 많은 도시이므로 공항은 스포츠 관광객의 연중 수요를 처리한다. 도시 내 공공교통과의 연결성이 뛰어나 경기장 · 스포츠파크 · 도심 행사장으로 이동이 매우 용이하다. 함부르크의 함부르크 공항(HAM)은 트라이애슬론, 로잉, 세일링 중심 스포츠관광의 관문으로 기능한다. 함부르크는 '세계 3대 도시 트라이애슬론' 개최지로 유명하고, 항만 · 호수 · 운하 지형으로 인해 수상 스포츠가 발달해 있어 해외 참가자들이 HAM을 자주 이용한다. 라인 · 루르 지역에서는 뒤셀도르프(DUS)와 쾰른/본 공항(CGN)이 스포츠관광에 큰 비중을 차지한다. 이 지역은 다수의 분데스리가 클럽이 밀집하고 있으며, 유럽의 대표 사이클링 · 런닝 · 아웃도어 이벤트가 집중되어 있어 관람형과 운동형 관광객이 가장 많이 이동하는 항공 거점 중 하나이다.

독일의 대중교통

독일 스포츠관광 이동에서 가장 핵심적인 브랜드는 DB(Deutsche Bahn, 독일국철)이다. DB는 고속철도 ICE, 장거리열차 IC/EC, 지역철도 RE/RB를 포함한 전국 철도망을 운영하여 스포츠 목적 이동의 가장 기본적인 축을 형성한다. ICE는 분데스리가 주요 도시(뮌헨–도르트문트–베를린–함부르크–쾰른)를 빠르게 연결해 축구 원정 팬과 국제대회 참가자들에게 최적의 교통수단으로 기능한다. 베를린 마라톤, 프랑크푸르트 IRONMAN, 함부르크 월드 트라이애슬론 등 대회 기간에는 임시 증편과 특별 운임을 제공해 스포츠 이벤트의 교통 수요를 안정적으로 수용한다. 또한 바이에른 알프스 접근을 위한 ICE · RE 노선은 스키 · 하이킹 · MTB 같은 운동형 스포츠관광 이동의 핵심 인프라이다.

베를린의 도시 교통 브랜드인 BVG(Berliner Verkehrsbetriebe)는 스포츠 관광객에게 독일에서 가장 편리한 도시 이동환경을 제공한다. U-Bahn, S-Bahn, 트램, 버스가 촘촘하게 연결된 BVG 네트워크는 올림피아슈타디온(헤르타 BSC 홈구장), 베를린 마라톤 코스, 멜리펠드 경기장, 도시 스포츠파크 등 주요 스포츠장소로 직결된다. BVG는 이벤트 기간 특별 교통안내와 다국어 시스템을 운영하여 해외 스포츠관광객의 이동 부담을 크게 줄여준다. 뮌헨의 MVV(Münchner Verkehrs-und Tarifverbund)는 FC Bayern Munich 경기, 뮌헨 올림픽파크, 아우디 돔, 도심 스포츠 축제와 직접 연결된다. S-Bahn과 U-Bahn이 알리안츠 아레나로 직결되기 때문에 경기 당일 75,000명 이상의 관중 이동을 효과적으로 처리할 수 있다. 또한 MVV는 바이에른 알프스로 이동하는 버스 · 철도 환승의 중심이 되어 스키 · 트레킹 · MTB 등 운동형 관광객의 접근성을 크게 높인다. 함부르크의 HVV는 트라이애슬론 · 철인3종 · 조정 경기, 세일링 대회 등 수상 · 도시형 스포츠관광과 밀접하게 연계된다. 알스터 호수, 항만 스포츠구역, 함부르크 SV 경기장(볼프스파크) 접근이 매우 쉬워 스포츠 이벤트 참여자들이 가장 선호하는 도시 교통 브랜드이다. 라인 · 루르 지역은 VRR(Verkehrsverbund Rhein-Ruhr)이 중심이다. 이 지역은 도르트문트, 샬케, 레버쿠젠, 뒤셀도르프, 쾰른 등 분데스리가 클럽이 밀집한 유럽 최고의 "축구 벨트"이므로 VRR의 지역철도 · 트램 · 버스망은 원정 팬과 스포츠관광객에게 필수적인 이동 수단이다. 경기장과 중앙역 사이가 짧고 환승이 간편해 '축구 친화 교통 모델'의 대표 사례로 평가된다. 슈투트가르트와 바덴뷔르템베르크 지역에서는 VVS(Stuttgart Verkehrs-und Tarifverbund)가 중요한 역할을 한다. 이 지역은 모터스포츠 · 사이클링 · 하이킹이 발달해 있으며, 메르세데스-벤츠 아레나와 포르쉐 아레나 접근성을 높여 행사 · 경기 관람객의 이동을 지원한다. 스포츠관광객들은 피크 시즌 숙박비와 항공료 부담을 줄이기 위해 FlixBus를 많이 이용하며, 분데스리가 원정, 독일 내 도심 간 이동, 알프스 지역으로의 이동에서 효율적이다.

독일의 숙박

독일 스포츠관광에서 가장 널리 활용되는 숙박 브랜드는 Accor 그룹(Ibis, Ibis Budget, Novotel, Mercure, Pullman)이다. Accor는 독일 전역 주요 스포츠도시–베를린, 뮌헨, 도르트문트, 함부르크, 쾰른–에 균일한 품질의 숙소를 제공하며, 경기장 · 역 · 도심 접근성이 좋아 분데스리가 경기 관람객과 국제대회 참가자가 가장 많이 선택하는 브랜드다. 특히 Ibis와 Ibis Budget은 예산형 스포츠관광객, 팬단체, 학생 선수단이 선호하며, Novotel · Mercure는 중급 여행자, 패밀리 관광객, 넓은 공간을 선호하는 러닝 · 사이클링 참가자에게 적합하다. 독일의 비즈니스 · 도시형 스포츠관광에서는 Motel One과 Premier Inn Germany가 빠르게 성장하고 있다. Motel One은 합리적 가격과 세련된 디자인을 갖춘 독일식 스마트호텔로, 베를린 마라톤 · 쾰른 마라톤 참가자, 유럽 챔피언스리그 원정객, 트레이닝 캠프 참가자들이 많이 이용한다. Premier Inn Germany는 영국 호텔의 독일 확장 브랜드로, 넓은 객실과 안정적 시설로 가족단위 스포츠관광객에게 적합하다. 대형 이벤트 참가자와 고급 소비자층에게는 Hilton, Marriott, Hyatt, Inter-Continental 같은 글로벌 브랜드가 중요한 역할을 한다. 뮌헨(바이에른 경기 · 올림픽파크), 베를린(BER 공항 · 올림피아슈타디온), 함부르크(트라이애슬론 · 조정대회) 등 주요 스포츠도시 중심에 위치해 선수단, 미디어, VIP 방문객이 주로 이용한다. 특히 베를린 마라톤 기간에는 힐튼 · 하얏트 계열이 대회 공식 추천 숙소로 지정되기도 한다. 독일의 지역 기반 숙박업소로는 H-Hotels(H4, H2, H+), A&O Hostels, Meininger Hotels가 있다. H-Hotels는 중고급 비즈니스 · 레저형으로 도심 스포츠관광객에게 안정적인 선택지이며, A&O와 Meininger는 호스텔 · 저가형 숙소로 단체 팀, 대학 동아리, 예산형 운동 관광객에게 특히 인기 있다. 이들은 공용 공간 · 공동주방 · 장비 보관실 등이 잘 갖춰져 있어 사이클링, 하이킹, 러닝 참가자들이 많이 이용한다. 바이에른 알프스 · 흑림 · 하르츠 산맥 등은 Youth Hostel Association (DJH, 독일 국제유스호스텔 협회)와 Landal GreenParks, Center Parcs 같은 휴양형 숙박 브랜드가 중요한 역할을 한다. DJH는 독일 전역의 국립공원 · 호수 · 산악지대 근처에 위치해 청소년 스포츠

캠프, 동호인 트레킹 · 사이클링 팀, 스키 워크숍 참가자가 많이 이용한다. Center Parcs와 Landal은 가족 단위 운동형 관광객에게 넓은 숙박공간 · 수영장 · 레저시설을 제공한다.

독일의 음식

독일 스포츠관광에서 가장 널리 이용되는 대표 음식 브랜드는 Vapiano(바피아노)이다. 베를린 · 뮌헨 · 함부르크 · 쾰른 등 주요 스포츠도시 도심에 위치하며, 파스타 · 피자 · 샐러드 등 탄수화물 중심의 에너지 보충식이 풍부해 마라톤·트라이애슬론 · 사이클링 참가자들이 선호한다. 빠른 회전율과 큰 좌석 규모는 경기 관람 전후 식사에 적합하다. 또 다른 전국적 브랜드로는 Hans im Glück(한스 임 글뤽)이 있다. 이 브랜드는 패티 종류가 다양하고 고단백 버거 메뉴가 많아 축구 관람객, 라그비 팬, 장시간 이동 중인 스포츠 관광객에게 인기가 높다. 건강한 버거 콘셉트와 깔끔한 매장 분위기 때문에 가족 단위 스포츠 관람객도 자주 찾는다. Ditsch(디취)와 BackWerk(백베어크)는 독일 전역 기차역과 도심에 많은 베이커리 · 그랩앤고 브랜드로, ICE · 지역 열차로 이동하는 스포츠관광객에게 실질적으로 가장 많이 소비되는 브랜드다. 프레첼, 베이글, 샌드위치 등 이동 중 섭취하기 좋은 형태의 음식을 제공해 분데스리가 원정팬, 베를린 마라톤 참가자, 사이클링 투어리스트가 자주 이용한다. 독일 전통 음식을 기반으로 한 Brauhaus 브랜드(예: Hofbräu, Paulaner Bräuhaus)는 축구 · 하키 · 농구 경기 관람객과 국제 이벤트 참가자들에게 매우 인기 있다. 큰 규모의 홀과 단체 수용 능력, 독일식 고단백 메뉴(슈니첼, 브라트부어스트, 자우어크라우트 등)는 단체 스포츠팀 · 서포터 그룹의 회식 장소로 최적이다. 특히 뮌헨의 Paulaner Bräuhaus는 바이에른 경기 관람 후 가장 많이 방문하는 브랜드 중 하나다. 패스트푸드 브랜드인 Curry36(베를린 카레부어스트 체인)과 Kamps는 경기장 근처나 도심 관광지에서 스포츠관광객에게 빠르게 에너지를 보충할 수 있는 옵션을 제공한다. Curry36은 베를린 올림피아슈타디온 · 브란덴부르크문 인근

관광객과 경기 관람객이 즐겨 찾는 대표적인 지역 브랜드다. 국제 스포츠관광객이 선호하는 다국적 브랜드로는 Dean & David, Pretzelmaker, L'Osteria 등이 있다. Dean & David는 건강식(샐러드 · 그레인볼)에 특화되어 있어 마라톤 · 하프마라톤 · 철인 참가자들이 경기 전 · 후로 식사를 해결하는 대표 브랜드이다. L'Osteria는 큰 사이즈의 피자로 유명하여 단체 관람객 · 원정 팬의 모임 장소로 흔히 선택된다. 해양 · 수상 스포츠가 활발한 함부르크 · 키엘 · 뤼벡 등에서는 Gosch Sylt(독일 북부 해산물 브랜드)가 스포츠관광객에게 인기다. 세일링 · 카약 · SUP 등 수상 스포츠 후 간단하면서도 단백질 보충이 가능한 해산물 메뉴를 제공한다. 북부 해안 지역을 대표하는 브랜드로, 스포츠 후 회복식으로 높은 선호도를 가진다. 운동형 관광객이 주로 찾는 알프스 · 흑림 등 산악 지역에서는 체인 브랜드인 Marché Mövenpick이 도로 휴게소와 관광거점에 많아 장거리 사이클링 · 하이킹 · 트레킹 여행자들이 많이 이용한다. 신선식 재료 기반의 샐러드 · 빵 · 수프 메뉴는 지속 에너지 공급이 필요한 운동형 관광객의 니즈를 충족한다.

독일의 올림픽 역사

베를린 올림픽 스타디움, 마라톤 탑, 올림픽 공원은 지금도 독일 스포츠유산의 핵심 관광지로 남아 있다. 이후 독일은 1972년 뮌헨올림픽을 개최하면서 민주적이고 개방적인 국가 이미지를 강조하려 했고, 올림픽파크 · 올림픽경기장 · 수영센터는 지금도 스포츠와 도시문화가 결합된 대표적 복합공간이 되었다. 비록 테러 사건이 발생해 역사적 슬픔을 남겼지만, 도시재생과 스포츠 기반 시설 구축 측면에서는 긍정적 유산을 남겼다.

올림픽 참가 역사 측면에서 독일은 정치적 상황에 따라 여러 단계로 나뉜다. 1896년 근대 올림픽 출범부터 활발히 참여했으나 제1차 세계대전 이후 1920 · 1924년에는 출전이 금지되었고, 제2차 세계대전 후에는 분단 상황에 따라 1956~1964년에는 동 · 서독이 단일팀으로 참가했다. 이후 1968년부터 1988

년까지는 동독(GDR)과 서독(FRG)이 각각 다른 국가로 출전하면서 세계 스포츠사를 대표하는 '체제 경쟁 스포츠'의 중심에 있었다. 1990년 통일 이후 독일은 단일팀으로 참가하며 유럽의 대표적인 종합 스포츠 강국으로 자리를 잡았다. 1936년 베를린올림픽에서는 미국 선수 제시 오언스의 활약이 상징적이지만, 독일인 중에서는 사격·승마에서 국제적 명성을 얻은 루드비히 슈바르츠 같은 선수들이 있다. 동독 시기에는 카이징거, 릴리프레드, 크리스틴 오토 등 수영과 육상에서 뛰어난 기록을 남긴 선수들이 등장했다. 특히 수영선수 크리스틴 오토는 1988 서울올림픽에서 6개의 금메달을 획득하며 세계적 스타가 되었다. 서독과 통일 독일 시기의 대표적 스포츠영웅으로는 카타리나 비트가 가장 유명하다. 그녀는 1984·1988 두 차례 올림픽 금메달을 거머쥔 전설적인 피겨 스케이터로, 동독 출신임에도 전 세계에서 사랑받는 스포츠 아이콘이 되었다. 육상에서는 하이 점프의 우타 파프스도 독일을 대표하는 올림픽 스타이다. 유도에서는 프랑크 윈터슈타인, 테니스에서는 슈테피 그라프가 세계적 영웅으로 자리한다. 슈테피 그라프는 1988년 서울올림픽 금메달과 같은 해 '골든 슬램'(4대 그랜드슬램 + 올림픽 금메달)을 달성하며 독일 스포츠 역사상 가장 위대한 업적을 세웠다. 겨울 스포츠에서는 바이애슬론의 마크 키르히너, 루지의 요하네스 루트비히, 스키점프의 엔스 바이스플로크 등이 독일의 대표적 영웅이다. 이들은 알프스와 중부 산악지형을 기반으로 한 독일 겨울스포츠의 저력을 보여준다. 최근에는 체조의 파비안 함부켄, 수영의 폴 비더먼, 카누의 리사 카페 등이 국제무대에서 활약하며 독일의 스포츠 명성을 이어가고 있다.

독일의 스포츠관광

독일의 관람형 스포츠관광은 분데스리가를 중심으로 가장 활발하게 이루어진다. 뮌헨의 바이에른 뮌헨, 도르트문트의 BVB, 함부르크, 레버쿠젠, 베를린 헤르타 등 각 도시의 클럽은 지역 정체성과 팬 문화를 형성하며, 경기 관람 자체가 하나의 관광 콘텐츠가 된다. 베를린 마라톤, 함부르크 트라이애슬론,

세계 육상 · 핸드볼 · 아이스하키 등 국제대회의 자주 개최도 관람형 관광의 폭을 넓힌다. 독일은 대형 경기장에서의 안전한 관람 문화와 교통 접근성이 뛰어나 스포츠 이벤트 중심의 관광 매력이 크다.

유산형 스포츠관광은 독일의 올림픽 · 월드컵 · 전통 스타디움 · 스포츠 박물관 등을 기반으로 한다. 베를린은 1936 올림픽 스타디움과 스포츠파크를 중심으로 한 유산형 관광이 가능하며, 뮌헨 역시 1972 올림픽파크가 도시 스포츠 문화 중심지로 자리해 건축 · 디자인 · 공간 재생을 함께 체험할 수 있다. 도르트문트의 독일 축구박물관, 뉘른베르크의 역사적 경기장, 분데스리가 클럽들의 경기장 투어(알리안츠 아레나, 시그날 이두나 파크 등)도 독일 스포츠유산의 상징이다. 이러한 유산형 관광은 스포츠가 도시 정체성과 역사적 기억에 깊이 자리한 독일 특유의 스포츠문화를 보여준다.

(독일의 다크 투어리즘)

체험형 스포츠관광은 독일의 강 · 호수 · 해안 · 도시 공원 등을 활용해 사계절 운영된다. 라인강·모젤강에서는 카약 · 카누 · SUP 등 수상 레저 체험이 가능하며, 발트해와 북해 해안에서는 요트 · 윈드서핑 · 카이트서핑 등이 활발하다. 베를린과 뮌헨 같은 대도시는 공원과 수변 공간을 기반으로 러닝 · 도심 자전거 투어 · 커뮤니티 스포츠 프로그램을 제공하며, 관광객이 쉽게 참여할 수 있는 체험형 콘텐츠가 잘 구성되어 있다. 독일식 맥주 축제와 마라톤·사이클링 체험 이벤트를 결합한 형태도 독특한 체험형 관광을 만든다. 운동형 스포츠관광은 남부 알프스와 흑림 지역을 중심으로 발달했다. 가르미슈파르텐키르헨, 베르히테스가덴 등은 스키·스노보드·크로스컨트리·스키 점프 같은 고난도 겨울 스포츠의 중심지이다. 여름철에는 고산 트레킹·산악마라톤·MTB, 패러글라이딩 등 적극적인 아웃도어 스포츠가 가능하다. 흑림·하르츠 산지는 장거리 하이킹과 트레일러닝, 사이클링 코스로, 운동형 관광객이 네덜란드·프랑스·영국 등 주변 국가에서 꾸준히 유입된다. 독일의 온대성 기후는 장시간 야외 활동을 용이하게 해 운동형 관광의 활성화에 유리하다.

흑림 숲 체험형 스포츠관광

흑림에서 가장 유명한 스포츠관광 이벤트는 Black Forest Ultra Bike Marathon이다. 이 대회는 유럽 최대 규모의 산악자전거(MTB) 마라톤 중 하나로, 약 100km 이상의 트레일을 따라 흑림의 깊은 산악 지형을 달리는 초장거리 경기이다. 독일·스위스·오스트리아 등지에서 수천 명의 참가자가 몰리며, 자연 풍경·난이도 높은 코스·지역 축제 분위기가 결합해 대표적인 운동형 스포츠관광 콘텐츠로 자리잡았다. 트레킹·러닝 분야에서는 Black Forest Marathon(흑림 마라톤)이 오랜 전통을 가진 이벤트이다. 1960년대부터 개최된 독일의 가장 오래된 마라톤 중 하나로, 숲길·구릉지·전통 마을 등을 통과하는 코스 구성 덕분에 자연 기반 스포츠관광의 전형적인 모델로 평가된다. 참가자들은 스포츠뿐 아니라 지역의 자연·전통 음식·축제 문화까지 함께 경험할 수 있어 체험형·운동형 관광의 융합 사례로 꼽힌다. 흑림은 트레일러닝이 활성화된 지역이기도 하다. Ultra Trail du Schwarzwald나 지역별 숲길 러닝 이벤트는 고도 변화가 많은 코스를 제공해 독일뿐 아니라 유럽의 러너들이 도전하는 대표적 고강도 스포츠관광 콘텐츠다. 천연림 환경은 참가자들에게 '독일식 자연 스포츠'를 경험하게 하는 중요한 요소다.

독일 스포츠관광 여정 지도

여정 지도	그림, 장소, 점, 화살표로 표시

※ 손 글씨로 표에 내용을 기입하고 사진을 찍어서 클라썸에 과제로 제출.

독일 스포츠관광 여정

목적	
여정(기간)	(　　　　　)~(　　　　　)
비용	
스포츠관광 유형	Sp　　Lg　　Ep　　At
전자여행허가서 이름, 비용	
비자 준비 유무	
항공사 이름과 코드	
공항 이름과 코드	
통신(유심) 이름과 비용	
기차 이름과 비용	
버스	
지하철	
택시	
자전거	
렌트카	
숙박	
음식	
목적지	

※ 손 글씨로 표에 내용을 기입하고 사진을 찍어서 클라썸에 과제로 제출.

〈독일의 스포츠관광 퀴즈〉

1. 독일에서 가장 인기 있고 대표적인 관람형 스포츠관광 종목은?

① 아이스하키 ② 농구
③ 축구(분데스리가) ④ 스키점프

▸ 정답: ③
▸ 해설: 분데스리가는 높은 관중 수와 세계적 팬 문화를 자랑한다.

2. 바이에른 뮌헨의 홈구장으로 유명한 경기장은?

① 지그날 이두나 파크 ② 알리안츠 아레나
③ 올림피아슈타디온 ④ 메르세데스 벤츠 아레나

▸ 정답: ②
▸ 해설: 알리안츠 아레나는 독일을 대표하는 현대식 축구 경기장이다.

3. 베를린 올림피아슈타디온의 스포츠유산적 의미는?

① 동계올림픽 최초 개최지 ② 1936 베를린 올림픽 주경기장
③ 유럽 최초 축구 전용구장 ④ 독일 농구 발상지

▸ 정답: ②
▸ 해설: 1936년 올림픽을 개최한 역사적 경기장이다.

4. 독일에서 스키 관광이 가장 활발한 지역은?

① 블랙포레스트(슈바르츠발트) ② 작센 평원
③ 함부르크 해안 ④ 뮌스터 고원

▸ 정답: ①
▸ 해설: 블랙포레스트는 겨울 스포츠와 숲·산악 레저가 발달해 있다.

5. 독일에서 가장 유명한 장거리 사이클 이벤트는?

① 라이드런던 ② 투르 드 바이에른

③ 라이드 오스트리아　　　　④ 북해 해안 그란폰도

▸ 정답: ②
▸ 해설: 투르 드 바이에른은 독일을 대표하는 장거리 사이클 대회다.

6. 뮌헨이 스포츠관광 도시로 유명한 이유는?

① 고대 축구 발상지　　　　② 1972 하계올림픽 개최 도시
③ 세계 최대 럭비 경기장 소재　　　　④ 스포츠시설 부족

▸ 정답: ②
▸ 해설: 뮌헨 올림픽은 도시 개발과 스포츠 인프라 형성에 큰 역할을 했다.

7. 독일에서 인기 있는 체험형 스포츠관광 활동은?

① 바다 카약　　　　② 주립 공원 암벽등반
③ 알프스 인근 트레킹　　　　④ 사막 모래보드

▸ 정답: ③
▸ 해설: 독일 남부는 알프스와 가까워 트레킹·하이킹 등이 활성화되어 있다.

8. 독일이 자동차 스포츠관광 중심지로 평가받는 이유는?

① 국제 레이싱 금지 국가여서
② 아우토반 및 뉘르부르크링 등 독자적 자동차 문화가 발달했기 때문
③ 오프로드 중심 국가여서　　　　④ 자동차 산업 영향이 적어서

▸ 정답: ②
▸ 해설: 아우토반과 전설적 서킷은 자동차 스포츠관광의 핵심 요소다.

9. 뉘르부르크링(Nürburgring)이 유명한 이유는?

① 세계 최초 축구 경기장이다
② 자동차 내구 레이스와 '녹색지옥'이라는 별칭 때문
③ 농구 전용 경기장이다　　　　④ 스키점프 경기장이다

▸ 정답: ②
▸ 해설: 극도로 어려운 코스로 세계 레이싱 팬들이 찾는 성지이다.

10. 도르트문트 지그날 이두나 파크가 유명한 이유는?

① 세계 최대 실내 경기장 ② '옐로 월'로 불리는 응원 문화
③ 빙상 경기장 ④ 럭비 전용 경기장

▸ 정답: ②
▸ 해설: 옐로 월은 유럽 축구 응원문화의 상징이다.

11. 독일이 트라이애슬론 관광지로 유명한 이유는?

① 도시에서만 열리기 때문
② 함부르크에서 세계적인 트라이애슬론 월드시리즈가 개최되기 때문
③ 겨울스포츠가 부족해서 ④ 자전거 금지 때문

▸ 정답: ②
▸ 해설: 함부르크는 세계 최대 규모의 트라이애슬론 대회 중 하나를 개최.

12. 독일 스포츠관광에서 맥주 축제가 중요한 이유는?

① 스포츠와 무관하다 ② 이벤트 후 지역 문화체험과 연계
③ 소규모라 영향이 적다 ④ 겨울에만 개최된다

▸ 정답: ②
▸ 해설: 옥토버페스트 등은 축구·마라톤 관광과 결합한다.

13. 독일이 운동형 마라톤 관광지로 유명한 이유는?

① 단거리 중심 대회 때문이다
② 베를린 마라톤 등 세계 6대 메이저 대회를 개최하기 때문이다

▸ 정답: ②
▸ 해설: 베를린 마라톤은 세계 신기록이 자주 나오는 빠른 코스로 유명하다.

14. 독일 스포츠 유산관광의 중심 박물관은?

① 자동차 박물관 ② 독일 축구 박물관(도르트문트)
③ 티벳 문화관 ④ 유럽 전쟁 박물관

▸ 정답: ②
▸ 해설: 독일 축구 박물관은 역사를 다루는 핵심 관광지다.

15. 독일 스키 관광객이 선호하는 알프스 접경 지역은?

① 브란덴부르크　　② 가르미슈파르텐키르헨
③ 북해 연안　　④ 베를린 외곽

▸ 정답: ②
▸ 해설: 가르미슈파르텐키르헨은 독일 대표 스키 관광 중심지이다.

16. 독일에서 유명한 스포츠 체험형 관광 상품은?

① 와인 시음 투어　　② 바이애슬론 · 스키점프 체험
③ 자동차 박물관 VR 체험　　④ 사막 트래킹

▸ 정답: ②
▸ 해설: 독일 알프스권에서는 다양한 겨울스포츠 체험관광이 인기가 높다.

17. 독일 스포츠관광의 공간적 특성을 가장 잘 설명한 것은?

① 수도 중심 단극 구조　　② 해안 지역 집중형 구조
③ 연방 국가 구조에 기반한 분산형 스포츠관광 체계
④ 국제 이벤트 중심 단기 집중형 구조

▸ 정답: ③
▸ 해설: 독일은 연방제 국가로, 스포츠관광 자원이 특정 도시가 아닌 여러 주와 도시로 분산되어 있다.

18. 독일 스포츠관광에서 산업 관광과 스포츠관광이 결합된 사례로 가장 적절한 것은?

① 자동차 산업 박물관과 모터스포츠 관람
② 맥주 축제와 축구 경기
③ 클래식 음악제와 마라톤
④ 정치 유적 답사와 스포츠 이벤트

▸ 정답: ①
▸ 해설: BMW, 메르세데스-벤츠 박물관과 모터스포츠는 독일 특유의 산업 기반 스포츠관광 사례이다.

독일의 스포츠관광 학습자료

- Bale, J. (2003). *Sports geography* (2nd ed.). Routledge.
- Bundesministerium für Wirtschaft und Energie. (2018). *Tourismus in Deutschland: Trends, Strukturen und Perspektiven*. German Federal Ministry for Economic Affairs and Energy.
- Deutscher Olympischer Sportbund. (2020). *Olympic legacy and sport development in Germany*. DOSB Press.
- Duerr, G., & Müller, M. (2019). Outdoor sports, regional identity, and the Black Forest experience in Germany. J*ournal of Outdoor Recreation and Tourism*, 28, 1~12.
- Grix, J., Brannagan, P. M., & Houlihan, B. (2015). Sports mega-events, nation branding, and urban development: The case of Germany. *International Journal of Sport Policy and Politics*, 7(2), 1~15.
- Haut, J., Giese, M., & Emrich, E. (2017). Sport participation and tourism mobility in Germany: An empirical overview. *European Sport Management Quarterly*, 17(3), 345~365.
- Holt, R., & Zeller, T. (Eds.). (2016). *A cultural history of sport in the modern age*. Bloomsbury Academic.
- Kuper, S., & Szymanski, S. (2014). *Soccernomics* (rev. ed.). Nation Books.
- Müller, M. (2017). Alpine tourism, sustainability, and sport in southern Germany. *Annals of Tourism Research*, 65, 1~13.
- Preuss, H. (2004). *The economics of staging the Olympics: A comparison of the Games*, 1972~2008. Edward Elgar.
- Ritchie, B. W., & Adair, D. (Eds.). (2004). *Sport tourism: Interrelationships, impacts and issues*. Channel View Publications.
- Schwarz, E., & Hunter, J. D. (2008). *Advanced theory and practice in sport events*. Routledge.
- Weber, W. (2015). Football, identity, and tourism in Germany: Bundesliga club culture and urban branding. *Journal of Sport & Tourism*, 20(3), 173~190.
- 독일 여행에 대한 거의 모든 것
  https://youtu.be/-fKxxlfjye8?si=j_6ejJe6kaNV6U-h
- 독일의 수도, 베를린 당일치기 여행
  https://youtu.be/FDQ7xZUg_mo?si=McARf0MzwjW1HUR8
- [분데스리가] 14R 바이에른 뮌헨 vs 마인츠 2분 하이라이트
  https://youtu.be/J6JhZyJEK7s?si=lplEuIdKa93ztl26

08

북유럽의 자연과 함께하는, 호수와 사우나, 백야의 나라, 핀란드

이 장의 흐름

핀란드의 스포츠관광은 북유럽 특유의 자연환경, 동계 스포츠 자원, 생활 속 야외 활동 문화를 기반으로 발전해 있다. 라플란드의 스키, 개썰매, 스노우슈잉 등 겨울 체험이 핵심이며, 여름에는 백야를 활용한 러닝, 사이클링, 카약 활동이 활발하다. 아이스하키는 대표적인 관람형 스포츠로 많은 관광객을 끌어들이며, 헬싱키 올림픽 스타디움 등 스포츠 유산도 중요한 관광 요소다. 자연체험·동계스포츠·도심형 경기 관람이 조화를 이루는 점이 핀란드 스포츠관광의 특징이며 사계절 내내 스포츠와 관광이 자연스럽게 결합되는 북유럽의 대표적 스포츠관광 국가로 평가된다.

주요 내용

- 핀란드의 지형과 문화, 스포츠관광 인프라
- 핀란드의 올림픽 역사와 스포츠관광
- 핀란드의 관람형 스포츠관광: 아이스하키
- 핀란드의 유산형 스포츠관광: 하키 박물관, 스키 박물관
- 핀란드의 체험형, 운동형 스포츠관광: 노르딕워킹

주제어

Finnair(핀에어), 탐페레(Tampere), 투르쿠(Turku), 오울루(Oulu), 로바니애미(Rovaniemi), 라플란드, 헬싱키 올림픽, 누르미, 사우나, 노르딕 워킹

핀란드의 지형과 문화

핀란드의 지형은 '천개의 호수의 나라'라는 별칭에서 드러나듯이 수많은 호수와 숲이 매우 넓은 면적을 차지한다. 국토의 70% 이상이 산림으로 덮여 있으며 수십만 개의 호수와 하천이 분포해 있어 자연과 함께하는 스포츠활동이 가능하다. 특히 핀란드의 평탄한 지형과 잘 정비된 트레일은 하이킹, 사이클링, 노르딕 워킹 등 지속적인 움직임 중심 스포츠에 적합하다. 또한 북부 라플란드 지역은 북극권에 속해 광활한 설원과 빽빽한 침엽수림이 펼쳐져 있어 스노슈잉, 크로스컨트리 스키, 개썰매 등 북유럽 특유의 겨울 스포츠 체험을 가능하게 한다. 기후 역시 스포츠관광 측면에서 중요한 역할을 한다. 핀란드는 냉대 및 아한대 기후에 속하며, 겨울이 길고 눈이 풍부하게 내리는 것이 특징이다. 이러한 기후는 동계 스포츠관광의 활성화를 촉진한다. 핀란드는 크로스컨트리 스키 종주 국가 중 하나로, 세계적 수준의 스키 트레일과 대회 환경을 갖추고 있다. 특히 라플란드의 겨울은 눈뿐 아니라 오로라 관측이 가능해 자연 감상과 겨울 스포츠를 결합한 관광 상품으로 발전하고 있다. 반면 여름에는 '백야'가 나타나 해가 길어지므로 야외 스포츠 활동을 오래 즐길 수 있으며, 카약, 카누, 수영, 낚시, 러닝 이벤트 등 수상 및 야외 활동이 크게 증가한다. 여름 평균 기온이 높지 않아 장거리 러닝이나 사이클링에 적합한 조건이 마련되는 것도 스포츠관광의 강점이다. 핀란드의 문화는 스포츠관광과 깊이 연결되어 있으며, 자연 친화성과 공동체성을 바탕으로 한다. 노르딕 워킹, 사우나 문화, 아이스수영 등은 핀란드인의 생활 방식이자 스포츠관광객이 선호하는 체험 요소이다. 특히 사우나는 스포츠활동 후 회복을 위한 문화적 의식처럼 기능하며, 사우나와 호수 수영을 연계한 체험은 외국인 관광객에게 독특한 스포츠 웰니스 경험이 된다. 또한 핀란드는 유머와 창의성을 기반으로 독특한 스포츠 축제를 발전시켜 왔다. 특히 아이스하키는 핀란드의 국가적 자부심이자 중요한 관람형 스포츠관광 자원이다. 헬싱키와 탐페레 등 도시에서는 프로 경기 관람과 도시 관광이 결합된 형태의 스포츠관광이 활발하다.

핀란드의 항공

핀란드를 대표하는 항공사인 핀에어(Finnair)는 북유럽 여행의 핵심 관문 역할을 하며 스포츠관광객의 이동을 크게 지원한다. 핀란드가 세계적인 겨울 스포츠 관광지로 알려지면서, 핀에어는 라플란드 지역(로바니에미, 키티래, 이발로 등)으로 향하는 계절 항공편을 확대해 크로스컨트리 스키, 스노보딩, 개썰매 체험 등 동계 스포츠 관광객의 이동을 적극적으로 지원하고 있다. 핀란드의 주요 공항은 스포츠관광의 이동 흐름을 형성하는 데 중요한 역할을 한다. 헬싱키-반타(HEL) 국제공항은 핀란드 전체 관광의 관문이자 스포츠관광의 메인이 되는 허브 공항이다. 헬싱키 공항은 유럽, 아시아, 북미와 직접 연결되어 있어 국제 스포츠 대회 경기 관람을 위해 방문하는 관람형 관광객이나 대회 참가자를 효과적으로 수용한다. 라플란드 지역의 공항들은 '동계 스포츠관광 허브'로서 기능한다. 로바니에미 공항은 산타클로스 마을로 유명하지만, 겨울철에는 스노우 액티비티, 헬스 리조트, 크로스컨트리 스키의 중심지로서 스포츠관광객이 집중되는 장소가 된다. 키티래(Kittilä) 공항은 레비(Levi) 스키 리조트와 인접해 있어 겨울 스포츠 관광객의 주요 입국 지점이며, 국제 스키 월드컵이 열릴 때는 선수단, 미디어, 팬들의 이동 거점이 된다. 이발로(Ivalo) 공항은 북극권 스포츠 체험과 오로라 관광의 핵심 기능을 담당하며, 겨울 스포츠와 자연 체험형 관광객을 동시에 끌어들이는 관문이 된다. 핀란드의 항공 및 공항 시스템은 관광 분산 효과를 만드는 점에서도 의미가 있다.

핀란드의 대중교통

핀란드는 대중교통 체계가 매우 효율적이며, 특히 장거리 이동과 자연 관광지 접근성을 높이는 데 초점을 맞춘 교통 인프라가 잘 구축되어 있어 스포츠 관광객이 동계·하계 스포츠를 즐기기 위한 이동에 큰 어려움이 없다. 핀란드 국영철도회사인 VR(Finnish Railways)은 스포츠관광객 이동의 가장 중요한 축을 담당한다. VR은 헬싱키에서 탐페레, 투르쿠, 오울루, 로바니에미까지 북쪽으로 이어지는 장거리 철도망을 운영하며, 이는 핀란드 곳곳의 스포츠 관광지 접근성을 크게 높인다. 특히 크로스컨트리 스키, 아이스하키 경기, 사우나스파 투어, 러닝 · 사이클링 이벤트 참가자들은 VR을 이용해 자연 지역과 주요 도시를 빠르게 이동할 수 있다. VR의 야간열차는 스포츠관광객에게 매우 인기 있는데, 헬싱키에서 라플란드의 로바니에미나 이발로까지 이동할 때 침대칸을 이용하면 이동과 휴식을 동시에 해결할 수 있다. 핀란드의 장거리 버스 노선을 운영하는 대표 회사는 Matkahuolto와 OnniBus.com이다. 이 두 회사는 철도로 접근하기 어려운 소도시나 자연 관광지를 연결함으로써 스포츠관광의 도달성을 넓힌다. Matkahuolto는 전국을 연결하는 촘촘한 네트워크를 갖추고 있어 국립공원 트레킹 코스, 호수 지역, 겨울 스포츠 리조트 등 자연 기반 스포츠 관광지 이동에 적합하다. 반면 OnniBus.com은 주요 도시 간 이동을 저렴하게 제공하여 도심에서 열리는 스포츠 이벤트에 참가하는 관광객에게 효율적인 선택지가 된다. 도시 대중교통은 지역 주민뿐 아니라 관광객에게도 매우 친숙하며, HSL(Helsinki Regional Transport)이 헬싱키 수도권의 버스, 트램, 지하철, 페리를 통합 운영한다. HSL의 통합 시스템은 스포츠관광객이 도심 내 경기장이나 이벤트 장소로 이동하는 데 큰 도움을 준다. 헬싱키 올림픽 스타디움, 아이스하키 경기장, 수영 경기장 등은 버스나 트램으로 쉽게 접근할 수 있으며, 이는 관람형 스포츠관광의 효율성을 높인다. 핀란드는 호수가 많고 도서 지역이 발달해 있어 페리 교통도 스포츠관광에 중요한 역할을 하며, Finferries가 공영 페리 노선을 운영한다. 페리는 섬 지역에서 이루어지는 카약 투어, 요트 대회, 사우나 체험 여행과 자연스럽게 연결된다.

핀란드의 유심

핀란드를 대표하는 통신사는 엘리사(Elisa), 텔리아(Telia), DNA이며, 이 세 회사는 모두 전국적인 LTE · 5G망을 갖추고 있어 도시뿐 아니라 라플란드 같은 자연 · 동계 스포츠 지역에서도 안정적인 인터넷 환경을 제공한다. 특히 스포츠관광객은 지도 앱, 경기 예매, 장비 렌털 예약, 대중교통 정보 조회 등 실시간 연결이 필수적이기 때문에, 핀란드 통신사의 높은 커버리지는 여행 편의를 크게 높여준다. 엘리사는 핀란드 최대 규모의 통신 회사 중 하나로, 속도와 안정성이 뛰어난 5G 네트워크를 기반으로 한다. 헬싱키, 탐페레, 투르쿠 같은 대도시는 물론 라플란드 지역까지 커버하기 때문에 스키, 스노우보드, 개썰매 체험 등 겨울 스포츠를 즐기려는 관광객에게 매우 유리하다. 텔리아는 북유럽 전역에서 운영되는 통신회사로, 유럽 내 이동성이 높은 스포츠관광객에게 특히 편리한 편이다. 텔리아의 핀란드 유심은 국립공원, 호수 지역, 러닝 · 사이클링 루트 등 자연 스포츠 관광지에서도 비교적 안정적인 통신을 제공한다. DNA는 젊은 층과 관광객 사이에서 인기가 높은 통신사로, 유심 가격이 상대적으로 저렴하고 사용 방법이 간단해 단기 스포츠여행객에게 적합하다. 핀란드 전역에 고르게 신호망이 퍼져 있으며, 특히 헬싱키 수도권에서 열리는 관람형 스포츠 이벤트(아이스하키 경기, 마라톤, 대형 스포츠 페스티벌) 참가자는 DNA 유심을 많이 이용한다.

핀란드의 숙박

핀란드의 대표적인 호텔 체인인 Scandic Hotels는 북유럽 전역에서 널리 운영되는 브랜드로, 헬싱키 · 탐페레 · 투르쿠 등 주요 도시의 중심부에 위치해 있어 관람형 스포츠관광객에게 편리한 선택지다. 아이스하키 경기장, 올림픽 스타디움, 대형 실내스포츠센터와 접근성이 좋으며, 조식 품질과 넓은 객실 구조, 피트니스센터가 잘 갖추어져 있어 장거리 비행 후 회복이 필요한 관광객에게 적합하다. Scandic은 또한 친환경 경영과 슬로우투어리즘을 강조하는데, 이는 자연 기반 스포츠관광과 조화로운 여행 스타일을 선호하는 관광객에게 긍정적인 요소로 작용한다. Sokos Hotels는 핀란드 최대 규모의 로컬 호텔 체인으로, 도시형 스포츠관광과 지역 기반 스포츠 이벤트 관광을 모두 아우르는 숙박 인프라를 갖추고 있다. 탐페레와 오울루 등 아이스하키 명문팀이 있는 도시의 경기장과 가까운 곳에 호텔을 운영하며, 지역 마라톤, 사이클 대회, 수영·육상 이벤트 참가자들이 많이 이용한다. 또한 Lapland Hotels는 북극 디자인과 사우나·웰빙 시설이 매력적이라 스포츠와 휴식이 결합된 여행을 선호하는 관광객에게 잘 맞는다. 라플란드의 자연 체험형 스포츠관광과 연결되는 또 다른 대표 브랜드는 Santa's Hotels이다. 이 호텔 그룹은 산타클로스 빌리지, 로바니에미 일대에 특화된 숙박 시설을 운영하며, 오로라 체험과 겨울 스포츠 여행을 결합한 관광객이 많이 찾는다. 핀란드에서 아파트형 숙박 브랜드로 자리 잡은 Forenom도 스포츠관광객에게 인기다. 호텔보다 더 넓은 생활 공간을 제공해 장기 체류형 스포츠대회 참가자, 전지훈련 팀, 가족 단위 여행객에게 적합하다. 주방 시설이 갖추어져 있어 식단 관리가 필요한 운동형 관광객에게도 유리하며, 헬싱키는 물론 탐페레·오울루·라플란드까지 숙박 옵션이 다양하다. 이외에도 Holiday Club Resorts는 사우나, 수영장, 골프장, 스파 시설을 갖춘 리조트로, 하계 스포츠관광객이 선호한다. 카누, 카약, 하이킹 등 적극적 레저 활동을 즐기는 관광객에게 적합하며, 호수 지역 중심의 스포츠여행과 연계된다.

핀란드의 스포츠관광 음식

핀란드의 대표적인 패밀리 레스토랑 체인인 Kotipizza는 스포츠관광객에게 매우 접근성이 좋다. 스포츠관광객이 많은 도심 지역에서 자주 이용하는 외식 브랜드로 Hesburger가 있다. 북유럽 전역에서 운영되는 햄버거 체인으로, 헬싱키와 탐페레, 투르쿠 등 대도시 경기장 주변에 매장이 밀집해 있다. 아이스하키 경기 관람, 시내 마라톤 대회 참가자, 실내 스포츠 이벤트 방문객들이 경기 전후 간편하게 이용하기 좋다. Finnish fast-casual 레스토랑 체인인 Rax Buffet는 스포츠관광객에게 부담 없이 다양한 음식을 즐길 수 있는 장소로 알려져 있다. 뷔페 방식으로 피자, 샐러드, 파스타 등을 제공해 장시간 스포츠활동 후 에너지 보충이 필요한 관광객에게 적합하다. 라플란드와 자연 관광지 중심에서는 Lapland Safaris나 Santa's Restaurants처럼 지역 특산 음식을 테마로 제공하는 브랜드가 스포츠관광과 결합되어 있다. 이들 레스토랑은 순록 스튜, 연어 요리, 베리 디저트 등 고유의 북극권 식단을 제공하며, 동계 스포츠 참가자와 오로라 관광객에게 강한 인상을 남긴다. 고단백·고영양 식단이 많아 크로스컨트리 스키, 스노우슈잉, 개썰매 체험 후 회복 식사로 적합하다는 점도 스포츠관광과의 연결 요소다.

핀란드의 올림픽 역사

핀란드는 1908년 런던올림픽에서 처음으로 독립적 팀을 꾸려 올림픽 무대에 등장했다. 당시 핀란드는 아직 러시아 제국의 지배하에 있었으나 스포츠를 통해 자국의 존재를 국제사회에 드러내는 역할을 하며 올림픽 참가가 국가적 자긍심을 높이는 계기가 되었다. 이후 1917년 독립을 이루고 난 뒤 핀란드는 꾸준히 올림픽에 참여하며 북유럽 스포츠 강국으로 자리를 잡기 시작했다. 특히 1920~1930년대는 핀란드 스포츠의 황금기로 평가되며, 육상과 겨울 스포츠에서 세계적인 성과를 거두었다. 핀란드는 1952년 헬싱키에서 올림픽을 개최하였다. 헬싱키 올림픽은 제2차 세계대전 이후 처음으로 비교적 안정적인 분위기 속에서 열린 대회였고, 독립 후 핀란드가 국제사회에 안정적 국가로 인정받는 중요한 전환점이 되었다. 이 올림픽은 핀란드 국민들에게 큰 자부심을 주었으며, 도시 인프라와 스포츠시설 확충을 통해 이후 핀란드 스포츠 발전의 기틀을 마련했다. 헬싱키 올림픽은 규모는 크지 않았지만 전문성, 공정성, 조직력 면에서 높은 평가를 받았고, 특히 선수 친화적 운영으로 올림픽 역사상 의미 있는 대회로 기록되었다. 동계올림픽에서도 핀란드는 꾸준한 강세를 보였다. 북유럽 스키 문화가 깊고, 얼음과 눈이 일상생활과 밀접한 환경에서 살아온 핀란드 인들은 크로스컨트리 스키, 노르딕 복합, 아이스하키 등에서 세계적인 경쟁력을 갖추었다. 특히 아이스하키는 핀란드 국민 스포츠라

할 만하며, 올림픽과 세계선수권에서 좋은 성과를 꾸준히 내고 있다. 핀란드는 동계올림픽 개최 경험은 없지만, 라플란드 지역의 풍부한 겨울 스포츠 자원을 기반으로 국제대회 유치가 활발히 이루어지고 있다. 핀란드는 올림픽을 통해 여러 스포츠영웅을 배출했다. 가장 대표적인 인물로는 파보 누르미가 있다. 올림픽에서 9개의 금메달을 포함해 총 12개의 메달을 획득했다. 또한 라세 비렌 역시 핀란드를 대표하는 장거리 영웅으로, 1972년 뮌헨과 1976년 몬트리올 올림픽에서 5000m와 10000m에서 2회 연속 두 종목을 모두 제패한 전설적 선수다. 특히 경기 중 넘어졌다가 다시 일어나 우승하는 장면은 핀란드인의 끈기를 상징하는 역사적 명장면으로 기억되고 있다. 동계 스포츠에서는 여러 종목에서 활약한 선수들이 있다. 아이스하키에서는 테무 셀란네가 세계적인 스타로 꼽힌다. 그는 NHL에서 오랜 기간 활약하며 핀란드 아이스하키의 위상을 높였고, 올림픽에서도 꾸준한 활약을 통해 핀란드 팀이 메달을 획득하는 데 핵심적인 역할을 했다. 크로스컨트리 스키에서는 마리야-리사 키리예넨 등 여러 핀란드 선수들이 올림픽 금메달을 획득하며 세계적인 경쟁력을 입증했다.

핀란드의 스포츠관광

아이스하키는 핀란드 국민 스포츠라 할 만큼 인기가 높으며, 헬싱키와 탐페레는 세계적인 아이스하키 문화 중심지로 자리 잡고 있다. 핀란드 대표팀이 출전하는 국제 경기나 국내 리그 경기(Finland Liiga)는 매년 수많은 관광객을 끌어들인다. 또한 탐페레 Nokia Arena 같은 최신식 경기장은 경기 관람뿐 아니라 공연, 전시와 결합된 복합 관광시설로 발전하고 있다. 육상과 축구, 모터스포츠도 관람형 스포츠관광을 구성하는 요소이며, 라플란드 지역에서는 오로라 마라톤, 스노우 러닝 이벤트 등이 관람객을 동반한 축제 형태로 운영되고 있다. 이런 관람형 스포츠관광은 도시 인프라와 결합해 핀란드의 스포츠 문화 경험을 고스란히 전달하는 특징을 가진다.

(핀란드 아이스 하키 관광)

헬싱키 올림픽 스타디움은 1952년 올림픽 개최의 흔적을 보존하고 있으며, 파보 누르미를 비롯한 핀란드의 육상 영웅을 기리는 조형물과 장거리 러닝 문화는 핀란드 스포츠 정체성을 상징한다. 또한 핀란드 전역에는 올림픽 영웅 기념관, 전통 스키 박물관, 아이스하키 명예의 전당 등이 존재해 스포츠유산을 체계적으로 보존하고 있다. 핀란드 전역을 이루는 숲, 호수, 설원은 노르딕 워킹, 하이킹, 카약, 사우나+호수 수영 같은 독특한 스포츠 체험을 가능하게 한다. 특히 라플란드는 세계적인 동계 체험형 스포츠 관광지로, 개썰매 타기, 스노우슈잉, 아이스 클라이밍, 순록 썰매 등 북극권 특유의 체험 활동이 풍부하다. 여름에는 백야 환경을 활용해 야간 카약 투어, 미드나잇 러닝 이벤트, 24시간 자전거 여행 등 다른 나라에서는 찾기 어려운 콘텐츠가 제공된다. 핀란드 관광청 Visit Finland도 체험형 스포츠관광을 주요 마케팅 전략으로 활용할 정도로 자연 기반 체험의 비중이 매우 크다. 헬싱키 마라톤, 라플란드에서 열리는 북극권 마라톤, 울트라 트레일 대회는 세계 각지에서 운동형 여행객을 끌어들이는 대표적인 행사다. 겨울에는 레비 스키 리조트에서 열리는 국제 스키 월드컵, 전국 규모의 크로스컨트리 스키 레이스, 얼음 호수에서 열리는 아이스 스케이팅 투어 등이 활발하다.

핀란드 스포츠관광 여정 지도

여정 지도	그림, 장소, 점, 화살표로 표시

※ 손 글씨로 표에 내용을 기입하고 사진을 찍어서 클라썸에 과제로 제출.

핀란드 스포츠관광 여정

목적	
여정(기간)	(　　　　　　)~(　　　　　　)
비용	
스포츠관광 유형	Sp　　　Lg　　　Ep　　　At
전자여행허가서 이름, 비용	
비자 준비 유무	
항공사 이름과 코드	
공항 이름과 코드	
통신(유심) 이름과 비용	
기차 이름과 비용	
버스	
지하철	
택시	
자전거	
렌트카	
숙박	
음식	
목적지	

※ 손 글씨로 표에 내용을 기입하고 사진을 찍어서 클라썸에 과제로 제출.

〈핀란드 스포츠관광 퀴즈 문항〉

1. 핀란드의 국민 스포츠로 불리며 관람형 스포츠관광의 핵심 종목은?

① 축구　　② 농구
③ 아이스하키　　④ 배구

▸ 정답: ③
▸ 해설: 아이스하키는 핀란드를 대표하는 국민 스포츠.

2. 핀란드의 대표 항공사로 라플란드 겨울 스포츠 관광객 수송에 중요한 항공사는?

① Finnair　　② SAS
③ Norwegian Air　　④ LOT

▸ 정답: ①
▸ 해설: Finnair는 북극권 목적지 노선을 다양하게 운영한다.

3. 핀란드 VR이 제공하는 야간열차가 연결하는 동계 스포츠 관광지는?

① 라플란드　　② 발티해 연안
③ 남부 농경지대　　④ 알프스

▸ 정답: ①
▸ 해설: VR 야간열차는 라플란드 지역까지 운행된다.

4. 핀란드 주요 도시에서 쉽게 볼 수 있는 스포츠관광 친화적 숙박 브랜드는?

① Sokos Hotels　　② Hyatt
③ Ritz Carlton　　④ Mandarin Oriental

▸ 정답: ①
▸ 해설: Sokos Hotels는 도시형 경기장의 접근성이 좋다.

5. 크로스컨트리 스키와 스키 월드컵 개최지로 유명한 핀란드 리조트는?

① Levi　　② Roskilde

③ Bergen ④ Gdansk

▸ 정답: ①
▸ 해설: Levi는 핀란드 대표 스키 리조트로 국제대회가 자주 열린다.

6. 핀란드에서 아이스하키 관람으로 가장 유명한 도시 조합은?

① 헬싱키 · 탐페레 ② 투르쿠 · 포리
③ 오슬로 · 베르겐 ④ 스톡홀름 · 우메오

▸ 정답: ①
▸ 해설: 두 도시는 세계적인 아이스하키 인프라를 갖추고 있다.

7. 핀란드가 스포츠관광지로 사랑받는 가장 중요한 이유는?

① 높은 기온과 해변 스포츠 ② 북극권 자연환경과 동계 스포츠 자원
③ 값싼 쇼핑 환경 ④ 카지노 중심 문화

▸ 정답: ②
▸ 해설: 핀란드는 눈 · 호수 · 숲 · 백야 등 동계 스포츠 인프라가 강점이다.

8. 다음 중 핀란드 스포츠관광의 대표적 운동형 스포츠관광 사례는?

① 헬싱키 아이스하키 경기 관람 ② 라흐티 스키 박물관 방문
③ 호수 지역 장거리 크로스컨트리 스키 투어 참가

▸ 정답: ③
▸ 해설: 장거리 스키 투어 참가는 운동형 스포츠관광의 전형이다.

9. 핀란드 스포츠관광에서 사우나 문화가 갖는 의미로 가장 타당한 것은?

① 숙박 시설의 부대 서비스 ② 휴식과 회복을 포함한 스포츠 문화

▸ 정답: ②
▸ 해설: 사우나는 회복, 사회적 교류, 웰빙과 결합된 핵심 요소이다.

10. 다음 중 핀란드 스포츠관광 정책의 기본 방향으로 가장 적절한 것은?

① 메가 스포츠 이벤트 유치 집중 ② 수도권 중심 스포츠시설 확충
③ 자연 접근성 보장과 국민 참여형 스포츠관광

▸ 정답: ③
▸ 해설: 핀란드는 자연 접근권과 생활 스포츠 참여 확대를 중심으로 한다.

11. 핀란드의 크로스컨트리 스키가 알파인 스키보다 우세한 이유는?

① 국제 대회 상금 규모 ② 고산 지형 부족과 평탄 숲 지형
③ 민간 기업 주도 마케팅 ④ 실내 스키장 인프라 집중

▸ 정답: ②
▸ 해설: 핀란드는 숲과 평지가 넓어 크로스컨트리 스키에 적합하다.

12. 다음 중 핀란드 스포츠관광의 지속가능성 전략과 가장 거리가 먼 것은?

① 기존 트레일과 자연 루트 활용 ② 사계절 야외 활동 분산
③ 지역 주민과 관광객의 공동 이용 ④ 인공 스포츠시설 신규 건설

▸ 정답: ④
▸ 해설: 핀란드는 자연 기반 활동의 지속 가능한 이용을 중시한다.

13. 핀란드 스포츠관광에서 장소성 개념을 가장 잘 설명한 문장은?

① 스포츠는 장소와 무관하게 동일한 경험을 제공한다
② 동일 종목은 어디서나 같은 관광 가치를 가진다
③ 자연 환경과 스포츠 활동이 결합해 고유한 체험 이미지를 형성한다
④ 접근성만이 스포츠관광의 핵심 요소이다

▸ 정답: ③
▸ 해설: 핀란드는 숲, 호수, 눈이라는 자연 요소와 스포츠가 결합되었다.

14. 핀란드 스포츠관광이 한국 스포츠관광에 주는 정책적 시사점은?

① 국제대회 중심 전략 강화 ② 엘리트 스포츠 성과 우선

③ 일상적 자연 스포츠의 관광화　　　　④ 대도시 복합 스포츠시설 확대

▸ 정답: ③
▸ 해설: 핀란드는 일상적 자연 스포츠를 관광 자원으로 체계화하였다.

15. 핀란드와 한국 스포츠관광의 자연 환경 기반을 비교한 설명으로 가장 타당한 것은?

① 두 국가는 모두 고산 산악 지형을 중심으로 스포츠관광이 발달하였다
② 핀란드는 숲과 호수, 한국은 산악과 해안지형을 기반으로 한다
③ 한국은 빙하 지형, 핀란드는 화산 지형을 기반으로 한다
④ 두 국가는 모두 사막성 기후를 활용한다

▸ 정답: ②
▸ 해설: 핀란드와 한국은 결합형 스포츠관광 환경을 가진다.

16. 핀란드 스포츠관광 모델이 한국에 주는 가장 중요한 시사점은?

① 국제대회 유치 경쟁 강화
② 엘리트 스포츠 성과 중심 정책
③ 일상적 자연 스포츠의 관광 자원화
④ 대규모 경기장 추가 건설

▸ 정답: ③
▸ 해설: 핀란드 사례는 일상적 자연 스포츠를 지속가능한 관광 자원으로 발전시키는 전략의 중요성을 보여준다.

17. 다음 중 '운동형 스포츠관광'의 국가별 대표 사례 비교로 가장 적절한 것은?

① 핀란드 사우나 체험, 한국 프로야구 관람
② 핀란드 크로스컨트리 스키 투어, 한국 제주 트레일 러닝
③ 핀란드 아이스하키 관람, 한국 축구 응원
④ 핀란드 스키 박물관, 한국 스포츠 박물관

▸ 정답: ②
▸ 해설: 두 사례 모두 관광객이 직접 스포츠 활동에 참여하는 운동형 스포츠관광이다.

핀란드의 스포츠관광 학습자료

- Borg, P., & Sotka, J. (2011). Sport and outdoor recreation in Finland: Trends and participation patterns. Journal of Outdoor Recreation and Tourism, 3(2), 45~58.
- Finnish Olympic Committee. (2020). Finnish sport and physical activity strategy: A roadmap to 2030. Finnish Olympic Committee.
- Finnish Tourist Board. (2014). Finland as a sports tourism destination: Development report. Visit Finland.
- Heikkilä, J., & Jokinen, M. (2017). Winter sports tourism in Lapland: Visitor motivations and regional impact. Scandinavian Journal of Tourism Research, 19(4), 312~329.
- Hinch, T., Higham, J., & Vieru, D. (2018). Nordic sport tourism: Nature, culture and performance. Scandinavian Sport Studies Forum, 9, 21~44.
- Kainulainen, K. (2019). The role of nature-based activities in Finland's sport tourism landscape. Nordic Journal of Tourism, 11(2), 89~108.
- Keskitalo, E. C. H., & Schilar, H. (2017). Climate, snow and skiing: The changing patterns of winter sport tourism in Arctic Finland. Tourism Geographies, 19(5), 585~604.
- Koski, P., & Lämsä, J. (2012). Sports participation and identity in Finnish society. International Review for the Sociology of Sport, 47(1), 72~88.
- Koster, S., & Lemmetyinen, A. (2018). Developing sport tourism through destination branding: The case of Lapland. Journal of Destination Marketing & Management, 8, 26~35.
- Laine, A. (2017). Ice hockey culture and national identity in Finland. International Journal of Sport and Society, 8(3), 55~68.
- Puhakka, R., & Saarinen, J. (2016). Nature tourism and recreation in Finnish national parks: Demand, profiles and trends. Tourism Management Perspectives, 20, 58~65.
- Rantala, O., & Valkonen, J. (2011). The role of silence and nature in Finnish winter tourism experiences. Annals of Tourism Research, 38(1), 285~305.
- Visit Finland. (2021). Sports and wellbeing tourism strategy in Finland. Visit Finland / Business Finland.
- Vuorinen, T., & Moisala, A. (2015). Mega events and tourism impacts: A study of Helsinki Olympic Stadium renewal. European Sport Management Quarterly, 15(4), 456~473.
- 세계에서 가장 행복한 나라 '핀란드 여행'
  https://youtu.be/L1H_ONu5Ttw?si=y_ZctFTRby0RQAga
- 핀란드 여행 망설이지 마세요! 저도 하는데요? 북유럽 여행을 해야 하는 이유!
  https://youtu.be/2m6eh2wFzCo?si=YKjuDFMgDiNZl7km

09

광활한 대자연이 만든 스포츠 천국, 아이스하키의 나라, 캐나다

이 장의 흐름

캐나다는 풍부한 자연환경과 다양한 스포츠 인프라를 갖춘 대표적인 스포츠관광 국가이다. 사계절 내내 스포츠 활동이 가능하며, 도시 중심의 프로 스포츠 관광과 자연을 기반으로 한 아웃도어 스포츠 관광이 조화를 이룬다. 토론토는 하키, 농구, 야구 등 세계적 리그를 보유한 프로 스포츠 중심 도시이고, 밴쿠버와 캘거리는 자연환경을 활용한 스키, 하이킹, 카누 등 아웃도어 스포츠의 명소로 유명하다. 또한 동계올림픽 개최 경험을 통해 스포츠 이벤트가 지역경제와 도시 발전에 기여하는 모습을 보여준다.

주요 내용

- 캐나다의 지형과 문화, 스포츠관광 인프라
- 캐나다의 올림픽 역사와 스포츠관광
- 캐나다의 유산형 스포츠관광: 하키 박물관
- 캐나다의 관람형 스포츠관광: NHL, NBA
- 캐나다의 체험형, 운동형 스포츠관광: 스키

주제어

토론토 프로 스포츠, 밴쿠버 아웃도어, 로키산맥, 동계올림픽 유산, 스키·스노보드, 하이킹·트레킹, 카누·카약, 오로라 관광, 자연환경 중심 관광, 지속가능 스포츠관광

캐나다의 지형과 문화

서부 브리티시컬럼비아의 로키산맥은 스키, 스노보드, 트레킹, MTB, 트레일 러닝 같은 고난도 아웃도어 스포츠에 최적의 조건을 갖추고 있으며, 밴프와 휘슬러는 세계적인 스포츠관광지로 자리잡았다. 온타리오, 퀘벡 지역은 광대한 호수와 구릉지 덕분에 카약, 카누, 세일링, 하이킹 등 3계절 레저 활동이 발달해 있고, 대서양 연안은 서핑 · 세일링 · 러닝 등 해안 스포츠관광이 성장하는 지역이다. 북부의 유콘 · 노스웨스트 준주는 극지형 모험관광의 거점으로, 개썰매, 오로라 조깅, 아이스 로드 레이스 등 캐나다 고유의 경험을 제공한다. 기후적으로 캐나다는 지역별 편차가 크지만, 전반적으로 겨울이 길고 눈이 풍부하여 스키 · 스노보드 · 컬링 · 아이스하키 같은 겨울 스포츠관광이 강하게 발달했다. 밴쿠버, 빅토리아, 밴프 등은 겨울 스포츠뿐 아니라 온화한 여름 기후로 골프 · 사이클링 · 러닝 이벤트도 성행한다. 문화적으로 캐나다는 다문화주의를 기반으로 생활 스포츠와 자연 친화적 여가문화가 잘 정착되어 있다. 아이스하키는 국가 정체성을 상징하는 스포츠로, NHL 관람은 캐나다 스포츠관광의 대표적 콘텐츠이며, 지역 사회의 작은 하키경기장도 관광객에게 문화적 경험이 된다. 프랑코폰 문화가 강한 퀘벡에서는 스키 · 스노우슈 · 빙상 스포츠가 전통과 결합되어 독특한 관광 문화를 형성한다.

캐나다 항공

캐나다의 대표 항공사인 Air Canada는 국내 최대의 항공 네트워크를 가진 브랜드로, 스포츠관광객의 이동을 가장 폭넓게 지원한다. 밴쿠버, 캘거리, 토론토, 몬트리올을 중심으로 주요 자연 · 도시 기반 스포츠 목적지로 직항 또는 환승을 제공하며, 스키 장비 무료 수하물 정책, 겨울철 증편 등 스포츠 친화적 서비스를 갖추고 있다. 캘거리행 노선은 로키산맥 관광의 핵심 동선이며, 밴쿠버행 노선은 휘슬러 · 브리티시컬럼비아 아웃도어 스포츠 여행의 주요 관문으로 기능한다. WestJet은 서부 캐나다에 강한 네트워크를 가지고 있어 스키, 스노보드, 서핑, 하이킹 관광객들이 자주 이용한다. Rockies와 밴프 · 재스퍼 · 휘슬러 같은 산악 지역 접근성이 매우 뛰어나 지역 기반 스포츠관광의 대표 항공 브랜드로 자리 잡았다. Porter Airlines는 토론토 · 오타와 · 몬트리올을 중심으로 도심 접근성이 뛰어난 공항을 운영해 도시형 스포츠관광(마라톤, 아이스하키 관람, 도시 러닝 투어)에 적합하다.

스포츠관광 이동의 관문 역할을 하는 공항 중 가장 규모가 큰 곳은 Toronto Pearson Airport이다. 캐나다 최대 허브공항으로 국제 스포츠 이벤트, NHL · MLB · NBA 관람 관광, 오타와 · 몬트리올 · 퀘벡으로 이어지는 동부 스포츠관광 이동에 중요한 역할을 한다. Vancouver International Airport는 휘슬러 블랙콤, 밴쿠버 아일랜드 서핑, 스쿼미시 클라이밍, 캐나다 트레일러닝 이벤트 등 서부 아웃도어 스포츠관광의 핵심 허브다. Calgary International Airport는 캐나다 로키산맥으로 들어가는 대표 공항으로, 밴프와 재스퍼 국립공원, 킥킹홀스 · 선샤인 빌리지 같은 스키 리조트로 이동하는 스포츠관광객이 가장 많이 이용한다. Montreal-Trudeau Airport는 퀘벡 지역의 스키 리조트(몽트랑블랑), 아이스하키 관람, 도시형 러닝 이벤트, 프랑코폰 문화 기반의 체험형 스포츠관광으로 연결되는 관문이다. 특히 NHL 관람이나 퀘벡의 스키-도시 관광을 결합한 스포츠 여행에서 중요한 공항이다. Edmonton International Airport는 알버타 북부와 로키 북부 지역으로 향하는 하이킹 · 트레킹 · 빙벽 등반 관광객이 많이 이용하며, 캐나다 서북부 자연 기반 스포츠 탐험의 출발점 역할을 한다. Halifax Stanfield Airport는 노바스코샤와 대서양 연안의 해양 스포츠관광(카약, 세일링, 서핑)의 주요 진입 공항이다.

캐나다 대중교통

캐나다 전역을 연결하는 대표 철도 브랜드는 VIA Rail Canada이다. VIA Rail은 토론토-몬트리올-퀘벡의 동부 대도시권뿐 아니라, 서부 로키산맥으로 이어지는 장거리 노선(The Canadian)을 운영해 하이킹 · 트레킹 · 트레일러닝·스키 관광객에게 중요한 이동수단이 된다. 특히 Jasper · Banff · Lake Louise 등 관광지로 이동하는 여행자들은 장거리 열차를 통해 캐나다 특유의 산악 풍광을 경험하며 스포츠 여행을 시작한다. 서부 아웃도어 스포츠관광에서 핵심 역할은 Rocky Mountaineer이다. 단순한 기차가 아닌 관광형 철도 브랜드로, 밴쿠버–밴프 · 재스퍼–휘슬러를 연결하여 스키 · 하이킹 · MTB · 암벽등반을 즐기기 위한 이동 수단으로 널리 활용된다. 스포츠관광객은 로키산맥 트레킹 시즌이나 겨울 스키 시즌에 알맞은 일정으로 운영되는 이 브랜드를 통해 '이동 자체가 체험'이 되는 관광을 경험한다. 캐나다 도시 내 스포츠관광을 지원하는 핵심 교통 브랜드는 TransLink(밴쿠버), Calgary Transit, Toronto TTC, STM Montréal 등 지역 대중교통 시스템이다. 밴쿠버의 TransLink는 스카이트레인–버스–씨버스를 하나로 연결해 휘슬러 · 스쿼미시로 향하는 셔틀과 접속이 쉽고, 도시 러닝 코스, 사이클링 루트, 스탠리파크 기반 스포츠 관광 접근성이 뛰어나다. 토론토의 TTC는 NHL · NBA · MLB 경기장 접근부터 마라톤 코스 이동까지 도시형 스포츠관광의 중요한 인프라이며, 몬트리올 STM은 몽트랑블랑 스키관광 셔틀과 연계해 겨울 스포츠 이동을 편리하게 한다. 산악 · 스키 관광에서는 Banff Roam Transit, Whistler Shuttle, Brewster Express (빌스턴/밴프–캘거리 연결) 등이 핵심 브랜드로 기능한다. Banff Roam Transit는 국립공원 환경 규제를 준수하며 하이커 · 러너 · 스키어가 국립공원 내 주요 코스로 이동하도록 운영되는 친환경 대중교통 시스템이다. Whistler Shuttle은 밴쿠버 공항–휘슬러를 연결하는 대표 셔틀 브랜드로, 매년 수십만 명의 스키 ·스노보드 관광객이 이용한다. 호수 · 카누 · 수상 스포츠관광에서는 Ontario Northland가 북온타리오 지역과 국립공원 · 호수 지대 접근성을 높이며, 카약 · 카누 캠프 참가자들이 많이 이용한다. 대서양 지역에서는 Maritime Bus가 노바스코샤 · 뉴브런즈윅 해안 스포츠관광을 지원하며, 서핑 · 세일링 · 하이킹 목적지로 연결되는 중요한 지역 교통 브랜드다. 또한 캐나다는 광대한 자연환경을 자동차로 이동해야 하는 경우가 많아, Avis, Hertz, Budget, National 같은 렌터카 브랜드가 사실상 "스포츠관광 대중교통의 확장형 인프라"로 기능한다. 하이킹 트레일헤드, 스키 리조트, 호수 지대를 자유롭게 이동하려는 운동형 관광객에게 렌터카는 필수적이다.

캐나다 유심

캐나다에서 가장 신뢰도가 높은 대표 브랜드는 Rogers이다. Rogers는 대도시뿐 아니라 온타리오 호수 주변, 퀘벡 시골 지역, 브리티시컬럼비아 일부 산악지대까지 넓은 커버리지를 제공한다. 아이스하키 관람 · 도심 마라톤 · 축구 이벤트처럼 도시 중심 스포츠관광은 물론, 카약 · 하이킹 · 캠핑 등 자연 기반 이동에서도 안정적인 데이터 품질을 보인다. Telus는 캐나다에서 가장 강력한 자연지형 커버리지를 가진 브랜드로 평가된다. 로키산맥 · BC주 북부 · 알버타 산악지대 · 국립공원 주변에서도 신호가 잘 잡히는 브랜드이기 때문에, 휘슬러 스키 · 밴프 하이킹 · 재스퍼 트레킹 같은 운동형 스포츠관광객에게 가장 적합하다. Bell은 캐나다 동부 지역, 특히 온타리오 · 퀘벡에 강한 커버리지를 보이며, NHL 관람 관광(토론토 메이플리프스, 몬트리올 캐나디언스), 마라톤 · 철인 경기, 몽트랑블랑 스키 등 동부 중심의 스포츠관광에 최적화되어 있다. 단기 여행자와 스포츠 이벤트 참가자가 가장 많이 사용하는 옵션은 국제 eSIM 브랜드들이다. Airalo, Holafly, Nomad는 캐나다 전역을 커버하는 지역 데이터 패키지를 제공하며, 캐나다–미국 멀티국가 스포츠 여행(예: 시애틀 · 밴쿠버 하키 관광, 로키–옐로스톤 연계 아웃도어 관광)에서도 유용하다.

캐나다 숙박

캐나다 전역에서 가장 폭넓게 이용되는 숙박 브랜드는 Fairmont Hotels & Resorts이다. Fairmont는 밴프 스프링스, 레이크 루이스, 휘슬러 페어몬트처럼 산악 · 스키 · 하이킹 관광지에 위치한 리조트를 다수 보유하고 있어 캐나다 로키 스포츠관광의 상징적 숙박 브랜드로 자리 잡았다. Hilton, Marriott, Hyatt 같은 글로벌 체인도 캐나다 도시와 자연 관광지에 폭넓게 분포한다. 이들 브랜드는 NHL · NBA · MLB 같은 프로 스포츠 관람 목적 관광객이 가장 선호하며, 도심 러닝 코스나 자전거 루트에 접근성이 높다.

스키와 산악 중심 스포츠관광에서는 Whistler Blackcomb Lodging과 Sun Peaks Resort Lodging 같은 리조트 계열 브랜드가 핵심 역할을 한다. 캐나다 로키 지역에서는 Banff Lodging Co., Pursuit Collection이 대표적이다. Pursuit Collection은 레이크 루이스, 콜롬비아 아이스필드, 글레이셔 디스커버리 등 자연 기반 체험형 관광을 숙박과 패키지로 운영하여 트레킹 · 빙하 하이킹 · 트레일러닝 관광객이 매우 많이 이용한다. Banff Lodging Co.는 경제적이면서도 트레일 접근성이 뛰어난 숙박 브랜드로, 하이킹 · 러닝 · 스키를 즐기는 장기 체류 스포츠 관광객에게 적합하다. 동부 캐나다에서는 Delta Hotels by Marriott, Hôtel Le Germain, Sandman Hotels 등이 많이 이용된다. Delta는 대도시－자연 관광의 균형이 좋아 아이스하키 관람과 몽트랑블랑 스키 · 하이킹을 결합한 관광객에게 적합하다. Boutique 호텔 브랜드인 Le Germain은 몬트리올 · 퀘벡시티 중심부에 위치해 도시 스포츠문화와 결합한 관광에 강점을 가진다. 스포츠단체, 대학 스포츠팀, 동호인이 선호하는 경제적 숙박 브랜드로는 Travelodge, Best Western, Super 8, Days Inn 등이 대표적이다. 자연 기반 스포츠관광에서 중요한 역할을 하는 것은 Parks Canada의 공공 숙박 시설이다. 캐나다 국립공원 내 캠프그라운드, 오두막(Hut), oTENTik 등은 트레킹 · 카누 · MTB를 즐기는 운동형 관광객에게 핵심적인 숙박 형태로, 브랜드라기보다 체계화된 국립공원 숙박 시스템이라 할 수 있다. 또한 Canoe North Adventures Lodge, Yukon River Camp 등은 모험형 스포츠관광(카누 종주 · 개썰매 · 북극권 트레킹)을 운영하는 지역 브랜드이다. 해안 · 서핑 중심 스포츠관광에서는 Long Beach Lodge Resort(토피노), Middle Beach Lodge, Pacific Sands Beach Resort 같은 브랜드가 서핑 · 카약 · 조류 스포츠 관광객에게 인기 있다.

캐나다 스포츠관광 음식

캐나다를 대표하는 스포츠관광 음식으로 가장 널리 알려진 것은 푸틴(Poutine)이다. 감자튀김 위에 치즈 커드와 그레이비를 얹은 음식으로, 고칼로리이며 빠르게 에너지를 보충할 수 있어 스키 · 스노보드 · 하이킹 후 많은 관광객이 즐긴다. 휘슬러, 몬트랑블랑, 밴프 등 스키 리조트 지역에는 다양한 버전의 푸틴 전문점이 오래전부터 자리잡고 있다. 메이플 시럽 기반 음식도 중요한 스포츠관광 요소이다. 팬케이크, 메이플 버터, 메이플 그래놀라 등은 아침 식사로 즐겨 먹으며 장시간 야외 활동을 위한 탄수화물 보충에 적합하다. 특히 퀘벡 지역의 '슈가 샥(Sugar Shack)'은 겨울 스포츠관광과 현지 식문화를 결합하여 큰 인기를 얻는다. 캐나다의 연어(Salmon)는 고단백, 저지방 식품으로 스포츠관광객에게 이상적이다. 스모크드 연어, 메이플 글레이즈 연어, 연어 버거 등 다양한 형태로 제공되며, 하이킹, 카누, 런닝 후 회복식으로 효과적이다. 서부 브리티시 컬럼비아에서는 연어가 지역 정체성을 상징하는 메뉴이기도 하다. 버팔로(바이슨) 스테이크와 같은 고단백 육류도 스포츠관광객에게 많이 선택된다. 로키산맥 지역에서는 바이슨 버거, 엘크 스튜, 사슴 고기 등이 지방 함량이 낮고 풍미가 깊어 운동 후 회복에 도움이 된다. 특히 장시간 트레킹이나 하이킹을 즐긴 관광객이 선호하는 메뉴다. Tim Hortons는 캐나다에서 가장 접근성이 높은 브랜드로, 스포츠관광객에게 간식 · 커피 · 도넛 · 베이글을 제공하는 대표적인 카페 체인이다. 하키 경기 관람 전후나 도시형 러닝 · 야외활동 중 빠르게 에너지를 공급할 수 있어 사실상 캐나다 스포츠관광의 "기본 연료 공급소" 역할을 한다. 비버테일(BeaverTails)은 축제 · 스키장, 아이이스하키 경기장 주변에서 자주 볼 수 있는 디저트로, 고칼로리 간식이 필요한 관광객에게 매우 인기 있다. 특히 겨울 스포츠 관광과 결합해 많은 방문객이 찾는다. 씨푸드 차우더(Seafood Chowder)는 대서양 연안(노바스코샤, 뉴브런즈윅)에서 인기 있는 메뉴이며, 서핑 · 세일링 · 러닝 등 해안 스포츠 관광객이 따뜻한 회복식으로 즐겨 먹는다. 크고 부드러운 감자와 해산물이 들어가 있어 포만감이 높다.

캐나다의 올림픽 역사

캐나다는 지금까지 세 차례 올림픽을 개최했다. 1976년 몬트리올 하계올림픽은 캐나다 최초의 올림픽으로, 육상·수영·체조 등 다양한 종목에서 국제적 스타가 탄생했지만 운영비용 부담 등 경제적 논란도 남겼다. 1988년 캘거리 동계올림픽은 캐나다 겨울 스포츠의 정체성을 세계에 확립한 대회였다. 로키산맥 지형을 활용한 스키·바이애슬론·봅슬레이·스피드스케이팅 시설이 대대적으로 확충되었고, 올림픽 이후에도 훈련 센터와 겨울 스포츠 관광지로 활발히 활용되고 있다. 또한 '캘거리의 미라클'이라는 이미지가 형성되며 캐나다가 겨울 스포츠 강국으로 부상하는 계기가 되었다. 2010년 밴쿠버 동계올림픽은 캐나다 스포츠 역사에서 가장 상징적인 순간으로 평가된다. 캐나다는 이 대회에서 역대 최다 금메달(14개)을 획득하며 개최국의 위상을 증명했다. 아이스하키 남자 결승에서 시드니 크로스비가 연장 결승골을 넣으며 캐나다 전역이 축제 분위기에 휩싸였고, 밴쿠버와 휘슬러는 세계적 겨울 스포츠관광지로 확고히 자리 잡았다. 아이스하키는 캐나다의 상징적 종목으로, 1920년 최초의 하계 올림픽 하키 금메달을 포함해 수많은 올림픽 메달을 획득했다. 스피드스케이팅, 피겨스케이팅, 스키, 컬링 같은 종목에서도 캐나다는 꾸준히 메달권에 들었다. 하계올림픽에서는 육상, 수영, 체조, 조정 등에서 강세를 보여 왔으며, 다문화 이민자 배경의 선수들이 활약하면서 캐나다 스포츠의 다양성이 국제적으로 부각되었다.

캐나다의 스포츠영웅 가운데 가장 널리 알려진 인물은 테리 폭스(Terry Fox)이다. 그는 비록 올림픽 메달리스트는 아니지만, 암으로 다리 한쪽을 잃고도 '희망의 마라톤'을 실행해 캐나다뿐 아니라 세계 스포츠 역사에서 가장 감동적인 상징이 되었다. 캐나다인의 스포츠 정신과 공동체 가치를 대변하는 인물로 평가된다. 웨인 그레츠키(Wayne Gretzky)는 "The Great One"으로 불리는 아이스하키의 전설로, 캐나다 스포츠 역사에서 절대적인 위상을 가진 영웅이다. 비록 NHL 중심 경력이지만, 올림픽 문화에도 큰 영향을 미쳤으며 아이스하키가 캐나다 정체성의 핵심임을 세계에 각인시켰다.

밴쿠버 올림픽의 영웅인 시드니 크로스비(Sidney Crosby)는 남자 아이스하키 결승 "Golden Goal"로 캐나다 국민 감동을 이끌었고, 국제 대회에서 캐나다의 아이스하키 강국 이미지를 공고히 했다. 겨울 스포츠에서는 스피드스케이팅의 클라라 휴즈(Clara Hughes)가 하계 · 동계 올림픽 모두에서 메달을 획득한 독보적 선수로, 캐나다 스포츠 역사에서 상징적 존재다. 그녀는 사이클링과 스피드스케이팅 모두에서 활약하며 스포츠의 다양성과 정신적 가치를 보여주었다. 피겨스케이팅에서는 토니아 밥튼 · 스캇 모이어(Tessa Virtue & Scott Moir)가 올림픽 금메달을 획득하며 세계적인 스타가 되었고, 캐나다의 예술 스포츠 강세를 상징했다. 컬링에서는 케빈 마틴(Kevin Martin)과 제니퍼 존스(Jennifer Jones) 같은 올림픽 금메달리스트가 있어 캐나다의 전통적 동계 종목 위상을 보여준다. 스키 · 스노보드 분야에서는 알렉산더 빌로도(Alexandre Bilodeau)가 2010 밴쿠버에서 캐나다 최초의 동계올림픽 홈 금메달을 따내며 국민적 영웅으로 떠올랐고, 모굴 스키의 혁신을 보여준 선수로 평가된다.

캐나다 스포츠관광

캐나다의 관람형 스포츠관광은 아이스하키를 중심으로 한 프로 스포츠 문화가 핵심이다. 토론토 메이플리프스, 몬트리올 캐나디언스, 밴쿠버 커넉스 등 NHL 경기는 전 세계 팬들을 끌어들이는 대표적인 스포츠관람 콘텐츠다. NBA의 토론토 랩터스, MLB의 토론토 블루제이스, CFL(캐나다 풋볼 리그), 메이저 테니스 대회(로저스컵) 등도 도시 스포츠관광의 기반을 이루며, 도시 중심 경기장과 팬 문화는 캐나다의 관람형 스포츠 가치를 잘 보여준다. 동계올림픽을 개최한 밴쿠버 · 캘거리에서는 스키 월드컵, 스피드스케이팅, 피겨스케이팅 등 국제 이벤트가 열리며 겨울 스포츠 관람객이 지속적으로 유입된다.

유산형 스포츠관광은 캐나다의 올림픽 역사와 스포츠 전통을 바탕으로 이루어진다. 몬트리올 1976 스타디움, 캘거리 올림픽파크(COP), 밴쿠버의 리치먼드 올림픽 오벌, 휘슬러 슬라이딩 센터 등은 올림픽 시설이 관광 콘텐츠로 전환된 대표 사례다. NHL 전통을 담은 하키 명예의 전당(토론토), 캐나다 스포츠 명예의 전당(캘거리), 테리 폭스 기념관 같은 스포츠 유산은 캐나다인의 정체성과 공동체 정신을 반영하며 많은 관광객이 방문한다. 또한 원주민의 스포츠 · 사냥 전통, 카누 · 스노우슈 문화는 지역 문화유산과 현대 스포츠를 연결하는 독특한 체험형 유산관광으로 자리 잡고 있다.

체험형 스포츠관광은 캐나다의 자연환경을 가장 직접적으로 느낄 수 있는 영역이다. 로키산맥에서 즐기는 트레킹, 카약, 빙하 하이킹, 재스퍼의 야생 체험, 밴프의 노르딕워킹 등은 세계적인 아웃도어 체험코스로 꼽힌다. 온타리오와 퀘벡의 호수에서는 카누 캠핑, 서핑이 가능한 토피노에서는 해양 스포츠, 대서양 연안에서는 세일링 체험이 활발하다. 겨울철에는 개썰매, 스노슈잉, 오로라 트레킹 같은 북부 특유의 체험형 스포츠관광이 형성된다. 특히 캐나다는 자연 접근권을 넓게 허용하는 관광 인프라가 잘 구축되어 있어 여행객이 손쉽게 자연 기반 스포츠를 체험할 수 있다는 장점이 있다.

운동형 스포츠관광은 캐나다의 사계절 기후와 광대한 국립공원을 기반으로 매우 다양하게 운영된다. 여름에는 트레일러닝 이벤트(밴프, 캔모어), 산악자전거(MTB) 대회, 철인3종 경기(Ironman Canada), 장거리 카약 · 카누 투어가 대표적이다. 겨울에는 스키 · 스노보드가 중심이며, 휘슬러 블랙콤 · 선피크스 · 레이크루이스는 세계적인 스키 리조트로 자리 잡았다. 로키산맥 일대는 고난도 클라이밍, 울트라 러닝, 아이스크라이밍, 백컨트리 스키어들에게 성지로 여겨진다. 운동형 스포츠관광은 도시 · 자연을 넘나들며 캐나다의 지형적 매력을 가장 적극적으로 활용하는 분야이다.

캐나다 하키 관광

캐나다 하키 관광의 중심은 단연 NHL(내셔널 하키 리그)이다. 토론토 메이플리프스, 몬트리올 캐나디언스, 밴쿠버 커넉스, 에드먼턴 오일러스, 캘거리 플레임스, 위니펙 제츠, 오타와 세네터스 등 캐나다 7개 구단은 도시 브랜드와 지역 정체성을 상징한다. NHL 경기를 관람하기 위해 국내외 팬이 대도시로 몰리며, 경기장 주변 상권, 팀 스토어, 스포츠 바는 관광객에게 하키 문화를 직접 체험시키는 핵심 공간이 된다. 특히 토론토 스코샤뱅크 아레나와 몬트리올 벨센터는 세계에서 가장 열정적인 하키 관중 문화를 보여주는 명소이며, 경기 티켓 확보 자체가 관광 경험의 일부로 여겨진다.

(캐나다 토론토 스코샤뱅크 아레나에서 하기 경기 관람)

관광객은 경기 관람뿐 아니라 하키 명예의 전당(Hockey Hall of Fame)을 방문해 캐나다 하키의 기원, NHL 역사, 올림픽 하키의 발전 과정을 체험한다. 전설적 선수들의 장비, 트로피, 체험형 전시를 갖춘 이 공간은 '하키 성지'로 불리며 캐나다 하키관광의 필수 코스가 되었다.

또한 도시 곳곳에서 운영되는 지역 아레나(Local Ice Rinks)는 하키 관광의 또 다른 중요한 요소이다. 캐나다에서는 지역 커뮤니티 리그(community hockey league), 대학 하키(CIS/U Sports), 주니어 하키(WHL, OHL, QMJHL) 경기가 주말마다 열리며, 관광객은 캐나다식 아마추어 하키 문화－가족 중심 응원 문화, 지역 팀에 대한 애정, 유소년 선수 발굴 시스템－를 생생하게 경험할 수 있다. 특히 WHL와 OHL는 NHL 스타들이 성장해온 등용문으로, '미래의 NHL 선수'를 미리 보는 매력도 있다.

하키 관광은 도시 기반 경험뿐 아니라 겨울 자연환경과도 연결된다. 휘슬러·밴프·재스퍼 같은 스키 지역에서는 겨울철 야외 링크에서 스케이팅을 즐기거나, 호수 위 임시 하키장을 체험하는 관광 상품이 운영된다. 오타와 근교의 리도 운하(Rideau Canal Skateway)는 세계에서 가장 긴 자연 스케이트웨이로, 관광객이 즉석 하키 놀이나 스케이팅을 즐기는 특별한 겨울 스포츠 관광지다.

캐나다 스키 관광

밴프, 레이크루이스, 휘슬러 블랙콤 등에서는 월드컵 스키대회, 프리스타일 스키·스노보드 국제대회가 열려 전문 선수들의 기술을 직접 감상할 수 있다. 리조트 정상에서 내려다보는 로키 산맥의 설경과 대규모 스키 인프라 자체가 관람형 관광의 매력 요소가 되며, 경기를 보지 않더라도 겨울축제, 눈·얼음 조형물, 야간 라이트업 등 시각적 관광 콘텐츠가 활동을 구성한다. 유산형 스포츠관광에서는 캐나다 스키의 역사, 올림픽 유산, 겨울문화의 형성과 전파를 살펴보는 활동이 중심이 된다. 캘거리 1988 동계올림픽의 스키 점프대와 훈련 시설, 밴쿠버 2010 동계올림픽 유산공간, 로키 지역의 초기 스키 개척지 등이 대표적 유산 관광지다. 스키박물관·올림픽 전시관 방문, 역사적 로지 탐방 등도 유산형 스키 관광으로 포함된다. 초보자를 위한 스키·스노보드 레슨, 어린이 스노우파크, 튜브슬라이드, 스노슈잉 체험 등이 대표적이다. 휘슬러·밴프·트레블마운틴 같은 리조트들은 관광객이 전문 기술 없이도 눈 위 활동을 즐길 수 있는 프로그램을 다양하게 제공한다. 또한 곤돌라 탑승, 리조트 마을의 스키 문화 체험, 현지 겨울음식·핫초코 문화도 체험형 콘텐츠로 작용한다. 운동형 스포츠관광에서는 본격적인 스키·스노보드 활동이 여행의 목적이 된다. 캐나다는 광활한 산악지대와 질 좋은 설질 덕분에 장거리 슬로프, 파우더존, 헬리스키·캣스키 같은 고급 난이도 활동이 세계적 수준으로 제공된다.

캐나다 스포츠관광 여정 지도

여정 지도	그림, 장소, 점, 화살표로 표시

※ 손 글씨로 표에 내용을 기입하고 사진을 찍어서 클라썸에 과제로 제출.

캐나다 스포츠관광 여정

목적	
여정(기간)	(　　　　)~(　　　　)
비용	
스포츠관광 유형	Sp　　Lg　　Ep　　At
전자여행허가서 이름, 비용	
비자 준비 유무	
항공사 이름과 코드	
공항 이름과 코드	
통신(유심) 이름과 비용	
기차 이름과 비용	
버스	
지하철	
택시	
자전거	
렌트카	
숙박	
음식	
목적지	

※ 손 글씨로 표에 내용을 기입하고 사진을 찍어서 클라썸에 과제로 제출.

〈캐나다 스포츠관광 퀴즈 문항〉

1. 캐나다에서 가장 인기 있고 국가적 상징성이 큰 관람형 스포츠관광 종목은?

① 야구 ② 농구
③ 아이스하키 ④ 배드민턴

▸ 정답: ③
▸ 해설: 아이스하키는 캐나다의 상징적 스포츠.

2. 캐나다 로키 산맥에서 세계적 겨울 스포츠관광지로 손꼽히는 스키 리조트는?

① 블루 마운틴 ② 레이크루이스 ③ 텔아비브 리조트

▸ 정답: ②
▸ 해설: 레이크루이스는 밴프 국립공원 내 대표 스키 리조트.

3. 밴쿠버 · 휘슬러 지역이 세계적 스포츠관광지로 성장하는 계기가 된 올림픽은?

① 1998 나가노 ② 2010 밴쿠버 ③ 1988 캘거리 ④ 2002 솔트레이크

▸ 정답: ②
▸ 해설: 2010 밴쿠버 동계올림픽은 휘슬러와 밴쿠버 지역의 국제적 인지도를 크게 높였다.

4. 캐나다 스포츠유산 관광지로 하키의 역사와 전설을 전시하는 곳은?

① 캐나다 국립미술관 ② 하키 명예의 전당 ③ 온타리오 박물관

▸ 정답: ②
▸ 해설: 하키 명예의 전당은 캐나다 하키 문화의 중심 유산 공간이다.

5. 캐나다에서 매년 열리는 산악 · 모험 영화 중심 국제 영화제는?

① 토론토 국제영화제 ② 몬트리올 판타지아 ③ 밴프 산악영화제

▸ 정답: ③
▸ 해설: 밴프 산악영화제는 대표적 스포츠 · 문화 이벤트이다.

6. 캐나다에서 도시형 스포츠관광의 중심지로 여러 프로 스포츠 관람이 가능한 도시는?

① 오타와　② 토론토　③ 옐로나이프　④ 레지나

▸ 정답: ②
▸ 해설: 토론토는 NHL · NBA · MLB · MLS 등을 한 도시에서 즐길 수 있다.

7. 캐나다 대표 트레일 대회 중 극한 초장거리로 유명한 레이스는?

① 캐나다 월드 러닝컵　② 캐나디언 데스 레이스
③ 온타리오 호수 마라톤　④ 밴프 챌린지

▸ 정답: ②
▸ 해설: 캐나디언 데스 레이스는 약 125km 이상의 고난도 트레일 대회.

8. 캐나다의 세계적 콜드워터 서핑 명소는?

① 토피노(밴쿠버섬)　② 세인트존스
③ 에드먼턴　④ 옐로나이프

▸ 정답: ①
▸ 해설: 토피노는 차가운 태평양 파도를 기반으로 한 콜드워터 서핑의 성지.

9. 밴쿠버 주변에서 가장 많이 이루어지는 체험형 트레일 활동은?

① 스쿠버다이빙　② 단거리 하이킹
③ 모래언덕 오르기　④ 대형 보트 레이스

▸ 정답: ②
▸ 해설: 노스밴쿠버와 씨투스카이 지역은 다양한 난이도의 하이킹 코스로 유명하다.

10. 캐나다의 대표 겨울 스포츠관광 도시로 1988년 동계올림픽을 개최한 곳은?

① 몬트리올　② 캘거리
③ 밴쿠버　④ 오타와

▸ 정답: ②
▸ 해설: 캘거리는 1988 동계올림픽 개최지.

11. 올바른 '관람형 스포츠관광(Event)'의 대표 사례는?

① 캐나다 스키 투어, 미국 하이킹, 한국 트레일 러닝

② 캐나다 NHL 경기 관람, 미국 NFL 슈퍼볼, 한국 프로야구 관람

③ 캐나다 사우나 체험, 미국 요가 리트릿, 한국 찜질방

④ 캐나다 국립공원 방문, 미국 로드트립, 한국 걷기 여행

▸ 정답: ②

▸ 해설: NHL, NFL, KBO는 각각 국가를 대표하는 관람형 스포츠관광 자원이다.

12. 스포츠관광 정책 구조를 비교한 설명으로 가장 적절한 것은?

① 세 국가는 모두 중앙정부 주도의 단일 정책 구조를 가진다

② 캐나다–지방 분권, 미국–민간 주도, 한국–중앙정부 중심 구조

③ 미국은 공공 부문 주도, 한국은 민간 주도이다

④ 캐나다는 스포츠관광 정책이 존재하지 않는다

▸ 정답: ②

▸ 해설: 미국은 민간과 시장 중심, 한국은 중앙정부 계획과 공공 인프라 중심.

13. 캐나다와 미국의 스포츠관광 모델이 한국에 주는 공통적 시사점으로 가장 타당한 것은?

① 엘리트 스포츠 투자 확대

② 대규모 경기장 추가 건설

③ 자연과 일상 스포츠를 관광 자원으로 체계화

④ 국제대회 유치 경쟁 강화

▸ 정답: ③

▸ 해설: 두 국가 모두 일상적 스포츠 활동과 자연, 레저를 관광 자원으로 전환하는 전략의 중요성을 보여준다.

캐나다 스포츠관광 학습자료

- Bale, J., & Vertinsky, P. (Eds.). (2004). *Sites of sport: Space, place and experience*. Routledge.
- Deacon, L., & Witter, D. (2018). Sport tourism and destination development in Western Canada: The role of mountain environments. *Journal of Sport & Tourism*, 22(4), 271~289.
- Higham, J., & Hinch, T. (2009). *Sport and tourism: Globalization, mobility and identity* (2nd ed.). Butterworth-Heinemann.
- Hinch, T., & Higham, J. (2011). *Sport tourism development*. Channel View Publications.
- Kaplanidou, K., & Gibson, H. (2014). The legacy impacts of the Vancouver 2010 Olympic Games on Canada's sport tourism industry. *Event Management*, 18(4), 447~461.
- Lévesque, M., & Parent, M. M. (2019). Managing major sport events in Canada: Governance, community engagement, and regional tourism. *International Journal of Sport Policy and Politics*, 11(3), 489~505.
- Magnusson, J., & Hudson, S. (2016). Ski tourism in the Canadian Rockies: Destination image and visitor motivation. *Tourism Review*, 71(2), 155~168.
- Moran, A. (2017). Cultural identity and Canadian hockey: A tourism and heritage perspective. *Sport in Society*, 20(6), 789~804.
- Puddister, K. (2021). Indigenous sport tourism and cultural revitalization in Canada. *Annals of Leisure Research*, 24(4), 517~533.
- Smith, S. L. J. (2004). The role of nature and outdoor recreation in Canadian tourism. *Tourism Geographies*, 6(3), 273~293.
- Tourism Industry Association of Canada. (2020). *Canadian sport tourism market report: Trends, events, and economic impact*. TIAC.
- Visit Canada. (2019). *Canada's outdoor and winter sport opportunities: National tourism strategy report*. Government of Canada.
- Whistler Tourism. (2021). *Whistler sport tourism report: Skiing, mountain biking and event impacts*. Resort Municipality of Whistler.
- 세계테마기행 - 우리 지금 만나 가수 장기하의 캐나다 1부
  https://youtu.be/ByC9GmpPf1w?si=EiODjxxYxrP16s_R
- 계곡 절벽에서 날다! 캐나다에서 이룬 장기하의 버킷리스트
  https://youtu.be/FZoiBM70AUc?si=0jF1ua5USpxeDKs

10

스포츠가 하나의 산업이 되는 곳, 프로스포츠의 나라, 미국

이 장의 흐름

미국은 세계 스포츠 산업의 중심지로, NFL, NBA, MLB, NHL, MLS 등 초대형 프로리그를 기반으로 관람형 스포츠관광이 가장 발달한 국가이다. 뉴욕, LA, 라스베이거스, 마이애미 같은 거대 도시들은 경기 관람뿐만 아니라 엔터테인먼트, 문화, 레저가 결합된 복합적 관광 환경을 제공하며, 슈퍼볼과 NBA 올스타전 같은 메가 이벤트는 도시 경제와 브랜드 가치를 크게 높인다. 또한 미국의 광대한 지형적 특성은 스키, 서핑, 트레일러닝, 철인3종 등 자연 기반 체험형·운동형 스포츠관광의 성장을 촉진한다.

주요 내용

- 미국의 지형과 문화, 스포츠관광 인프라
- 미국의 올림픽 역사와 스포츠관광
- 미국의 관람형 스포츠관광: NFL, NBA, MLB, NHL, MLS, 슈퍼볼, US오픈
- 미국의 유산형 스포츠관광: 야구 박물관, 레이크플래시드
- 미국의 체험형, 운동형 스포츠관광: 스키, 테니스, 서핑, SUP

주제어

NFL, NBA, MLB, NHL, MLS, 슈퍼볼, 뉴욕·LA 메가도시, 엔터테인먼트 관광, 자연 기반 스포츠(서핑·스키), 명예의 전당·역사 경기장, 교통·모빌리티 인프라

미국의 지형과 문화

미국의 지형은 대서양 해안, 아팔래치아 산맥, 대평원, 로키산맥, 그레이트 베이슨 사막, 시에라네바다 산맥, 하와이 화산 지형, 알래스카 빙하 등 극도로 다양해 스포츠관광의 폭을 넓힌다. 서부 로키산맥과 시에라네바다산맥은 스키 · 스노보드 · 트레킹 · 트레일러닝·클라이밍을 위한 세계적 목적지이며, 콜로라도 · 유타 · 캘리포니아는 산악 스포츠관광의 중심지로 자리 잡았다. 동부 아팔래치아 트레일(Appalachian Trail)은 장거리 하이킹의 성지이며, 그레이트 레이크 지역은 세일링 · 카약 · 수상스포츠의 메카로 기능한다. 북부 알래스카의 빙하 지형과 남부 하와이의 화산 지형은 극지형 · 열대형 스포츠관광의 대표적 목적지로, 미국의 지형은 스포츠 자원을 거의 무한대로 제공한다.

미국의 기후 역시 지형만큼 다양하다. 북부는 눈이 풍부해 스키 · 스노보드 · 아이스하키 등 겨울 스포츠가 발달했고, 콜로라도와 유타는 건조한 겨울 기후 덕분에 고품질 파우더 눈을 형성한다. 남동부 지역은 온난한 겨울과 긴 여름을 바탕으로 골프 · 테니스 · 마라톤 · 수영 등 사계절 스포츠가 가능하다. 하와이와 플로리다 같은 열대 · 아열대 기후 지역은 서핑 · 트라이애슬론 · 철인경기 · 카약 · 스쿠버다이빙 등 수상 및 해양 스포츠관광의 중심지다. 사막 기후의 네바다와 애리조나는 트레일러닝 · 사막 하이킹 · 마운틴 바이크 · 고지대 전지 훈련지로 유명하다. 즉 미국의 기후는 거의 모든 스포츠 유형을 위한 최적의 시즌을 제공하며, 자연스럽게 연중 스포츠관광을 가능하게 한다.

문화적으로 미국은 프로 스포츠 중심의 엔터테인먼트 문화가 매우 강하다. NFL, NBA, MLB, NHL, MLS 등 세계 최대 규모의 프로 스포츠 리그가 존재하며, 도시 정체성과 팬 문화가 스포츠관광의 핵심 동력으로 작용한다. 뉴욕, LA, 시카고, 보스턴 같은 대도시는 경기 관람 그 자체가 관광이 되고, 지역 공동체는 팀과 함께 정체성을 형성한다. 이 스포츠 엔터테인먼트 문화는 미국만의 독특한 관람형 스포츠관광 산업을 만들어냈다.

또한 미국에는 모험 · 도전 문화가 깊게 자리 잡고 있어, 트레일러닝, 아이언맨, 울트라 마라톤, 산악 스포츠, 클라이밍 등 고난도 운동형 스포츠관광이 발달했다. '국립공원 문화(National Park Culture)'는 미국 스포츠관광을 세계적으로 독보적인 수준으로 끌어올렸으며, 요세미티, 그랜드캐니언, 옐로스톤 · 데날리 등은 하이킹, 암벽등반, 트레일러닝, 래프팅의 성지로 기능한다.

미국의 문화적 다양성은 음식, 지역 축제, 역사와 결합해 스포츠관광 경험을 풍성하게 한다. 하와이 철인경기(Kona Ironman)는 폴리네시안 문화와 결합한 글로벌 스포츠 이벤트가 되었고, 보스턴 마라톤은 역사 · 전통 · 도시문화가 결합된 대표적인 스포츠관광 자원이다.

미국의 항공

미국의 대표 항공사 중 델타항공은 가장 넓은 국내 네트워크를 바탕으로 스포츠 목적지를 폭넓게 연결한다. 애틀랜타, 미니애폴리스, 솔트레이크시티 같은 주요 허브는 각각 프로 스포츠 관람, 북부 하키 · 야구 관광, 로키산맥 스키 관광으로 이어지는 중요한 관문이다. 특히 솔트레이크시티는 2002년 동계 올림픽 개최지이며, 파크시티, 스노버드 등 유명 스키 리조트로 이동하는 주요 허브다. 아메리칸항공은 댈러스, 샬럿, 시카고 오헤어를 중심으로 미국 남부와 동부의 스포츠관광 이동을 주도한다. 댈러스는 NFL, NBA, MLB가 모두 밀집한 대표적 관람형 스포츠 도시로, 많은 팬들이 아메리칸항공을 이용한다. 플로리다 노선도 강해 골프, 서핑, 트라이애슬론, 해양 스포츠 관광객이 자주 이용하는 항공사다. 유나이티드항공은 로키와 서부 목적지 연결성이 뛰어나다. 덴버 국제공항은 베일, 브레켄리지, 아스펜 등 세계적인 스키 리조트로 이동하는 가장 중요한 관문이며, 트레킹, 트레일러닝, 산악자전거 관광객이 대량으로 유입된다. 샌프란시스코 허브는 서핑, 사이클링, 트레일러닝, 세일링이 모두 가능한 서부 스포츠관광의 시작점이 된다. 사우스웨스트항공은 저렴한 운임과 무료 수하물 정책 덕분에 장비 이동이 많은 스포츠관광객에게 인기가 높다. 골프, 하이킹, 마라톤, 서핑 장비를 들고 이동하는 여행객이 많이 선택하며, 미국 남서부와 중부 지역 이동에 특히 강하다. 하와이안 항공은 미국

본토와 하와이를 연결하는 주요 항공사로, 서핑, 철인경기, 스쿠버다이빙, 수영 등 해양 스포츠관광객이 가장 선호한다. 코나와 오아후는 세계적 스포츠 이벤트가 많은 지역이기 때문에 하와이안 항공은 스포츠 이동의 중요한 축을 담당한다.

공항 측면에서 애틀랜타 국제공항은 세계 최대 규모 공항으로 동남부 지역의 골프, 대학 스포츠, 프로 스포츠 관광 이동을 주도한다. 덴버 국제공항은 로키산맥 스포츠관광의 핵심 관문으로, 겨울철에는 스키·스노보드 관광객이 집중적으로 도착한다. 로스앤젤레스 국제공항은 서핑, 농구, 야구, 마라톤, 사이클링 등 도시형 스포츠와 해양 스포츠 이동의 중심이다. 샌프란시스코 국제공항은 골든게이트 러닝, 트레일러닝, 세일링, 사이클링 등 서부 자연·도시형 스포츠를 결합한 관광객이 가장 많이 사용한다. 시카고 오헤어 공항은 미 중서부의 마라톤 관광, 대학 스포츠, 아이스하키 관람 인구가 많이 유입되는 공항이다. 마이애미 국제공항은 해양 스포츠, 골프, 트라이애슬론이 강한 플로리다 관광의 핵심 허브이며, 하와이 철인경기 개최지인 코나 국제공항은 엘리트 선수와 스포츠관광객이 반드시 거치는 상징적 공항이다. 알래스카의 앵커리지 공항은 빙하 하이킹, 개썰매, 트레킹 등 모험형 스포츠관광으로 이어지는 중요한 관문이다.

미국의 대중교통

스포츠관광 이동의 기반이 되는 장거리 철도 브랜드는 암트랙이다. 암트랙은 뉴욕, 보스턴, 워싱턴 D.C.를 잇는 동부 코리더 노선을 통해 마라톤, 도시 러닝, 농구, 야구, 아이스하키 관람객 이동을 지원하며, 시카고 중심 중서부 노선과 캘리포니아 제퍼, 사우스웨스트 치프 같은 장거리 노선은 국립공원, 하이킹, 캠핑 목적지로 향하는 여행객에게 중요한 역할을 한다. 예를 들어 캘리포니아 제퍼 노선은 로키산맥과 시에라네바다를 통과해 하이킹과 클라이밍 여행자들이 자주 이용하는 노선이다. 미국의 시외버스 시스템은 그레이하운드, 메가버스, 플릭스버스 같은 브랜드가 대표적이다. 이들은 도시 간 이동을 경제적으로 제공하며, 대학 스포츠 관람, 도시 마라톤, 대규모 스포츠 이벤트 참가자들이 많이 이용한다. 예를 들어 보스턴 마라톤, 뉴욕 마라톤, 시카고 마라톤 출전자들은 버스를 통해 주변 도시에서 쉽게 이동할 수 있다. 북서부 지역에서는 그레이하운드와 지역 버스가 하이킹, 트레킹을 위한 국립공원 구간을 연결한다. 도시 스포츠관광에서는 각 도시의 대중교통 시스템이 관람형 스포츠 이동의 중심이 된다. 뉴욕의 MTA는 양키스타디움, 매디슨스퀘어가든, 시티필드 같은 주요 경기장 접근을 쉽게 만들어 스포츠관광객이 많이 이용한다. 시카고의 CTA는 NBA, MLB, NHL 경기장 이동과 시카고 마라톤 관련 동선에 중요한 역할을 한다. 보스턴 MBTA는 펜웨이파크와 TD가든 접근성 덕분에 관람형 스포츠관광의 상징적 교통수단이다. 서부에서는 LA 메트로가 농구, 야구, 축구 중심 도시 스포츠관광에 핵심적이며, 특히 로스앤젤레스 마라톤과 연계된 셔틀 시스템이 잘 갖춰져 있다. 샌프란시스코 BART는 야구, 농구, 러닝 관광과 실리콘밸리 구간 이동을 지원하며, 골든게이트 하이킹과 러닝 행사 참가자들도 BART를 활용한다. 시애틀의 링크 라이트레일은 MLS, NFL, MLB 경기장 접근과 등산, 러닝 목적지로 이동하기 위한 관문 역할을 한다. 산악과 국립공원 기반 스포츠관광에서는 대중교통 대신 전용 셔틀 시스템이 중요한 역할을 한다. 요세미티는 국립공원 셔틀을 통해 하이킹 트레일 접근성을 높이고, 자이언 국립공원 셔틀은 트레일러닝과 협곡 하이킹 관광객에게 필수적인 이동 수단이다. 옐로스톤, 브라이스캐니언, 그랜드캐니언 같은 서부 국립공원도 동일한 방식으로 스포츠관광 이동을 지원한다.

미국의 유심

미국의 대표 통신 브랜드인 버라이즌은 가장 넓은 커버리지를 보유한 브랜드로 평가된다. 대도시뿐 아니라 알래스카 일부 지역, 국립공원 인근, 중서부 농촌 지역, 로키산맥 일부 구간에서도 안정적인 신호가 잡히기 때문에 하이킹, 캠핑, 트레킹, 트레일러닝처럼 자연 속에서 장시간 이동하는 스포츠관광객이 가장 선호한다. 요세미티, 그랜드캐니언, 옐로스톤, 자이언 같은 국립공원 기반 스포츠여행을 계획하는 사람들은 버라이즌을 선택하는 경우가 많다.

AT&T는 도시와 중부, 남부 지역의 커버리지가 강하며, 프로 스포츠 관람이나 도시 중심 스포츠관광에 매우 적합하다. 뉴욕, 시카고, 보스턴, 애틀랜타, 달라스 같은 빅시티에서 농구, 야구, 미식축구, 하키 경기장을 오가거나 도시 마라톤 참가자들이 AT&T를 자주 이용한다. 티모바일은 속도와 가격 경쟁력이 강한 브랜드로, 도심 기반 스포츠관광객에게 적합하다. 도시 러닝, 농구, 축구 관람, 테니스 대회 관람 등에서 데이터 사용량이 많은 여행객이 선택하는 편이다. 단기 여행자와 국제 스포츠 참가자가 가장 많이 사용하는 유형은 eSIM 브랜드다. 에이라로(Airalo), 홀라플라이(Holafly), 노매드(Nomad)는 물리 유심이 필요 없고, 전 세계 어디서든 즉시 개통되기 때문에 편리하다. 특히 뉴욕 마라톤, 보스턴 마라톤, 시카고 마라톤처럼 국제 참가자가 많은 대회에서는 eSIM 사용률이 매우 높다. 하와이와 알래스카에서는 지역 통신 브랜드가 유용한 경우가 있다. 하와이에서는 하와이안텔(Hawaiian Tel) 신호가 특정 해안 지역에서 더 안정적인 경우가 있어 서핑과 해양 스포츠 여행객이 활용하기도 한다. 알래스카에서는 GCI가 주요 브랜드로, 개썰매, 빙하 트레킹, 야외 모험형 스포츠관광에서 신호 연결에 강점을 가진다.

미국의 숙박

미국을 대표하는 숙박 브랜드인 메리어트는 전국 주요 도시와 리조트 지역에 균형 있게 분포해 있어 다양한 스포츠관광에 적합하다. 뉴욕, 보스턴, 시카고, LA, 마이애미 등 프로 스포츠 중심 도시에서는 경기장 접근성이 뛰어나 관람형 관광객이 많이 활용한다. 힐튼 또한 도시와 자연 관광지 모두에 강한 브랜드다. 힐튼 가든인, 더블트리, 콘래드 같은 다양한 등급의 브랜드가 있어 프로 스포츠 관람 여행부터 하이킹, 골프, 스키 여행까지 폭넓게 대응한다. 하얏트는 리조트형 숙박에서 경쟁력이 높다. 하얏트 리젠시, 하얏트 플레이스, 파크 하얏트는 하와이, 플로리다, 캘리포니아 해안, 애스펜 같은 고급 스포츠 목적지에 자리해 있어 서핑, 요트, 골프, 스키 여행객에게 선호되는 브랜드다. 스키 스포츠관광에서는 애스펜 스노매스, 베일 리조트, 파크시티 리조트 같은 전용 숙박 브랜드가 중심이 된다. 이 호텔과 로지들은 슬로프와 바로 연결되고, 스키 장비 보관소, 렌탈 서비스, 스파 시설, 시즌 이벤트 프로그램 등을 운영해 스키 관광객에게 최적의 환경을 제공한다. 국립공원 기반 아웃도어 스포츠관광에서는 국립공원 관리청(National Park Service)과 연계된 로지들이 중요한 역할을 한다. 요세미티의 카리 빌리지와 아와니 호텔, 그랜드캐니언의 엘토바 호텔, 옐로스톤의 올드 페이스풀 인 같은 로지 브랜드는 하이킹, 캠핑, 클라이밍, 트레일러닝을 즐기는 운동형 관광객에게 상징적인 숙박지다. 사막 스포츠 관광에서는 애리조나와 네바다의 리조트 브랜드가 중심이 된다. 스코츠데일과 피닉스 지역의 고급 리조트는 골프, 마라톤, 사막 러닝, 웰니스 스포츠 관광객이 자주 찾는다. 라스베이거스의 대형 리조트도 마라톤 참가자와 스포츠 이벤트 관람객이 많이 이용한다. 서핑과 해양 스포츠 관광에서는 캘리포니아, 하와이, 플로리다 해안에 위치한 부티크 호텔과 해변 리조트가 중심이 된다. 와이키키의 해변 리조트, 샌디에이고의 서핑 호텔, 플로리다의 바닷가 리조트는 서핑, 다이빙, 요트 관광객을 위한 레슨, 장비 보관, 대회 연계 프로그램을 제공한다.

미국의 스포츠관광 음식

스포츠관광에서 가장 자주 등장하는 음식은 핫도그와 버거다. 핫도그는 야구장, 농구장, 미식축구 경기장 등 거의 모든 경기장에서 상징적으로 판매되며, MLB 관람 문화의 일부처럼 여겨진다. 뉴욕 스타일 핫도그나 시카고 스타일 핫도그는 지역성을 반영해 스포츠 관광객이 경기 관람과 함께 즐기는 대표적 메뉴가 되었다. 버거는 미국 전역 어디서나 발견되며 칼로리와 단백질 보충에 좋은 음식으로 마라톤, 하이킹, 스키 후의 회복식으로도 선호된다.

하와이에서는 포케가 대표 음식으로, 서핑, 스노클링, 철인경기 참여자들이 가볍고 단백질이 풍부한 한 끼로 즐긴다. 플로리다와 캘리포니아에서는 피시 타코, 세비체, 해산물 그릴이 서핑과 해양 스포츠관광에 잘 맞는 메뉴로 자리 잡고 있다. 미국 북부와 동부에서는 베이글과 피자가 스포츠관광과 결합되어 있다. 뉴욕 베이글은 마라톤 참가자와 러닝 관광객이 아침에 즐기는 탄수화물 보충식으로 유명하며, 뉴욕 피자와 시카고 딥디쉬 피자는 도시 스포츠관광객이 경기 관람 전후로 즐기는 대표적인 지역 메뉴다. 미국의 경기장 간식 문화도 스포츠관광의 큰 부분을 차지한다. 나초, 프레첼, 치킨윙, 콘도그는 농구, 야구, 미식축구 경기 관람에서 거의 의례적 메뉴로 자리잡았고, 맥주와 결합하면서 관람형 스포츠관광의 고유한 분위기를 형성한다. 특히 버팔로 윙은 버팔로 지역의 하키, 미식축구 관광과 긴밀하게 연결되어 있다. 국립공원 기반 아웃도어 스포츠에서는 트레일믹스, 에너지바, 잭링크 같은 육포류가 필수적이다. 하이킹, 트레킹, 트레일러닝 등 장거리 이동이 많기 때문에 휴대성과 칼로리 밀도가 중요한데, 미국의 아웃도어 문화는 이러한 간편식을 자연스럽게 발전시켰다. 사막 지역에서는 멕시코계 음식이 스포츠관광과 결합한다. 텍스멕스 요리, 브리토, 타코는 애리조나, 네바다의 마라톤, 골프, 하이킹 관광객이 자주 선택하는 음식이다. 맵고 양이 많은 음식은 사막 활동 후 에너지 회복에 적합하다.

미국의 올림픽 역사

미국은 세계에서 가장 많은 올림픽을 개최한 국가 중 하나다. 하계올림픽은 세인트루이스 1904, 로스앤젤레스 1932, 로스앤젤레스 1984, 아틀랜타 1996 등 네 차례 개최되었고, 2028년 로스앤젤레스 올림픽까지 포함하면 다섯 번째 개최국이 된다. 특히 1984년 LA 올림픽은 상업적 성공의 모범으로 평가받아 이후 올림픽 운영 모델에 큰 영향을 미쳤다. 아틀랜타 1996 올림픽은 남부 도시의 경제적 도약과 도시 브랜드 변화에 중요한 계기가 되었다. 레이크플래시드 1932와 1980 동계올림픽이 대표적이며, 특히 1980년 레이크플래시드 올림픽의 미국, 소련전 아이스하키 경기(일명 'Miracle on Ice')는 스포츠 역사에 남는 상징적 순간이 되었다.

미국의 스포츠영웅은 올림픽 역사 자체의 상징이 될 만큼 세계적으로 큰 영향력을 가진다. 제시 오언스는 1936년 베를린 올림픽에서 4관왕을 차지하며 인종차별 이데올로기를 흔든 역사적 인물로, 미국 스포츠 정신의 상징으로 평가된다. 수영에서는 마이클 펠프스가 23개의 금메달로 올림픽 역사상 가장 많은 금메달을 획득한 선수다. 육상에서는 칼 루이스가 1980~1990년대에 장거리 점프와 단거리 종목으로 세계적 스타가 되었고, 체조에서는 시몬 바일스가 뛰어난 퍼포먼스로 새로운 스포츠영웅으로 떠올랐다. 동계올림픽의 상징적 영웅으로는 아이스하키의 1980년 미국 대표팀이 있다. 이 팀은 소련을 꺾고 기적 같은 승리를 거두며 'Miracle on Ice'라는 표현을 탄생시켰다. 스노보드에서는 숀 화이트가 올림픽 금메달을 여러 차례 획득하며 미국 겨울 스포츠의 얼굴이 되었고, 피겨스케이팅에서는 미셸 콴이 국가적 스타로 활약했다.

미국의 스포츠관광

미국의 관람형 스포츠관광은 세계에서 가장 규모가 크고 상업성이 높다. NFL, NBA, MLB, NHL, MLS 같은 프로 스포츠 리그는 도시 정체성과 결합되어 있어 뉴욕, LA, 시카고, 보스턴, 달라스 등 대도시 경기장은 관광객이 가장 많이 찾는 스포츠 명소가 된다. 슈퍼볼, 월드시리즈, NBA 파이널, US 오픈 테니스 같은 메가 이벤트는 국내외 관광객을 대량 유입시키며, 경기장 투어, 팬스토어, 스포츠 바 방문 등 다양한 관람형 콘텐츠가 함께 제공된다. 뉴욕의 매디슨스퀘어가든, 보스턴의 펜웨이파크, 시카고의 리글리필드 같은 역사적 경기장은 미국 스포츠문화의 상징으로 유산형 관광객이 많이 찾는다. 또한 1980년 레이크플래시드의 아이스하키 경기, 잭슨빌과 캔자스시티의 풋볼 유산, 알라바마의 대학 풋볼 역사 등은 지역 정체성과 스포츠 문화가 결합된 대표적인 유산형 자원이다.

(미국 애틀랜타 테니스 교류전 참가)

요세미티, 그랜드캐니언, 자이언, 옐로스톤 등 국립공원에서는 하이킹, 카누, 클라이밍, 캠핑, 래프팅 같은 체험이 활성화되어 있다. 하와이에서는 서핑, 스노클링, 패들보드 체험이 가능하며, 플로리다에서는 세일링, 다이빙, 해양스포츠 체험이 풍부하다. 콜로라도와 유타의 산악 지형은 암벽등반, 산악자전거, 빙벽 체험이 발달해 있고, 알래스카에서는 개썰매, 빙하 하이킹 같은 독특한 체험 프로그램이 제공된다. 보스턴 마라톤, 뉴욕 마라톤, 시카고 마라톤 같은 월드마라톤 메이저는 전 세계 달림이들이 참여하는 대표적 운동형 관광지이며, 하와이 철인경기(아이언맨 코나)는 세계 최고 난도의 트라이애슬론 경기로 평가된다. 콜로라도와 캘리포니아에서는 트레일러닝 대회, 울트라마라톤, 산악자전거 대회가 빈번히 열리고, 유타와 애리조나는 사막 러닝과 고지대 전지훈련의 중심지다. 겨울에는 애스펜, 베일, 파크시티, 레이크타호 등에서 스키와 스노보드 중심의 운동형 관광이 크게 발달해 있다.

미국 스포츠관광 여정 지도

여정 지도	그림, 장소, 점, 화살표로 표시

※ 손 글씨로 표에 내용을 기입하고 사진을 찍어서 클라썸에 과제로 제출.

미국 스포츠관광 여정

목적	
여정(기간)	(　　　　　　)~(　　　　　　)
비용	
스포츠관광 유형	Sp　　Lg　　Ep　　At
전자여행허가서 이름, 비용	
비자 준비 유무	
항공사 이름과 코드	
공항 이름과 코드	
통신(유심) 이름과 비용	
기차 이름과 비용	
버스	
지하철	
택시	
자전거	
렌트카	
숙박	
음식	
목적지	

※ 손 글씨로 표에 내용을 기입하고 사진을 찍어서 클라썸에 과제로 제출.

〈미국 스포츠관광 퀴즈 문항〉

1. 미국에서 가장 인기 있고 슈퍼볼이 대표 이벤트인 종목은?

① 농구　② 아이스하키　③ 미식축구　④ 야구

▸ 정답: ③
▸ 해설: 미식축구(NFL)는 미국에서 가장 시청률이 높다.

2. 그랜드슬램 대회의 하나로, US 오픈 테니스가 개최되는 도시는?

① 시카고　② 뉴욕　③ LA　④ 마이애미

▸ 정답: ②
▸ 해설: US 오픈은 매년 뉴욕 플러싱메도우의 빌리진 킹 센터에서 열린다.

3. 미국에서 가장 오래된 마라톤 대회이자 유산형 스포츠관광 자원은?

① 뉴욕 마라톤　② 보스턴 마라톤　③ 시카고 마라톤　④ LA 마라톤

▸ 정답: ②
▸ 해설: 보스턴 마라톤은 1897년 시작되어 유산적 가치가 크다.

4. MLB의 대표적인 클래식 볼파크로 '그린몬스터'가 있는 경기장은?

① 위글리필드　② 페너웨이파크
③ 양키스타디움　④ 오라클파크

▸ 정답: ②
▸ 해설: 페너웨이파크는 그린몬스터로 유명한 전통의 볼 파크다.

5. 하와이 코나에서 열리며 철인3종의 성지로 불리는 대회는?

① XTERRA　② 보스턴 마라톤
③ 아이언맨 월드 챔피언십　④ 뉴욕 트라이애슬론

▸ 정답: ③
▸ 해설: 세계 최고 난도의 철인3종 경기로, 전 세계 트라이애슬론 선수들의 꿈의 무대다.

6. 미국의 동계 스포츠관광과 깊이 관련된 올림픽 개최지는?

① 1932 · 1980 레이크플래시드 ② 1904 세인트루이스
③ 1984 LA ④ 2002 솔트레이크시티

▸ 정답: ①
▸ 해설: 레이크플래시드는 두 차례 동계올림픽을 개최하였다.

7. 미국 스포츠 유산형 관광의 대표적 방문 명소는?

① 코퍼스타운 야구 명예의 전당 ② NBA 파이널 경기장
③ 라스베이거스 카지노 ④ 스키 리조트 정상

▸ 정답: ①
▸ 해설: 뉴욕 코퍼스타운의 야구 명예의 전당은 스포츠유산 관광의 핵심.

8. 미국 스포츠관광의 형성을 가장 잘 설명하는 구조적 특징은 무엇인가?

① 중앙정부 주도의 국가 스포츠관광 전략
② 올림픽 중심의 이벤트 의존 구조
③ 민간 시장 중심, 상업 스포츠 기반 관광 구조
④ 생활체육 우선의 공공복지 모델

▸ 정답: ③
▸ 해설: 미국 스포츠관광은 민간 리그, 구단, 스폰서, 미디어가 주도.

9. MLB, NBA, NFL, NHL의 공통적 특징으로 가장 타당한 것은?

① 국가대표 중심 운영
② 시즌 중 이동형 원정 관람 구조
③ 단일 도시 고정 개최
④ 국제 연맹 주도 운영

▸ 정답: ②
▸ 해설: 미국 프로 리그는 장기간 시즌과 원정 관람 구조를 통해 지속적 스포츠관광 수요를 창출한다.

10. 미국 스포츠관광 모델이 한국 스포츠관광에 주는 중요한 시사점은 ?

① 엘리트 스포츠 성과 집중
② 중앙정부 주도 정책 강화
③ 스포츠를 엔터테인먼트와 관광 소비 경험으로 확장
④ 국제대회 유치 최소화

▸ 정답: ③
▸ 해설: 미국 사례는 스포츠관광을 단순 경기 관람이 아닌 종합적 소비 경험으로 설계하는 전략의 중요성을 보여준다.

11. 미국 스포츠관광에서 대학 스포츠(NCAA)가 차지하는 독특한 위상으로 가장 적절한 것은?

① 청소년 체육 프로그램
② 엘리트 선수 양성 기관
③ 지역 기반 대규모 관람형 스포츠관광 자원
④ 비상업적 스포츠활동

▸ 정답: ③
▸ 해설: 대학 스포츠는 지역 정체성과 결합된 강력한 관람형 스포츠관광 자원이다.

12. 미국 스포츠관광의 지속가능성 논의에서 가장 핵심적인 쟁점은?

① 자연 훼손 문제
② 선수 복지 문제
③ 대형 경기장의 재정 부담과 사후 활용
④ 기후 변화

▸ 정답: ③
▸ 해설: 공공 재원이 투입된 대형 경기장의 유지비와 활용 문제가 지속가능성의 핵심.

미국 스포츠관광 학습자료

- Gibson, H. (1998). Sport tourism: A critical analysis of research. *Sport Management Review*, 1(1), 45~76.
- Higham, J., & Hinch, T. (2009). *Sport and tourism: Globalization, mobility and identity*. Butterworth-Heinemann.
- Hinch, T., & Higham, J. (2011). *Sport tourism development*. Channel View Publications.
- Hudson, S. (2003). Sport and adventure tourism. *Journal of Sport & Tourism*, 8(1), 1~4.
- Humphreys, B., & Ruseski, J. (2009). The size and scope of the sports industry in the United States. *International Journal of Sport Finance*, 4(4), 294~314.
- Kurtzman, J. (2005). Sports tourism categories. *Journal of Sport & Tourism*, 10(1), 15~20.
- Li, S., Pitts, B., & Quarterman, J. (2008). Sport tourism development in the United States. *Journal of Sport & Tourism*, 13(3), 171~182.
- Moore, R., & Ross, S. (2013). US professional sports and tourism: Stadiums, events, and regional impacts. *Sport in Society*, 16(6), 749~763.
- National Park Service. (2020). *Outdoor recreation trends in the United States*.
- Smith, A. (2009). The role of sport events in urban tourism. *Cities*, 26(3), 123~134.
- U.S. Travel Association. (2019). *Sports tourism economic impact report*.
- Weed, M., & Bull, C. (2012). *Sports tourism: Participants, policy and providers*. Routledge.
- 그랜드 캐니언 부터 캘리포니아까지, 미국 서부 여행기| KBS 20240903 방송 https://youtu.be/ZiWtrE8eHBg?si=Pf4xXF2a5m5B5EEs
- 입국 금지 확대!! 최근 강화된 미국 입국, 설렘과 긴장의 미국 입국기 - 뉴욕 https://youtu.be/9TMwnO63QAw?si=D5lO9NyL9JPHI8US
- 걸어서세계속으로. 같은 나라, 전혀 다른 매력 '미국 동서부 https://youtu.be/OEJG7Wf1cR8?si=iX66Nmcd1VmTqP0u
- 그랜드캐니언부터 모뉴먼트 밸리까지 미국 서부 여행 한방에 끝내기 https://youtu.be/l72xEjwISeg?si=d4S3AHH_DDam-CJV

11

남반구의 열기, 계절이 반대인 캥거루와 코알라의 나라, 호주

이 장의 흐름

호주는 스포츠를 단순히 경기 관람이나 여가 활동의 한 형태로 인식하지 않고, 사회·문화적 정체성을 형성하는 중요한 구성요소로 받아들인다. 골프, 테니스, 럭비, 크리켓, 서핑, F1 등 다양한 종목이 활발히 운영되고 있으며, 도시마다 각기 다른 스포츠 특성과 문화적 상징을 형성하고 있다. 시드니, 멜버른, 브리즈번, 퍼스 등 주요 도시는 경기 관람뿐 아니라 문화, 레저, 자연 체험이 결합된 복합형 관광지를 구축하여 세계 각지의 관광객을 끌어들이고 있다. 특히 호주 오픈 테니스대회, F1 멜버른 그랑프리, AFL(Australian Football League)과 AFL 그랜드파이널, 서핑 월드 챔피언십과 같은 국제 스포츠이벤트는 도시의 브랜드 이미지를 강화하고, 국가 경제에 중요한 기여를 하고 있다.

주요 내용

- 호주의 지형과 문화, 스포츠관광 인프라
- 호주의 올림픽 역사와 스포츠관광
- 호주의 관람형 스포츠관광: 크리켓, 경마, 호주오픈, F1
- 호주의 유산형 스포츠관광: 경마 경기장, 크리켓 경기장
- 호주의 체험형, 운동형 스포츠관광: 테니스, 서핑, SUP

주제어

멜버른, 시드니, 브리즈번, 골드코스트, 호주오픈, F1 그랑프리, AFL 그랜드 파이널, 크리켓

호주의 지형 문화

호주의 지형은 대륙 전역에 걸쳐 매우 다양하다. 동부에는 해안선을 따라 시드니, 브리즈번, 골드코스트 등 대도시가 위치해 서핑, 세일링, 트라이애슬론 같은 해양 스포츠관광이 발달했다. 태평양을 향한 해안 지형과 규칙적인 파도는 세계 서핑 문화의 중심지 역할을 하며, 골드코스트와 벨스비치 같은 지역은 서핑 월드투어가 열리는 명소다. 내륙으로 들어가면 붉은 사막 지형인 아웃백이 펼쳐져 사막 러닝, 산악 자전거, 모험 레이스 같은 스포츠관광이 이루어진다. 중부의 울룰루 지역은 트레킹과 캠핑을 중심으로 자연·문화가 결합된 독특한 스포츠관광지이며, 북부의 열대우림 지역은 카약, 정글 트레킹 등 체험형 스포츠와 연결된다. 남부와 태즈메이니아는 산악 지형과 해양 절벽이 함께 있어 트레킹, 트레일러닝, 세일링 등 다양한 활동이 가능하다.

호주의 기후는 지형만큼이나 다양하다. 북부는 열대기후로 비가 많은 우기와 건조한 건기가 나뉘며, 해양 스포츠와 정글 기반 스포츠관광이 사계절에 걸쳐 발달한다. 동부와 남부는 온난한 기후로 도시형 스포츠관광과 해양 활동이 모두 가능하다. 멜버른은 변화무쌍한 기후로 유명하지만, 연중 스포츠 이벤트가 끊이지 않는 도시 특성상 테니스, F1, AFL 같은 대형 이벤트가 지속적으로 열린다. 남동부 고지대는 겨울철에는 스키를 즐길 수 있는 지역이 형성되어 있는데, 빅토리아주·뉴사우스웨일스주의 스레도(top) 리조트는 호주 겨울스포츠관광을 이끄는 중심지다. 서호주와 내륙 지역은 건조한 사막성 기후로 모험형 스포츠관광에 최적의 환경을 제공한다.

문화적으로 호주는 스포츠 중심 국가라고 불릴 만큼 생활 속 스포츠 비중이 높다. 영국 식민지 시절부터 이어진 스포츠 문화는 크리켓, 럭비, 테니스 같은 종목에서 세계적인 전통을 만들었고, 이는 스포츠관람 관광의 토대를 구성했다. 멜버른은 세계에서 손꼽히는 스포츠 도시로, 호주오픈, F1 그랑프리, AFL 그랜드 파이널이 열리며 스포츠팬과 관광객이 매년 몰린다. 시드니의 항만과 해안선은 세일링과 카약, 철인3종 스포츠 문화가 자연스럽게 뿌리내릴 수 있는 환경을 만들었다.

호주의 항공

호주의 대표 항공사인 콴타스항공은 국내·국제 네트워크가 가장 넓어 스포츠관광 이동의 중심축 역할을 한다. 시드니, 멜버른, 브리즈번, 퍼스 등 주요 도시를 촘촘하게 연결하고 있어 테니스, F1, 럭비, 크리켓 같은 대형 이벤트 관람객이 가장 많이 이용하는 항공사다. 또한 호주 내륙과 북부 열대 지역으로 향하는 노선도 보유해 울룰루 트레킹, 다윈 인근 모험 스포츠, 그레이트배리어리프 중심 해양 스포츠 관광 이동에도 적합하다. 버진 오스트레일리아는 국내선 중심 항공사로, 스포츠 이벤트가 많은 동부 해안 도시 연결에 강점을 가진다. 저비용항공사인 제트스타는 서핑, 트레킹, 주말 스포츠 여행을 즐기는 관광객에게 경제적인 이동수단을 제공한다. 서핑 중심지인 골드코스트, 벨스비치, 선샤인코스트, 그리고 타즈메이니아의 트레킹 명소로 이동하는 젊은 스포츠관광객이 많이 이용하는 항공사다. 호주의 대표적인 관문 공항 중 시드니 국제공항은 스포츠관광의 최대 허브다. 멜버른 공항은 호주 스포츠의 수도라고 불리는 멜버른으로 향하는 관문으로, 호주오픈, F1 호주 그랑프리, AFL 그랜드 파이널, 멜버른컵 경마 등 세계적 규모의 스포츠 이벤트가 집중된다. 브리즈번 공항은 골드코스트와 선샤인코스트에 접근성이 높아 서핑, 트라이애슬론, 해양 스포츠 여행의 핵심 공항이 된다. 퍼스 공항은 서호주 중심 스포츠관광의 관문이다. 인도양 연안 서핑, 다이빙, 세일링 관광뿐 아니라 피나클스 사막 트레킹, 낭가루 국립공원 자전거 투어 같은 모험형 스포츠관광이 퍼스를 통해 이루어진다. 케언즈 공항은 그레이트배리어리프 해양 스포츠관광의 핵심 허브다. 스노클링, 스쿠버다이빙, 패들보드, 요트 등 해양 기반 체험형 스포츠관광객이 전 세계에서 찾아오며, 열대우림 트레킹과 모험관광으로 이동하는 데에도 필수적이다. 앨리스스프링스 공항과 울룰루 공항은 호주 아웃백 스포츠관광의 관문으로 울룰루 트레킹, 사막 러닝, 캠핑, 자전거 이동 등이 이 공항을 통해 이루어지며, 호주의 스포츠관광의 핵심 기점이 된다.

호주의 대중교통

호주의 도시형 스포츠관광 이동에서 중요한 역할을 하는 것은 각 주의 도시 대중교통 네트워크이다. 시드니의 교통 시스템은 시드니 트레인, 라이트레일, 버스, 페리가 통합되어 있으며, 시드니 크리켓그라운드, 아코어 스타디움, 시드니 하버 주변 러닝 코스 등 주요 스포츠 명소 접근성을 높여준다. 바닷가와 항만이 중심인 도시 특성상 페리를 활용하여 해양 스포츠 지역으로 이동하는 관광객도 많다. 멜버른 크리켓그라운드, 로드 레이버 아레나, F1 경기장, AFL 경기장 등이 모두 트램으로 연결되어 있어 스포츠 이벤트 관람객에게 매우 편리하다. 브리즈번과 골드코스트, 선샤인코스트 지역은 퀸즐랜드 레일과 G:link 트램, TransLink 버스 네트워크가 해양 스포츠관광 이동을 지원한다. 서핑, 트라이애슬론, 해양 조깅 코스를 찾는 방문객은 해안선을 따라 이어지는 트램과 버스를 자주 이용한다. 호주의 장거리 이동에서는 철도 브랜드인 더 인디언 패시픽, 더 건, 오버랜드 같은 장거리 철도가 스포츠관광에서도 일정 역할을 한다. 더 인디언 패시픽은 시드니에서 퍼스까지 이동하며 사막과 산악지대를 통과하는데, 사막 러닝, 자전거 투어, 트레킹 여행자들이 많이 이용한다. 더 건은 애들레이드에서 앨리스스프링스, 다윈까지 이어지는 대표적인 북남 종단 철도로, 울룰루 트레킹이나 북부 모험 스포츠로 향하는 관광객에게 의미 있는 교통수단이다. 시외버스는 호주 전역 스포츠관광 이동의 실질적 기반이다. 그레이하운드 오스트레일리아는 시드니, 멜버른, 브리즈번뿐 아니라 케언즈, 앨리스스프링스, 울룰루 같은 핵심 관광지를 연결하며, 백패커, 서핑 여행자, 트레킹 관광객이 가장 많이 이용하는 육상 이동 수단이다.

스포츠 목적지 접근성을 높이는 대표적인 이동 방식은 지역별 셔틀 시스템이다. 울룰루 지역에는 도보·트레킹·문화 체험을 위한 공원 셔틀이 운영되고, 케언즈에서는 다이빙 보트 셔틀과 리프 체험 셔틀이 활발히 운영된다. 스키 관광지인 스레드보와 페리셔에서는 겨울철 리조트 셔틀이 작동해 스키어와 스노보더의 이동을 지원한다. 호주는 국토가 광대하기 때문에 렌터카의 비중도 매우 크다. 스포츠 장비를 갖춘 여행자, 해안과 내륙을 모두 이동하는 트라이애슬론 참가자, 아웃백 러닝·트레킹 관광객은 허츠, 에이비스, 탈러, 버짓 같은 렌터카 브랜드를 많이 이용한다. 특히 국립공원과 아웃백은 대중교통이 제한적이어서 렌터카는 사실상 스포츠관광 대중교통의 확장된 형태라고 할 수 있다.

호주의 유심

호주 통신사 중 텔스트라는 가장 넓은 커버리지를 제공하는 브랜드로, 스포츠관광객에게 가장 안정적인 선택으로 여겨진다. 도시뿐 아니라 시골 지역과 내륙 아웃백, 해안 일부 고립 지역까지 신호가 잘 잡히기 때문에 울룰루 트레킹, 사막 러닝, 장거리 하이킹, 캠핑 같은 자연 기반 스포츠관광을 계획하는 여행자는 텔스트라 유심을 선호한다. 옵터스는 도시·해안 지역 중심의 커버리지가 강해 도시형 스포츠관광객과 서핑 여행자에게 적합하다. 시드니, 멜버른, 브리즈번, 퍼스 같은 대도시에서는 빠른 데이터 속도를 제공하고, 동부 해안선과 골드코스트, 선샤인코스트, 벨스비치 등 서핑 중심지에서도 신호가 안정적이다. 보다폰은 도심과 관광 밀집 지역에서 요금 대비 효율성이 좋으며, 도시 축제형 스포츠관광에 적합하다. 멜버른 테니스 대회 관람, F1 그랑프리, AFL 시즌 관람 등 대도시 중심 여행에서 문제가 없지만, 사막·내륙·국립공원에서는 텔스트라나 옵터스보다 커버리지가 약한 편이다. 에이라로(Airalo), 홀라플라이(Holafly), 노매드(Nomad)는 현지 도착 즉시 개통이 가능해 호주오픈, 멜버른컵, 골드코스트 마라톤, 하와이-호주 연계 서핑 여행 등 단기 스포츠 여행자에게 매우 편리하다. 해안 스포츠나 도시 중심 스포츠관광에서는 데이터 속도가 충분하지만, 사막·내륙에서는 로컬 유심보다 신호가 약할 수 있다. 호주 북부 지역이나 열대림 지역에서는 텔스트라가 강세를 보이며, 케언즈나 다윈에서 진행되는 다이빙, 스노클링, 정글 트레킹 관광객은 안정성을 위해 텔스트라를 선택한다.

호주의 숙박

호주의 대표적인 국제 체인인 메리어트는 시드니, 멜버른, 브리즈번, 퍼스 같은 대도시에 집중되어 있어 관람형 스포츠관광에 적합하다. 시드니 크리켓 그라운드, 아코어 스타디움, 멜버른 로드 레이버 아레나, 퍼스 옵투스 스타디움 등 주요 경기장과 가까운 위치의 메리어트 계열 호텔은 대형 스포츠 이벤트 시즌마다 관광객이 몰리는 곳이다. 힐튼은 각 도시뿐 아니라 리조트 지역에도 분포해 있어 스포츠 목적에 따라 선택하기 용이하다. 시드니와 멜버른에서는 테니스, F1, 크리켓 관람객이 자주 이용하고, 케언즈나 휘트선데이 지역의 힐튼 계열 숙박시설은 다이빙, 스노클링, 요트 관광객에게 인기가 높다. 하얏트는 고급 리조트와 도심 호텔을 함께 운영하며 스포츠·휴양 관광에 적합하다. 퍼스와 캔버라의 하얏트는 골프, 사이클링, 런닝 관광객에게 많이 선택되고, 파크 하얏트 시드니는 세일링 이벤트, 철인3종 경기, 하버 마라톤 참가자들의 주요 숙박지이다. 해양 스포츠 기반 숙박으로는 주말과 휴가 시즌에 수요가 높아지는 서퍼스파라다이스 지역의 리조트들이 대표적이다. QT 골드코스트, 더 스타 골드코스트, 피퍼스 호텔 등은 서핑, 비치 발리볼, 해안 러닝 코스를 즐기는 관광객에게 적합하다. 서핑 보관 시설, 해변 접근성, 장비 대여와 연계된 프로그램을 갖 춘 경우가 많다. 울룰루 근처의 아이어스록 리조트는 사막 러닝, 트레킹, 별 관측 프로그램을 제공하며, 블루마운틴의 에코 리조트는 하이킹과 트레일러닝 관광객에게 최적화되어 있다. 태즈메이니아의 크래들마운틴 로지 역시 트레킹 기반 스포츠관광의 대표 숙박지다.

스키 관광에서는 뉴사우스웨일스와 빅토리아주 스레드보, 페리셔, 호타미 같은 알파인 리조트 숙박시설이 중심이다. 이 지역의 로지와 샬레는 슬로프와 직접 연결되는 구조가 많고, 스키 렌탈, 장비 보관, 스키 패스 연계 서비스를 제공한다. 호주 겨울 스포츠관광의 핵심 기반이 바로 이 알파인 로지 시스템이다. 호주 특유의 아웃백 스포츠관광에서는 글램핑, 캠핑 리조트, 로컬 모텔도 중요한 역할을 한다. 앨리스스프링스, 울룰루, 카라지니 국립공원 등에서는 트레킹, 사막 자전거, 캠핑 여행자들이 글램핑 사이트나 생태 숙박시설을 많이 이용한다. 이들 숙박시설은 자연경관을 보존하면서 스포츠 활동에 필요한 접근성과 안전성을 제공한다.

호주의 올림픽 역사

호주는 두 차례 하계올림픽을 개최했다. 1956년 멜버른 올림픽은 남반구에서 열린 최초의 올림픽으로, 호주 스포츠의 국제적 위상을 처음으로 확립한 대회였다. 이 대회는 냉전 시기 정치적 긴장 속에서도 성공적인 운영을 보여주었고, 멜버른을 세계적 스포츠도시로 성장시키는 계기가 되었다. 2000년 시드니 올림픽은 국제적 평가가 가장 뛰어난 올림픽 중 하나로 꼽힌다. 시드니 올림픽 이후 호주는 철인경기 · 마라톤 · 수영 중심의 스포츠문화가 더욱 발전해 스포츠관광 수요가 크게 증가했다. 호주는 올림픽 참가 역사도 깊고 성과도 우수하다. 수영, 사이클, 조정, 육상, 하키 같은 종목에서 항상 상위권에 위치해 왔으며, 특히 수영은 호주의 정체성에 가까운 상징적 종목이다. 남북으로 펼쳐진 해안문화와 도시별 스포츠 기반은 엘리트 선수 발굴에 중요한 역할을 해왔다. 동계올림픽 성과는 제한적이지만, 프리스타일 스키와 스노보드에서 꾸준한 발전을 보이고 있다.

호주 스포츠영웅 중 가장 상징적인 인물은 수영 선수 이언 소프다. 그는 2000년 시드니 올림픽에서 압도적인 기량을 보여 세계적 스타가 되었으며, 호주 수영의 부흥을 이끈 인물로 평가된다. 또 다른 영웅으로는 여성 수영 선수 돈 프레이저가 있다. 그녀는 1950~60년대에 세계 최고의 단거리 선수로 활약하며 올림픽에서 금메달 4개를 획득했다. 프레이저는 호주 여성 스포츠 발전의 상징이자, 세계 수영 역사에서 가장 위대한 선수 중 한 명으로 평가된다. 육상에서는 캐시 프리먼이 독보적인 인물이다. 특히 2000년 시드니 올림픽에서 400m 금메달을 획득한 순간은 호주 사회 전체가 공유한 감동적 장면으로 남아 있다. 그녀는 호주 원주민(아보리지널) 출신으로, 스포츠를 통해 사회적 화합과 인권 메시지를 전달한 상징적 인물이다. 프리먼의 활약은 호주 스포츠문화와 사회적 의미를 동시에 담고 있어 유산적 가치가 크다. 동계올림픽에서는 스티븐 브래드버리가 유명하다. 그는 2002년 솔트레이크시티 동계올림픽 쇼트트랙에서 극적인 금메달을 얻었고, 이는 호주 동계 스포츠사에서 역사적 순간으로 남았다.

호주의 스포츠관광

호주의 관람형 스포츠관광은 세계적인 이벤트 중심으로 발전했다. 멜버른은 호주오픈 테니스, F1 호주 그랑프리, AFL 그랜드 파이널이 열리는 도시로 스포츠관광의 수도라 불린다. 시드니는 럭비, 크리켓, 축구를 중심으로 국제대회가 많고, 브리즈번은 NRL과 크리켓 경기 관람으로 유명하다. 유산형 스포츠관광은 올림픽 개최지와 스포츠 전통이 있는 경기장·공원·도시 공간을 중심으로 형성된다. 멜버른은 1956년 올림픽을 통해 도시 스포츠 유산을 확립했으며, 멜버른 크리켓그라운드와 국립스포츠박물관은 대표적 유산형 관광지이다. 시드니는 2000년 올림픽 유산을 잘 보존하고 있어 시드니 올림픽파크는 트랙, 수영장, 체조 경기장 등을 투어하며 올림픽 역사와 문화를 경험할 수 있는 명소가 되었다. 울룰루 지역은 원주민 문화와 자연 체험이 결합되어 문화적 유산과 스포츠를 동시에 경험할 수 있는 독특한 관광 형태를 제공한다.

체험형 스포츠관광은 호주의 풍부한 자연환경을 배경으로 매우 다양하게 발전했다. 골드코스트, 누사, 벨스비치 등에서는 서핑 체험이 세계적으로 유명하고, 그레이트배리어리프에서는 다이빙, 스노클링, 요트 세일링 같은 해양 체험 스포츠가 강세를 보인다. 블루마운틴, 태즈메이니아 크래들마운틴에서는 하이킹과 트레일러닝 체험이 활발하며, 노던테리토리와 울룰루 지역에서는 사막 트레킹, 캠핑, 별 관측 체험 등이 제공된다. 케언즈에서는 정글 트레킹과 케이블카 체험이 인기 있으며, 자연과 스포츠가 결합된 총체적 체험형 관광이 특징이다. 운동형 스포츠관광은 마라톤, 철인경기, 서핑 대회, MTB(산악자전거) 대회, 스키 등 다양한 종목으로 구성된다. 골드코스트 마라톤은 아시아·태평양 지역에서 가장 인기 있는 국제 마라톤 중 하나이며, 시드니 마라톤도 세계 대회로 성장하고 있다. 아이언맨 호주(포트맥쿼리)와 퀸즐랜드 해변 철인경기는 글로벌 참가자를 유치한다. 서핑에서는 월드서프리그(WSL) 투어가 벨스비치에서 열리며, 선수와 팬이 함께 이동하는 형태의 운동형 관광이 이루어진다. 겨울철에는 뉴사우스웨일스와 빅토리아주의 스레드보, 페리셔에서 스키와 스노보드를 즐기는 관광객이 집중된다.

호주의 크리켓 관광

호주의 크리켓은 호주에서 가장 오랜 역사를 가진 국민 스포츠 중 하나이며, 대회의 규모·전통·팬 문화가 결합되어 관광객에게 독특한 경험을 제공한다.호주의 크리켓 관광의 중심은 멜버른 크리켓 그라운드(MCG)에서 열리는 '박싱데이 테스트 매치(12월 26일)'다. 이 경기는 매년 수십만 명의 관람객을 끌어들이는 세계적 크리켓 축제로, 영국·인도·파키스탄·남아프리카 등 크리켓 강국 팬들이 호주로 원정 관광을 오는 가장 대표적인 이벤트다. MCG의 10만 명 규모의 수용력, 호주의 여름 기후, 멜버른의 활기찬 도시문화가 결합해 박싱데이 매치는 크리켓 팬에게 일종의 성지순례와 같은 관광 경험을 제공한다. 시드니 크리켓 그라운드(SCG)에서 열리는 '뉴이어 테스트(New Year's Test)'도 연초 관광과 결합해 국제적인 관광객 방문이 많다.

국립스포츠박물관(National Sports Museum)과 MCG 내 크리켓 관련 전시는 호주의 크리켓 역사, 명예의 전당 선수, 잔잔한 클래식 경기 기록을 소개해 교육적 관광 경험을 제공한다. 국내 프로리그인 빅배시리그(BBL)는 가족 친화적 관람 문화를 조성해 관광객에게 매우 인기 있다. 여름철 휴가 시즌과 맞물려 호주 각 도시의 야간 경기장은 지역 축제 분위기를 형성하며, 도시 관광과 자연 레저 관광이 쉽게 결합된다.

(호주 단체 테니스 교류전)

호주의 테니스 관광

관람형 테니스 관광에서는 멜버른에서 매년 1월 열리는 호주 오픈이 핵심이다. 호주 오픈은 여름 축제 분위기와 최첨단 경기장 시설을 갖춘 대회로, 로드 레이버 아레나·마가렛 코트 아레나·존 케인 아레나 등에서 펼쳐지는 경기 관람은 대규모 국제 관광객 유입을 이끄는 대표적 관람형 이벤트다. 호주 각 지역에서 열리는 ATP/WTA 투어(브리즈번 인터내셔널, 애들레이드 인터내셔널 등)도 호주 오픈과 연계된 관람 관광의 흐름을 강화한다. 체험형 테니스 관광에서는 멜버른, 시드니, 브리즈번 등 주요 도시의 테니스 센터와 리조트에서 제공하는 레슨 프로그램과 체험 활동이 중심이다. 골드코스트, 선샤인코스트, 퍼스 등에서는 테니스 리조트에서 숙박·레슨·관광을 결합한 체험형 패키지를 제공하며, 바닷가 인근에서의 리조트 테니스는 휴양형 레저와 결합된 독특한 경험을 만들어낸다.

운동형 테니스 관광에서는 호주의 우수한 기후와 스포츠 인프라를 활용한 훈련형 프로그램이 활성화되어 있다. 브리즈번, 골드코스트, 시드니 등에서는 성인·청소년을 대상으로 한 테니스 캠프, 퍼포먼스 트레이닝, 장기 집중 레슨 등 본격적인 훈련형 관광이 이루어진다. 특히 크리스 오브라이언 테니스 아카데미, 골드코스트 테니스 아카데미 등은 해외 아마추어와 선수 지망생이 장기 체류하며 기술을 향상시키는 운동형 관광의 중심지다. 또한 동호회나 지역 대회 참가를 위해 관광객이 호주를 방문하는 사례도 많아, 생활체육 기반의 운동형 테니스 관광도 꾸준히 성장하고 있다.

유산형 테니스 관광에서는 호주의 테니스 역사·전통을 탐방하는 콘텐츠가 주요 자원으로 활용된다. 멜버른 파크의 경기장 투어는 선수 라커룸, 미디어룸, 중앙 코트 등을 둘러보는 대표적 유산 관광 프로그램이며, 호주의 전설적 선수 로드 레이버의 이름이 붙은 로드 레이버 아레나는 호주 테니스 유산의 상징적 공간으로 여겨진다. 뉴포트의 국제 테니스 명예의 전당과 달리, 호주 내에서는 멜버른의 스포츠 문화 공간과 호주 오픈 기록 전시가 중요한 유산형 관광 자원으로 기능한다.

호주 SUP 관광

호주의 SUP 관광은 해양·강·호수 등 다양한 수역 환경을 활용해 지역마다 다른 매력을 제공하는 체험형·레저형 스포츠관광으로 발전하고 있으며, 특히 안정적인 기후와 발달한 해양문화 덕분에 여러 도시와 자연 명소에서 SUP 체험이 활성화되어 있다. 골드코스트는 잔잔한 내만과 긴 해안선을 기반으로 초보자 교육에 최적화되어 있으며, 카란빈·버레이헤즈 같은 평온한 해안에서는 투명한 수면 위에서 패들링하며 해양 생태를 관찰할 수 있다. 시드니는 본다이비치·맨리비치 같은 개방 해역과 시드니 하버의 잔잔한 수역 모두에서 SUP 체험이 가능해 도시 스카이라인과 자연 경관을 동시에 즐길 수 있으며, SUP 요가와 SUP 피트니스 같은 웰니스 프로그램도 운영된다. 멜버른은 세인트킬다 비치와 야라강이 중심지로, 도시형 수상 레저와 가벼운 패들 투어가 결합된 SUP 관광이 인기를 끌고 있다. 이외에도 태즈메이니아의 레이크버로우, 윌슨스프로몬터리 국립공원의 연안 호수, 서호주 퍼스의 스완강 등에서는 자연 속에서 고요한 패들링을 즐길 수 있어 생태 관찰형 SUP 관광이 확장되고 있다. 최근에는 맹그로브 습지 투어, 해양 돌고래·바다거북 관찰 SUP, 아웃백 호수에서의 패들링 등 지역 특색을 담은 체험 상품도 증가하고 있으며, 장비 대여 인프라·강습 프로그램·그룹 투어가 잘 갖추어져 관광객이 쉽게 참여할 수 있는 환경이 형성되어 있다.

호주의 SUP 대회는 해양 스포츠 문화가 강한 호주의 기후·지형적 특성이 결합되어 국제적 수준의 경쟁과 지역 축제형 이벤트가 함께 이루어지는 형태로 발전해 있으며, 해변·강·호수 등 다양한 수역에서 수준별 대회가 연중 개최되는 것이 특징이다. 호주에서 가장 널리 알려진 SUP 대회 중 하나는 골드코스트에서 열리는 Aussie SUP Titles로, 엘리트 레이싱부터 테크니컬 레이스, 장거리 패들링, 주니어·마스터 부문까지 세분화된 종목이 운영되며 전국 선수들이 참가해 호주 SUP 레이스의 대표 무대로 자리 잡고 있다. 시드니에서는 Sydney SUP Festival이 개최되어 시드니 하버와 맨리 인근 해역에서 해양 레이스·보드 체험·가족 참여 프로그램이 함께 운영되며, 도시 경관을 배경으로 한 독특한 SUP 축제 분위기를 형성한다. 퍼스에서는 바람의 세기가 강한 서호주의 환경을 활용한 다운윈드 레이스인 The Doctor Paddle Race가 매우 유명하며, 로트네스트섬에서 퍼스까지 이어지는 장거리 해양 레이스는 세계적인 패들러들이 참가하는 국제 수준의 경쟁 형식으로 진행된다. 이외에도 태즈메이니아의 Tas Paddle Challenge는 차가운 수역과 거친 자연환경을 배경으로 한 난이도 높은 대회로 알려져 있으며, 케언즈·선샤인코스트·애들레이드·노던테리토리 등지에서도 지역 축제와 결합된 SUP 이벤트가 운영되어 관광객이 자연 속에서 레이스와 체험을 함께 즐길 수 있다. 호주의 SUP 대회는 경쟁 중심의 엘리트 레이스뿐 아니라 가족 참가형, 축제형, 친환경 해설형 프로그램이 결합된 것이 특징이며, 지역 해양문화·생태 관광·도시 이미지를 동시에 경험할 수 있는 스포츠관광의 중요한 콘텐츠로 자리매김하고 있다.

호주 스포츠관광 여정 지도

여정 지도	그림, 장소, 점, 화살표로 표시

※ 손 글씨로 표에 내용을 기입하고 사진을 찍어서 클라썸에 과제로 제출.

호주 스포츠관광 여정

목적	
여정(기간)	(　　　　　)~(　　　　　)
비용	
스포츠관광 유형	Sp　　Lg　　Ep　　At
전자여행허가서 이름, 비용	
비자 준비 유무	
항공사 이름과 코드	
공항 이름과 코드	
통신(유심) 이름과 비용	
기차 이름과 비용	
버스	
지하철	
택시	
자전거	
렌트카	
숙박	
음식	
목적지	

※ 손 글씨로 표에 내용을 기입하고 사진을 찍어서 클라썸에 과제로 제출.

〈호주 스포츠관광 퀴즈 문항〉

1. 호주의 대표적 관람형 스포츠 이벤트로 매년 MCG에서 열리는 경기는 무엇인가?

   ① AFL 그랜드파이널 ② 호주 오픈 ③ 스테이트 오브 오리진

   ▸ 정답: ①
   ▸ 해설: AAFL 그랜드파이널은 MCG(멜버른크리켓그라운드)에서 열린다.

2. 세계적 참가자를 끌어모으는 호주의 대표 철인3종 대회는?

   ① Noosa Triathlon ② Kona Ironman ③ Tokyo Tri ④ Atlantic Race

   ▸ 정답: ①
   ▸ 해설: 누사 트라이애슬론은 남반구 최대 규모의 트라이애슬론 행사.

3. 남반구 최초의 올림픽 개최 도시로 유명한 곳은?

   ① 시드니 ② 멜버른 ③ 브리즈번 ④ 퍼스

   ▸ 정답: ②
   ▸ 해설: 1956년 멜버른 올림픽은 남반구에서 열린 최초의 올림픽이다.

4. 호주의 대표 모터스포츠 관광 이벤트는?

   ① 멜버른 F1 그랑프리 ② 실버스톤 서킷
   ③ 몬테카를로 시가지 서킷 ④ 몬차 서킷

   ▸ 정답: ①
   ▸ 해설: 멜버른 알버트파크에서 F1 호주 그랑프리는 국제적 모터스포츠 열린다.

5. 해안가 코스를 자랑하는 호주의 대표 마라톤 대회는?

   ① 골드코스트 마라톤 ② 보스턴 마라톤
   ③ 도쿄 마라톤 ④ 파리 마라톤

   ▸ 정답: ①
   ▸ 해설: 골드코스트 마라톤은 해변을 따라 달리는 코스로 세계적 인기를 얻고 있다.

6. 호주에서 크리켓과 함께 '국민 스포츠'로 불리는 종목은?

① 럭비 ② 카바디 ③ 크로켓 ④ 배구

▸ 정답: ①
▸ 해설: 럭비는 호주에서 크리켓과 함께 가장 사랑받는 대표 스포츠다.

7. 애들레이드를 중심으로 열리는 국제 사이클 레이스는?

① 투어 다운 언더 ② 투르 드 프랑스 ③ 지로 디탈리아

▸ 정답: ①
▸ 해설: 투어 다운 언더는 사이클 UCI 월드투어 시즌 개막전이다.

8. 호주의 스포츠 유산을 집약해 전시하는 대표 박물관은?

① 국립스포츠박물관(MCG) ② 루브르 박물관 ③ 대영박물관

▸ 정답: ①
▸ 해설: MCG 내 국립스포츠박물관은 호주 스포츠의 역사 문화 공간이다.

9. 호주 스포츠관광의 형성 배경을 가장 구조적으로 설명한 것은?

① 중앙정부 주도의 국가 스포츠관광 모델
② 유럽식 엘리트 스포츠 전통의 직접적 계승
③ 자연 환경과 레저 문화에 기반한 생활형 스포츠관광
④ 단기 국제 메가 이벤트 중심 구조

▸ 정답: ③
▸ 해설: 호주는 해안, 사막, 초원 등 자연과 레저 생활 문화 중심이다.

10. 호주 관람형 스포츠관광으로 대표적 사례 조합으로 가장 적절한 것은?

① 시드니 마라톤, 울룰루 트레킹 ② 멜버른 컵, 호주 오픈 테니스
③ 그레이트 오션 로드 사이클 투어 ④ 골드코스트 서핑 체험

▸ 정답: ②
▸ 해설: 멜버른 컵과 호주 오픈은 글로벌 관람형 스포츠관광 이벤트이다.

11. 멜버른이 '스포츠 수도(Sporting Capital)'로 불리는 이유를 스포츠관광 관점에서 가장 정확히 설명한 것은?

① 수도이자 행정 중심지이기 때문
② 단일 종목 중심 도시이기 때문
③ 다종목 국제 스포츠 이벤트의 연중 개최 구조
④ 엘리트 선수 훈련 시설 집중

▸ 정답: ③
▸ 해설: 멜버른은 테니스, 모터스포츠, 크리켓 등 다양한 국제 이벤트를 연중 개최한다.

12. 다음 중 호주 스포츠관광에서 '운동형 스포츠관광'의 전형적 사례로 가장 적절한 것은?

① AFL 결승 관람
② 그레이트 배리어 리프 스쿠버 다이빙
③ 호주 오픈 테니스 관람
④ 멜버른 컵 베팅 투어

▸ 정답: ②
▸ 해설: 스쿠버 다이빙은 운동형 스포츠관광이다.

13. 호주 스포츠관광에서 장소성(place identity)을 가장 잘 설명한 문장은?

① 스포츠는 장소와 무관하게 동일한 경험을 제공한다
② 동일한 종목은 어디서나 같은 관광 가치를 가진다
③ 해변, 도시, 자연 풍경이 스포츠 경험과 결합해 고유한 이미지를 형성
④ 접근성만이 스포츠관광의 핵심이다

▸ 정답: ③
▸ 해설: 호주 스포츠관광은 자연 경관과 스포츠 경험의 결합을 통해 장소성을 형성.

호주 스포츠관광 학습자료

- Booth, D., & Tatz, C. (2000). One-eyed: *A view of Australian sport*. Allen & Unwin.
- Cashman, R. (2006). T*he bitter-sweet awakening: The legacy of the Sydney 2000 Olympic Games*. Walla Walla Press.
- Deery, M., Jago, L., & Fredline, L. (2004). Sport tourism and destination branding in Australia. *Journal of Sport & Tourism*, 9(1), 47~57.
- Frawley, S., & Adair, D. (Eds.). (2014). *Managing the Olympics: Lessons from the Sydney games*. Palgrave Macmillan.
- Hall, C. M. (1992). Adventure, sport, and health tourism in Australia: Trends and prospects. *Journal of Tourism Studies*, 3(1), 28~35.
- Higham, J., & Hinch, T. (2009). *Sport and tourism: Globalization, mobility and identity*. Butterworth-Heinemann.
- Moore, S., & Carter, N. (2018). Sport events and Australian identity. *Sport in Society*, 21(7), 1040~1056.
- National Australia Tourism Commission. (2019). *Australia's nature-based and sport tourism report*.
- Shipway, R., & Fyall, A. (2012). *International sports events and urban regeneration*: The case of Melbourne. Routledge.
- Toohey, K., & Taylor, T. (2008). *Sport governance and culture in Australia*. University of New South Wales Press.
- Weed, M., & Bull, C. (2012). *Sports tourism: Participants, policy and providers*. Routledge.
- 울창한 숲 속 순수한 자연의 생명! 귀여운 호주 대표 동물들
  https://youtu.—/U--Jd2Ql0NQ?si=OURIOJI7LAIBpyAR
- 때 묻지 않은 자연 낙원, 신비한 해양 생태계 '호주 동부 여행'
  https://youtu.be/ksPToIYNUDE?si=QCzbWBJnmnpU0cZi
- 모든 고정관념을 깰 호주에 대한 50가지 사실
  https://youtu.be/hCWpc4G0Mjc?si=hSPC1vGz306OmwrG
- [2023 호주오픈] 메인부터 꼴등까지 18개 테니스코트 체험기
  https://youtu.be/0qwOJ8DorEM?si=Ybcr-fiLyKOXU4zK
- 호주 멜버른 여행, 재밌거나 굳이 안가도 되는 16가지 이유
  https://youtu.be/YZMYI2QXz2o?si=lpS1IzaZ7TImIGRa

12

가깝고 따뜻한 스포츠 여행지, 영어로 소통하는, 필리핀

이 장의 흐름

동남아시아의 스포츠관광은 열대기후와 해양 중심의 지형환경, 그리고 다양한 문화적 배경을 바탕으로 발전해왔다. 이 지역은 풍부한 해안선과 수많은 섬, 산악지형이 공존하여 관람형이나 유산형 스포츠관광 보다는 체험형과 운동형 스포츠관광이 발달해 있다. 특히 이번 시간에 다룰 필리핀, 베트남, 대만 등은 올림픽을 개최한 경험은 없지만 각기 고유한 자연자원과 인공자원을 활용해 서핑, 다이빙, 마라톤, 트라이애슬론 등 다양한 스포츠이벤트를 개최하며 스포츠관광지로 성장하였다.

주요 내용

- 필리핀의 지형과 문화, 스포츠관광 인프라
- 필리핀의 올림픽 역사와 스포츠관광
- 필리핀의 관람형 스포츠관광: 복싱, 농구
- 필리핀의 유산형 스포츠관광: 매니 파퀴아오
- 필리핀의 체험형, 운동형 스포츠관광: 골프, 테니스, SUP, 스킨스쿠버

주제어

코랄 트라이앵글, 세부, 보홀, 팔라완, 말라파스쿠아, 저비용항공사(LCC), 지프니, 트라이시클(Tricycle), 스킨스쿠버, 매니 파퀴아오

필리핀의 지형과 문화

필리핀은 7,600여 개의 섬으로 이루어진 군도 국가로, 북위 5도에서 21도, 동경 117도에서 126도 사이에 자리하며, 동쪽으로는 태평양, 서쪽으로는 남중국해, 남쪽으로는 술루해와 세레베스해에 접해 있다. 필리핀의 국토는 크게 루손(Luzon), 비사야(Visayas), 민다나오(Mindanao) 의 세 지역으로 나뉜다. 필리핀의 지형은 전반적으로 산지가 많고 화산 활동이 활발한 지형으로, 국토의 약 70%가 산악이나 구릉이다. 피나투보화산은 1991년 대규모 폭발로 전 세계 기후에 영향을 미치기도 했다. 기후는 열대 몬순 기후로, 연중 기온이 높고 습하다. 평균 기온은 약 26~28도이며, 우기(6월~11월)와 건기(12월~5월)가 뚜렷하게 구분된다. 이러한 지형적 특성은 스포츠관광 측면에서 매우 큰 의미를 지닌다. 수많은 섬들이 서로 다른 해양환경과 지형을 가지고 있어 섬 호핑, 요트투어, 카약, 패들보드, 스쿠버다이빙 등 섬 간 이동을 기반으로 한 다양한 해양 스포츠 활동이 가능한 구조이다. 특히 필리핀은 세계적으로 해양 생물 다양성이 가장 풍부한 지역 중 하나인 '코랄 트라이앵글'에 속해 있어, 세부 · 보홀 · 팔라완 · 말라파스쿠아 등지에서 세계적인 수준의 다이빙과 스노클링을 즐길 수 있다는 점이 스포츠관광의 가장 큰 자원으로 작용한다.

또한 필리핀은 열대몬순기후의 영향을 받아 건기와 우기가 뚜렷한데, 이 기후적 요인은 스포츠관광의 계절적 특성을 형성한다. 건기에는 바다의 시야가 확보되고 파도가 잔잔해 수상스포츠에 최적화되며, 반대로 동부 해안 지역은 우기에도 일정한 파도가 형성되어 서핑 시즌이 유지된다. 필리핀은 화산대에 위치해 산악지형과 분화구 호수, 협곡, 폭포가 곳곳에 분포해 있으며, 이는 트레킹 · 트레일러닝 · 산악자전거 · 캐니어닝 등 어드벤처 스포츠를 활성화시키는 기반이 된다. 세부의 바디안 캐니어닝이나 루손의 타알 화산 트레킹처럼 자연지형을 활용한 익스트림 스포츠는 필리핀 관광의 대표 콘텐츠로 자리 잡고 있다. 여기에 마닐라 · 세부 · 다바오와 같은 대도시는 해안과 항만을 중심으로 발달해 국제 마라톤, 철인 3종 경기, 드래곤보트 대회 등 도시형 스포츠 이벤트를 개최하기에 적합한 조건을 갖추고 있다.

필리핀의 문화는 다양한 민족적 배경과 외세의 영향이 융합된 복합적인 문화로, 동남아시아 국가 중에서도 독특한 정체성을 지닌다. 오랜 역사 동안 말레이, 중국, 스페인, 미국 등의 문화가 결합되어 현재의 필리핀 사회를 형성하였으며 가톨릭 문화이다. 스페인 식민지 시기(1521~1898)에 가톨릭이 전파되면서 필리핀은 아시아에서 가장 대표적인 가톨릭 국가가 되었다. 전체 인구의 약 80% 이상이 가톨릭 신자이며, 교회는 일상생활의 중심이자 공동체의 구심점 역할을 한다. 필리핀에는 약 170개 이상의 지역 언어가 존재하며, 그중 타갈로그어를 기반으로 한 필리핀어(필리피노어)가 공용어로 사용된다. 영어 역시 미국 통치의 영향으로 널리 사용되어, 행정 · 교육 · 비즈니스에서 영어가 주요 언어로 기능한다.

필리핀 항공

스포츠관광 분야에서는 항공 접근성이 여행 수요 결정에 중요한 역할을 하는데, 필리핀은 주요 관광지 주변에 국제공항과 지역공항이 고르게 분포해 있어 해양 레저 중심의 스포츠관광을 활성화시키는 데 중요한 기반이 되고 있다. 필리핀의 대표 항공사는 1941년에 설립된 필리핀 항공이며 세부퍼시픽항공은 대표적인 저비용항공사(LCC)이다. 세부, 마닐라, 다바오 등 주요 도시를 연결할 뿐 아니라 한국, 일본, 싱가포르, 태국 등 주변국과의 국제선도 활발히 운항하고 있다. 세부 막탄국제공항에는 여러 한국 항공사가 정기적으로 취항하고 있으며, 한국과 필리핀을 잇는 주요 관광 노선으로 자리 잡고 있다. 현재 세부에 취항하는 주요 한국 항공사는 대한항공, 아시아나항공, 제주항공, 진에어 등이 있다. 대한항공과 아시아나항공은 인천과 세부를 연결하는 대표적인 국적사 노선을 운영하며, 안정적인 스케줄과 서비스 수준을 제공하는 것이 특징이다. 제주항공과 진에어가 인천－보홀 구간의 직항편을 운항하며, 저비용항공사(LCC)의 적극적인 취항으로 인해 보홀은 필리핀 중에서도 한국인에게 더욱 가까운 여행지가 되었다.

필리핀의 관문공항은 마닐라의 니노이 아키노 국제공항(NAIA)으로, 한국·일본·중국 등 동아시아를 비롯해 북미·유럽과도 연결된다. 다만 항공 수요 대비 시설 확충 속도가 더디고 혼잡도가 높다는 한계가 있어, 스포츠관광객이 마닐라를 경유하는 경우 이동 시간이 늘어나는 문제가 종종 발생한다. 이러한 점 때문에 최근 필리핀 정부는 신공항 건설과 기존 공항 개선을 통해 항공 허브 기능을 강화하고 있으며, 이는 향후 대규모 국제 스포츠이벤트 유치나 참가형 스포츠관광 확대에 긍정적인 영향을 줄 것으로 보인다. 스포츠관광의 관점에서 특히 주목되는 것은 세부 막탄 국제공항, 클락 국제공항, 그리고 보홀·팔라완·시아르가오 등 해양 액티비티 중심 지역의 지역공항들이다.

세부 막탄 공항은 근대적 시설과 국제선 증가로 '리조트형 스포츠관광'의 대표 거점 역할을 하고 있으며, 다이빙·서핑·세일링 같은 체험형 스포츠관광객의 접근성을 크게 향상시켰다. 클락 공항은 마닐라 대체 공항으로 주목받고 있으며, 스포츠캠프·트레이닝 시설과의 접근성이 좋아 청소년·대학생 스포츠단체의 전지훈련 목적 방문이 증가하는 추세다. 또한 보홀·팔라완·시오르가오 등은 해양레저 관광지가 공항 인프라 확대로 급성장했는데, 지역공항의 확충은 곧바로 다이빙·서핑·자연친화형 스포츠관광 수요 증가로 이어지고 있다.

필리핀의 대중교통

필리핀의 대중교통 가운데 가장 상징적인 것은 지프니(Jeepney) 이다. 제2차 세계대전 이후 미군이 사용하던 지프를 개조하여 만든 것이 그 시작이며, 오늘날에는 필리핀의 대표적인 서민 교통수단으로 자리 잡았다. 지프니는 독특한 색채와 화려한 장식으로 유명하며, 정해진 노선을 따라 운행하지만 승하차가 자유롭다. 운임이 저렴하고 도심 곳곳을 연결하기 때문에 많은 시민들이 이용하지만, 배기가스와 교통 혼잡의 원인으로 지적되어 정부는 최근 전기 지프니 도입 등 현대화를 추진하고 있다. 이와 함께 버스는 도시 간과 도시 내를 연결하는 주요 교통수단이다. 마닐라, 세부, 다바오 등 대도시에서는 시내

버스와 광역버스가 함께 운행되며, 노선망이 점점 정비되고 있다. 장거리 이동에는 '프라빈셜 버스(Provincial Bus)'가 사용되며, 냉방시설과 예약 시스템을 갖춘 대형버스가 많다. 최근에는 교통체증을 완화하기 위해 BRT(간선급행버스) 도입이 논의되고 있으며, 세부에서는 이미 시범 운영이 진행 중이다.

트라이시클(Tricycle)과 페디캡(Pedicab)도 필리핀의 생활 교통수단으로 널리 사용된다. 트라이시클은 오토바이에 객실을 부착한 형태로, 좁은 골목이나 교통이 혼잡한 지역에서 효율적으로 이동할 수 있다. 반면 페디캡은 자전거 기반의 교통수단으로 단거리 이동에 적합하며, 농촌 지역이나 소도시에서 흔히 볼 수 있다. 도시 교통의 또 다른 중요한 수단은 택시와 승차공유 서비스이다. 최근에는 그랩(Grab) 이라는 모바일 호출 서비스가 널리 보급되어 있다.

필리핀 유심

필리핀의 대표 통신사 중 글로브는 관광객에게 가장 널리 사용되는 유심 브랜드다. 마닐라, 세부, 다바오 같은 대도시는 물론 보라카이, 보홀, 팔라완 등 인기 해양관광지에서도 비교적 안정적인 통신 품질을 제공한다. 해안 중심의 서핑, 스노클링, 다이빙 관광객은 주로 글로브 유심을 사용한다. 속도와 커버리지의 균형이 좋고 관광객용 데이터 패키지가 다양해 편의성이 높기 때문이다. 스마트는 커버리지 폭이 넓고 속도가 빠른 통신사로, 활동 범위가 넓은 스포츠관광객에게 적합하다. 수빅, 클락, 라우니온, 시아르가오처럼 트라이애슬론, 서핑, 러닝, 사이클링 이벤트가 열리는 지역에서 안정성이 높다.

선(Sun Cellular)은 스마트 계열의 경제적인 브랜드로, 예산을 고려하는 장기 체류 스포츠 여행자가 사용하기 좋은 선택지이다. 필리핀에서는 국제 여행자용 eSIM 브랜드도 많이 사용된다. 에이라로(Airalo), 홀라플라이(Holafly), 노매드(Nomad)는 도착 즉시 개통이 가능해 마라톤 · 철인경기 참가자, 단기 체류 스포츠관광객에게 편리한 선택이다. 다만 팔라완 · 코론 · 보홀 일부 지역, 시아르가오 원거리 해역에서는 로컬 통신사보다 신호가 약해진다는 점을 고려해야 한다. 팔라완, 코론, 엘니도 같은 섬 지역에서는 글로브와 스마트의 지역별 신호 차이가 잘 드러난다. 해양 스포츠 중심지에서는 스마트가 조금 더 안정적이고, 관광객 밀집 해변 지역에서는 글로브가 더 빠른 경우도 있다. 따라서 다이빙, 섬 간 호핑투어, 요트 활동 등이 많은 관광객은 보통 스마트 유심을 추천받는다.

필리핀 숙박

세부와 보홀은 모두 스포츠관광 목적지로서 매우 매력적인 지역이며, 각 지역의 숙박 환경은 여행자가 어떤 스포츠활동을 중심에 두는지에 따라 선택이 달라진다. 세부는 막탄(Mactan) 섬을 중심으로 리조트들이 집중되어 있으며, 공항과의 접근성이 뛰어나 다양한 해양 스포츠를 즐기기 좋은 지역이다. 샹그릴라 막탄 리조트는 고급 시설과 넓은 전용 해변, 체계적인 수상레저 프로그램을 갖추고 있어 리조트 자체만으로도 완성도 높은 스포츠관광이 가능하다는 점에서 추천할 만한 곳이다. 또한 크림슨 리조트는 현대적이고 스타일리시한 분위기와 더불어 스파·피트니스 시설이 우수해, 액티비티 후 회복을 중요하게 여기는 여행자에게 적합한 리조트이다. 세부의 리조트들은 전반적으로 '활동 중심의 여행'을 계획하는 이들에게 매우 잘 맞는 편이다.

반면 보홀은 자연환경을 기반으로 한 스포츠관광 활동에 강점이 있는 지역이다. 보홀의 팡라오(Panglao) 섬은 다이빙 포인트가 많고 해양 생태계가 잘 보존되어 있어 스노클링, 프리다이빙, 카약 등 자연친화적 액티비티를 즐기기에 좋다. 이 지역의 벨뷰 리조트는 조용하고 프라이빗한 해변을 기반으로 여유로운 휴식과 라이트 액티비티를 병행하기에 적합한 곳이다. 반면 블루워터 팡라오 리조트는 가족과 친구 단위의 여행자에게 실용적이며, 다이빙이나 외부 투어 중심 일정의 '활동 베이스캠프' 역할을 수행하기 좋은 리조트이다.

필리핀 음식

필리핀의 대표 음식 중 하나인 아도보는 닭고기나 돼지고기를 간장, 식초, 마늘로 졸여 만든 요리로 활동량이 많은 스포츠관광객에게 인기 있다. 단백질 보충에 적합하고 지방과 탄수화물 비율이 높아 다이빙, 서핑, 트레킹 등 고강도 활동 후에 에너지를 회복하기 좋은 음식이다. 지역마다 약간씩 맛의 차이가 있어 여행 중 다양한 스타일의 아도보를 경험할 수 있다는 점도 매력이다.

시니강은 새콤한 타마린드 국물에 해산물 또는 고기를 넣어 끓인 필리핀식 탕요리로, 더운 날씨에 운동을 마친 관광객에게 매우 상쾌한 메뉴다. 특히 해양 스포츠가 많은 세부, 보홀, 팔라완 지역에서는 시니강 라푸라푸(바리코트 생선) 같은 해산물 버전이 잘 알려져 있다. 수분 보충과 소화 회복에 적합해 서핑과 다이빙 관광객이 많이 찾는다.

레촌은 필리핀을 대표하는 구이 요리로 지방이 풍부하고 고소한 풍미가 강하다. 세부 레촌은 특히 유명하며, 마라톤이나 철인경기 같은 장거리 스포츠 이벤트가 끝난 후 축하 식사로 자주 선택된다. 지방질과 단백질이 동시에 높은 음식이기 때문에 심한 운동 후 에너지 충전에 매우 적합하다. 판싯은 쌀국수 또는 밀국수를 볶아 만든 음식으로 운동 직후 탄수화물 보충에 좋은 메뉴다. 판싯칸톤, 판싯비혼, 판싯말라봉 등 종류가 다양해 지역마다 다른 맛을 경험할 수 있다. 마라톤 참가자나 하이킹 관광객이 간단하게 먹기 좋은 음식으로 인기가 높다. 해산물 요리는 필리핀 스포츠관광의 중요한 먹거리다. 새우구이, 생선구이, 그릴드 튜나, 킬라윙(생선 회무침)은 단백질이 풍부하고 소화가 쉬워 다이빙, 스노클링, 트라이애슬론 관광객에게 선호된다. 팔라완, 세부, 다바오처럼 해양 자원이 풍부한 지역은 신선한 해산물 접근성이 뛰어나 음식 자체가 관광 매력으로 작용한다.

바나나큐와 카모테큐 같은 길거리 간식은 스포츠 활동 중 가볍게 섭취하기 좋은 에너지 보충식이다. 설탕옷을 입혀 튀긴 바나나나 고구마는 빠르게 당을 보충할 수 있어 러닝, 사이클링, 트레킹 참가자들이 이동 중 자주 이용하는 간식이다. 할로할로는 필리핀을 대표하는 디저트로, 더운 기후에서 즐기기에 적합하다. shaved ice에 과일, 젤리, 우유, 아이스크림 등을 넣어 만들며, 고온다습한 환경에서 스포츠 활동 후 체온을 즉시 낮추고 수분을 보충하는 데 매우 효과적이다. 특히 해양 스포츠가 발달한 지역에서 인기가 높다. 기념적인 식사로는 치킨 이나살이 많이 선택된다. 바콜로드 지역이 유명한 요리로, 마늘·간장·레몬그라스를 활용해 양념한 닭 바비큐이며 지방과 단백질의 균형이 좋아 운동 전후 모두 인기 있는 메뉴다.

필리핀 스포츠관광

필리핀의 관람형 스포츠관광 상품은 농구와 복싱을 중심으로 구성된다. 필리핀프로농구(PBA) 경기 관람 패키지는 마닐라를 중심으로 인기가 높으며, 경기 입장권, 선수 팬미팅, 홈구장 투어를 결합한 상품이 판매된다. 국제 복싱 경기가 있을 때는 경기 관람과 함께 훈련체육관 방문, 전설 선수 관련 기념 공간 탐방을 결합한 특별 상품이 출시된다. 또한 아레나투어, e스포츠 대회 관람 패키지, 필리핀 대학 농구리그(UAAP) 빅매치 관람 상품 등이 젊은 관광객에게 인기를 끌고 있다. 대규모 실내 아레나인 아라네타 콜로세움과 몰오브아시아 아레나 투어도 관람형 프로그램으로 운영된다.

마닐라에서는 리잘 공원·아라네타 콜로세움·필리핀 스포츠 콤플렉스를 연결한 스포츠유산 투어가 운영되며, 크리켓·럭비·아르니스 전통무술 체험을 포함한 문화·스포츠 융합 상품이 제공된다. 제너럴산토스 시티에서는 매니 파퀴아오 관련 투어 상품이 가장 유명하다. 그의 훈련체육관, 고향 방문, 기념시설 견학, 복싱 기초 레슨이 결합된 패키지가 대표적 유산형 스포츠 상품이다. 또한 전통무술 아르니스 공연·체험 상품은 필리핀 고유 스포츠 문화를 직접 경험할 수 있는 유산형 콘텐츠로 자리잡았다. 필리핀의 체험형 스포츠관광 상품은 해양 자원을 중심으로 매우 다채롭다. 보홀, 보라카이, 세부 전역에서는 스노클링·스쿠버다이빙 체험, 호핑투어, 패들보드, 패러세일링, 윈드서핑 상품이 대표적이다. 팔라완 엘니도·코론에서는 난파선 다이빙 체험과 석회암 절벽 카약 투어가 인기이며, 세부 오슬롭에서는 고래상어와의 스노클링 체험 상품이 유명하다. 내륙 체험 상품으로는 타알화산 트레킹 패키지, 마욘화산 사진·하이킹 투어, 카가얀데오로 강 래프팅 체험 등이 있다. 다히얀·부키드논 지역에서는 집라인, ATV, 캐노피 투어 등 모험형 체험 콘텐츠가 상품화되어 있다.

(필리핀 스쿠버 다이빙 관광)

운동형 스포츠관광 상품은 국제 참가자도 즐길 수 있는 대회 중심 구성이다. 세부·수빅에서 열리는 아이언맨 필리핀 참가 패키지는 대회 등록, 숙박, 수송, 코스 사전 답사 프로그램을 포함한 통합 상품으로 운영된다. 클락과 타기그, 알라방에서는 하프마라톤·마라톤 참가 여행 상품이 판매되며, 러닝 대회와 시티투어를 결합한 구성도 인기가 많다. 보라카이와 세부에서는 비치런, 오픈워터 수영 대회를 연계한 스포츠 상품이 등장하고 있다. 수빅은 사이클링 전지훈련·트라이애슬론 캠프, MTB 코스 탐방 상품까지 제공하는 필리핀의 대표 운동형 관광지이다.

필리핀 스킨스쿠버 및 SUP 관광

보홀은 세부섬의 동남쪽에 위치한 비교적 큰 섬으로, 주변에 팡글라오(Panglao), 발리카삭(Balicasag) 등 아름다운 소도시들이 마치 고리를 이루듯 둘러싸고 있다. 지형은 중앙부의 완만한 산지와 카르스트 지형(석회암 기반)이 특징이며, 대표적 명소인 초콜릿 힐(Chocolate Hills)은 섬의 독특한 지형환경을 잘 보여준다.

섬 주변 해역은 투명도가 높고 산호군락이 풍부해 생태관광 · 해양스포츠 · 다이빙의 명소로 알려져 있으며, 고래상어 · 거북 등 해양생물이 서식하는 중요한 자연자원이다. 보홀은 세부보다 도시화가 덜 진행되어 자연환경이 상대적으로 잘 보존되어 있으며, 조용하고 생태 중심의 관광지로 인식된다. 보홀의 문화는 비사야(Vizayan) 문화권에 속하며, 공동체 중심의 생활방식과 지역 전통이 강하게 보존된 지역이다. 스페인 식민지 시대의 유적도 일부 남아 있으나, 세부에 비해 더 농촌적이고 전통적인 생활양식이 유지되고 있다. 보홀 사람들은 '보홀라노(Boholano)'라고 불리며, 예술 · 음악 · 전통무용이 지역 문화의 핵심 요소이다. 보홀은 자연환경을 중시하는 생태관광 정책을 적극 채택해 지역식 문화와 자연보전이 결합된 관광 모델을 운영하고 있으며, 지역 농업 · 공예 · 전통음식과 관광이 결합된 형태의 커뮤니티 기반 관광이 발달해 있다. 특히 '타르시에(Tarsier)'라는 세계적으로 희귀한 원숭이류가 서식해 자연보호와 생태학적 가치가 관광의 핵심 테마로 자리 잡았다.

거북이와 닮은 보홀 해변에서 SUP관광은 해수면이 깊지 않고 바닷속을 훤히 볼 수 있을 뿐만아니라 맹그로브 숲을 관찰할 수 있어서 독특한 체험형 또는 운동형 스포츠관광지로서 매력이 높다. 또한 보홀 내륙의 로복 강 SUP 투어는 반딧불이와 함께하는 야간 투어를 체험할 수 있어서 생태관광과 결합된 스포츠관광을 즐길 수 있다.

필리핀 스포츠관광 여정 지도

여정 지도	그림, 장소, 점, 화살표로 표시

※ 손 글씨로 표에 내용을 기입하고 사진을 찍어서 클라썸에 과제로 제출.

필리핀 스포츠관광 여정

목적	
여정(기간)	(　　　　　)~(　　　　　)
비용	
스포츠관광 유형	Sp　　Lg　　Ep　　At
전자여행허가서 이름, 비용	
비자 준비 유무	
항공사 이름과 코드	
공항 이름과 코드	
통신(유심) 이름과 비용	
기차 이름과 비용	
버스	
지하철	
택시	
자전거	
렌트카	
숙박	
음식	
목적지	

※ 손 글씨로 표에 내용을 기입하고 사진을 찍어서 클라썸에 과제로 제출.

〈필리핀 스포츠관광 퀴즈 문항〉

1. 필리핀에서 농구가 대중적인 이유는?

① 미국 문화 영향, 도시 코트 확산 ② 유럽 축구 문화 영향
③ 고산지대 기후 때문 ④ 정부의 강제 보급 정책

▸ 정답: ①
▸ 해설: 미국식 농구 문화가 일찍 유입되었고 도시마다 농구코트가 많다.

2. 팔라완이 다이빙 성지로 불리는 이유는?

① 빙하 협곡 ② 난파선 지대, 석회암 해안
③ 화산 지대 중심 ④ 인공 수중 시설 때문

▸ 정답: ②
▸ 해설: 제2차 세계대전 난파선 다이빙과 독특한 해안 지형 덕분이다.

3. 보홀의 스포츠관광 상품으로 적합한 것은?

① 초대형 스키 리조트 ② ATV, 집라인, 스노클링
③ 북극 빙벽 등반 ④ 사막 낙타 체험

▸ 정답: ②
▸ 해설: 내륙 모험 체험과 해양 체험이 모두 발달해 있다.

4. 필리핀에서 가장 활발한 체험형 스포츠는?

① 스노보드 ② 스노클링 · 다이빙
③ 컬링 ④ 스키점프

▸ 정답: ②
▸ 해설: 수중 환경이 뛰어나 관광객 수요가 가장 높다.

5. 필리핀에서 해양 스포츠관광이 발달한 이유는?

① 고산지대 중심 국가　② 섬이 많고 해안 수질이 우수함
③ 빙하 지역 존재　④ 해양 활동 금지

▸ 정답: ②
▸ 해설: 7천여 개의 섬과 다양한 해양 환경 덕분이다.

6. 다음 중 필리핀 스포츠관광에서 '운동형 스포츠관광'의 대표적 사례는?

① 필리핀 농구 리그 관람　② 마닐라 복싱 경기 관람
③ 시아르가오 서핑 체험　④ 스포츠 영웅 박물관 방문

▸ 정답: ③
▸ 해설: 서핑 체험은 운동형 스포츠관광이다.

7. 다음 중 필리핀 스포츠관광이 복싱과 강하게 연결되는 이유는?

① 국가 주도의 관광 정책　② 세계적인 복싱 스타의 존재와 서사성
③ 복싱 경기장 인프라　④ 복싱이 전통 무예이기 때문

▸ 정답: ②
▸ 해설: 매니 파퀴아오는 스포츠 영웅 중심 관광 서사를 형성한다.

8. 다음 중 필리핀 스포츠관광의 지속가능성 이슈와 가장 밀접한 것은?

① 대형 실내 경기장 노후화　② 산호초 훼손과 해양 생태계 보호
③ 설상 스포츠 인프라 유지　④ 고산 지역 개발 제한

▸ 정답: ②
▸ 해설: 해양 스포츠관광 확대는 산호초 보호와 직접적으로 충돌할 수 있다.

9. 필리핀 스포츠관광의 장소성(place identity)을 잘 설명한 문장은?

① 스포츠관광은 도시 중심으로만 형성된다.
② 동일한 해양 스포츠는 어디서나 같은 의미를 가진다.
③ 섬, 파도, 열대 경관이 스포츠 경험과 결합해 고유서을 만든다.

④ 스포츠 이벤트 규모가 장소성을 결정한다.

▸ 정답: ③
▸ 해설: 필리핀 스포츠관광의 장소성은 섬과 열대 해양 환경이다.

10. 다음 중 필리핀 스포츠관광이 태국이나 인도네시아와 차별화되는 지점으로 가장 적절한 것은?

① 메가 스포츠 이벤트 개최 ② 엘리트 스포츠 성적 우위
③ 영어사용과 북미스포츠 문화 영향 ④ 해양 스포츠관광 인프라

▸ 정답: ③
▸ 해설: 필리핀은 영어 사용과 미국식 스포츠 문화의 영향이 강하다.

11. 필리핀 스포츠관광 모델이 한국 스포츠관광에 주는 시사점은?

① 국제대회 유치 경쟁 강화
② 엘리트 스포츠 집중 투자
③ 자연 기반 스포츠관광의 소규모 분산 개발
④ 대형 실내 경기장 확대

▸ 정답: ③
▸ 해설: 필리핀 사례는 자연 자원을 활용한 소규모 분산형 스포츠관광과 지속가능성의 중요성을 보여준다.

12. 필리핀 스포츠관광에서 농구가 차지하는 위상은?

① 관광 자원으로 활용되지 않는다.
② 엘리트 선수 양성 중심 종목이다.
③ 대중문화이자 관람형 스포츠관광 자원이다.
④ 지역 축제와 무관하다.

▸ 정답: ③
▸ 해설: 농구는 필리핀 국민 스포츠로, 관람과 문화 체험 중심의 스포츠관광 자원이다.

- Agarwal, S., & Shaw, G. (2007). Managing coastal tourism: Challenges and strategies in island destinations. *Tourism Management*, 28(1), 14~24.
- Bringas, N. D., & Santos, M. (2019). Sports tourism potential in the Philippines: An exploratory assessment. *Asia Pacific Journal of Tourism Research*, 24(6), 583~599.
- Cañizares, S., & del Valle, E. (2018). Marine-based tourism and sustainability in Southeast Asia. *Journal of Marine Tourism Studies*, 12(3), 211~230.
- Dimmock, K., & Musa, G. (2015). Scuba diving tourism system: A framework for South-East Asian destinations. *Tourism in Marine Environments*, 11(3), 173~183.
- Gonzales, R. (2016). Philippine basketball culture and its impact on tourism flows. *Sport in Society*, 19(8), 1124~1139.
- Hall, C. M. (2003). Adventure, sport, and health tourism in island nations. *Journal of Tourism Studies*, 14(2), 55~69.
- Lopez, M. P., & Arcenas, A. (2020). Sustainable dive tourism in the Visayas region: Issues and prospects. *Journal of Ecotourism*, 19(4), 367~385.
- Musa, G., & Dimmock, K. (2013). Scuba diving tourism and the quest for marine sustainability. *Tourism Review*, 68(4), 45~58.
- Navarro, D. (2017). Traditional martial arts as cultural tourism: The case of Arnis in the Philippines. *Journal of Heritage Tourism*, 12(4), 341~356.
- Philippine Department of Tourism. (2022). National *sports tourism strategy 2022~2030.* Department of Tourism Publications.
- Santos, R. V., & Dayang, J. (2018). Sports events and urban development in Manila. *Event Management*, 22(6), 931~945.
- Subic Bay Metropolitan Authority. (2021). *Sports tourism report: Triathlon, cycling and open-water swimming in Subic Bay.* SBMA.
- Tourism Promotions Board Philippines. (2019). *Philippine sports tourism outlook 2019.* TPB.
- 보홀을 10번도 넘게 갔다와서 느낀 리얼한 보홀의 장단점! https://youtu.be/dxTk1yY7e8Y?si=GO72x_XmaxNc0GAe
- 2025년 보홀 여행가이드 (2025년 최신 버전 ,영상 하나면 준비 끝!) https://youtu.be/4DxgnQnwVR8?si=De74YTdQYPXV-qvR

13

스포츠를 통한 세계화, 빠르게 확장하는 스포츠 대국, 중국

이 장의 흐름

중국의 스포츠관광은 조선 후기 실학자 연암 박지원의 열하일기를 연상하게 하는데 최근 올림픽의 역사를 되돌아보면 상황이 역전된 것 같다. 한국의 96배에 해당하는 방대한 국토를 가진 중국은 고원, 사막, 초원, 산악, 해안 등 다양한 자연환경을 가지고 있어서 해양관광과 산악관광을 포함하는 스포츠관광이 가능하다. 언어 사용에 있어서 제약이나 비자와 정치적이 이슈로 중국의 스포츠관광은 가변적이지만 대규모 시장과 공간적 다양성, 국가 주도의 스포츠관광 개발, 스포츠문화와 테크놀로지의 결합 등은 중국이 스포츠관광으로 발전할 수 있는 매력성을 가지고 있다.

주요 내용

- 중국의 지형과 문화, 스포츠관광 인프라
- 중국의 올림픽 역사와 스포츠관광
- 중국의 관람형 스포츠관광: 복싱, 농구
- 중국의 유산형 스포츠관광: 베이징 하계올림픽과 동계올림픽
- 중국의 체험형, 운동형 스포츠관광: 테니스, SUP

주제어

중국 항공, 베이징 하계올림픽, 베이징 동계올림픽, ATP 상하이 마스터스, 하이난 해양레저, 장자커우 겨울스포츠, 탁구·배드민턴, 전통무술·쿵푸, F1 관광

중국의 지형 문화

중국의 면적은 약 960만 km²로 세계에서 네 번째로 넓은 국가이다. 중국의 지형적 특성은 동아시아에서 가장 다양한 스포츠관광 콘텐츠를 구성할 수 있다. 중국은 광대한 영토를 기반으로 고원, 사막, 초원, 산악, 강·호수, 해안 등 다양한 자연 지형이 공존한다. 서부의 티베트·칭하이 고원은 고지대 트레킹, 고산 마라톤, 고지대 사이클링과 같은 스포츠관광이 가능하고 북부의 내몽골 초원은 장거리 승마·마라톤·울트라 레이스 등 초원형 스포츠관광 자원을 보유하고 있다. 동부 연해지역은 해양 스포츠, 요트, 트라이애슬론 등과 결합한 도시형 스포츠관광을 발전시키기 용이하며, 남부 하이난은 열대 해변과 리조트 기반 서핑·수상스포츠 관광의 중심지로 자리 잡고 있다. 이러한 지형적 대비는 중국이 '다계절·다지형·다종목' 스포츠관광을 동시에 육성할 수 있는 기반을 형성한다. 문화적 측면에서 중국은 5천 년의 역사 속에서 다양한 민족 문화와 지역 문화가 공존해 왔으며, 이는 스포츠관광 경험을 교육적·문화적 체험으로 확장시키는 역할을 한다. 무술(쿵푸·태극권)과 전통 체육은 중국 고유의 스포츠문화로, 이를 체험하기 위한 관광 프로그램은 이미 국제적 인지도를 갖추고 있다. 또한 중국은 지역별 축제 문화가 강해 하얼빈 빙설축제, 구이린 카약·드래곤보트 축제, 티베트·위구르 전통 체육문화 축제 등 스포츠·문화가 결합된 하이브리드형 관광 자원을 지속 생산해 왔다.

중국의 항공

중국국제항공(Air China), 중국동방항공(China Eastern), 중국남방항공(China Southern) 등은 아시아, 유럽, 미주, 중동을 연결하는 광범위한 노선망을 운영하며, 대규모 선수단, 심판단, 미디어 관계자, 스포츠 팬의 이동을 안정적으로 지원한다. 이러한 국제 접근성은 마라톤, 테니스, 모터스포츠, e스포츠 등 국제 스포츠이벤트의 개최와 함께 스포츠관광객의 유입을 확대한다. 하이난의 골프와 서핑,

트라이애슬론 대회, 하얼빈의 빙설축제나 스키, 칭하이의 고산 사이클링, 라싸의 고지대 마라톤, 윈난·구이저우의 트레일러닝과 트레킹 등은 항공의 도움이 필요한 지역이다. 중국의 항공사들은 점진적으로 스포츠 장비 운반 규정을 완화하거나 특별 수하물 서비스를 개선해 스포츠 관광객의 편의를 높이고 있다. 특히 하이난을 중심으로 한 국제 골프 관광 시장의 성장과 자전거 투어리즘 확대는 항공사들이 스포츠 친화적 서비스를 도입하는 중요한 계기가 되고 있다. 베이징 동계올림픽, 항저우 아시안게임, 주요 마라톤 및 국제 대회에서 항공사들은 공식 항공 파트너로 참여해 선수단 운송, 후원, 프로모션을 수행하며 스포츠관광 마케팅을 강화하고 있다. 이를 통해 항공사는 스포츠 브랜드 이미지를 구축하고, 스포츠 팬을 대상으로 한 관광 상품을 개발해 시장을 확대하고 있다. 특히 중국 특유의 e스포츠 산업 성장과 결합해 항공사들은 젊은 세대를 겨냥한 신규 스포츠 여행 수요를 확보하는 데 적극적으로 나서고 있다. 중국의 주요 국제공항인 베이징 수도국제공항, 베이징 다싱국제공항, 상하이 푸둥국제공항, 광저우 바이윈국제공항, 청두 톈푸국제공항 등은 대규모 국제 스포츠 대회나 이벤트가 열릴 때 외국인 관광객의 주요 관문 역할을 하며, 교통·숙박·관광 정보를 종합적으로 제공하고 있다.

중국의 대중교통

중국의 대표 철도 운영 회사는 중국철도총공사(China State Railway Group, CR)는 중국 스포츠관광 이동에 핵심적인 역할을 한다. 중국 고속철도망은 세계에서 가장 넓은 규모로, 베이징, 상하이, 광저우, 선전, 난징, 항저우 같은 대도시는 물론, 하얼빈, 창춘, 구이저우, 쓰촨 등 자연 기반 스포츠관광지까지 연결한다. 베이징 마라톤, 상하이 마스터스 테니스, 광저우 축구 경기, 하얼빈 빙설 축제 같은 스포츠 이벤트에 참가하는 관광객의 이동이 대부분 고속철을 중심으로 이루어진다. 도시 내 스포츠관광 이동은 각 지방 도시철도공사가 운영하는 지하철 시스템이 담당한다. 베이징 지하철, 상하이 지하철, 광저우 지하철, 선전 지하철 등이 대표적이다. 베이징국가체육장(올림픽 주경기장), 워커스 스타디움, 상하이 스포츠센터, 상하이 F1 서킷, 광저우 텐허 스포츠센터 등 주요 경기장은 대부분 지하철역과 직접 연결되어 있어 대규모 스포츠관람객 수송에 적합하다. 광저우 지하철과 선전 지하철은 축구 경기나 e스포츠 대회가 열리는 경기장 접근이 특히 뛰어나다. 중국의 인터넷 기반 모빌리티 기업인 디디추싱(DiDi Chuxing)은 스포츠관광 이동의 새로운 핵심 수단으로 성장했다. 디디는 대도시 경기장 이동, 하이킹 출발지 픽업, 야간 레이스 참가 이동 등 다양한 스포츠 이동 수요에 활용된다.

중국의 숙박

중국에서 가장 널리 이용되는 중저가 호텔 체인인 진장호텔그룹(Jin Jiang Hotels)은 스포츠관광객의 접근성을 높이는 대표적 브랜드다. 진장은 중국 전역에 8천 개 이상의 호텔을 운영하고 있으며, 베이징, 상하이, 광저우, 선전 같은 대도시는 물론 산악지대와 내륙 관광지에도 고르게 분포해 있다. 마라톤 참가자, 철인경기 선수단, 축구 · 농구 팬, 비즈니스 스포츠 여행객 등 다양한 수요층이 선택하기 적합하다. 화주호텔그룹(Huazhu Hotels Group)은 중국 로컬 체인 중 가장 빠르게 성장한 브랜드로, 한팅, 지아화, 오렌지, 머큐어, 노보텔 등 다양한 등급의 호텔을 보유하고 있다. 베이징국가체육장, 상하이 스포츠센터, 항저우 아시안게임 경기장 등 주요 스포츠 시설 인근에 지점이 많아 관람형 스포츠관광객이 선호한다. BTG 홈인(homeinns) 호텔그룹은 경제형 브랜드에서 가장 강력한 존재로, 홈인, 모티프, 예눠(亦若) 등 실용 중심 호텔을 운영한다. 홈인은 중국 마라톤 대회 참가자들이 많이 이용하는 브랜드로, 상하이 · 베이징의 마라톤 시즌에는 예약 경쟁이 치열하다. 숙소 접근성이 좋고 가격 대비 서비스 안정성이 높아 도시형 스포츠관광객에게 널리 선택된다.

동계 스포츠관광에서는 헤이룽장, 지린 지역의 리조트와 국제 체인호텔들이 중요하다. 북경 · 장가구 올림픽 지역에서는 인터컨티넨탈, 홀리데이인, 크라운플라자 등 IHG 계열 호텔이 경기장 접근성을 기반으로 동계 스포츠관광객을 유치하고 있다. 야부리 스키리조트(Yabuli Ski Resort)와 창바이산 스키리조트 주변에서는 클럽메드, 하얏트, 웨스틴 등 고급 리조트형 숙박이 강세다.

자연·산악 기반 관광지에서는 현지 문화관광기업이 운영하는 로지형 숙박이 성장하고 있다. 구이저우, 윈난, 쓰촨의 산악지대에서는 민박형 로지, 부티크 호텔, 친환경 숙박시설이 하이킹, 사이클링, 트레킹 관광객에게 맞춤형 숙박을 제공한다. 중국 토종 브랜드인 아가일(Argyle), 티앤라이(Tianlai) 등은 자연지형과 어울리는 숙박시설을 중심으로 지역형 스포츠관광과 결합되고 있다.

국제 호텔체인 역시 중국 스포츠관광 시장에서 중요한 위치를 차지한다. 메리어트, 힐튼, 하얏트, IHG, 아코르 계열은 베이징과 상하이 같은 대도시에 집중되어 스포츠 이벤트(테니스, F1, 골프, 마라톤 등) 기간에 스포츠팬과 선수단을 수용하는 핵심 숙박 인프라 역할을 한다. 특히 상하이 F1 서킷 근처의 아코르 계열 호텔과, 씨룽·푸둥에 위치한 하얏트·메리어트 계열 호텔은 스포츠 시즌마다 수요가 높다.

중국의 스포츠관광 음식

스포츠관광객에게 가장 널리 알려진 음식 중 하나는 광둥식 딤섬이다. 광저우, 선전, 홍콩 일대에서는 딤섬을 가볍게 즐길 수 있어 마라톤, 축구 경기, 야외 활동 전후로 부담 없이 식사를 해결하는 관광객이 많다. 소화가 잘되고 종류가 다양해 활동량이 많은 여행자에게 적합하며, 스포츠 이벤트 참가자들이 아침 식사로 자주 선택한다. 쓰촨의 마라훠궈(매운 훠궈)도 스포츠관광객이 즐겨 찾는 중국 대표 음식이다. 쓰촨, 충칭 지역은 산악 트레킹이나 하이킹 관광객이 많아 높은 열량과 풍부한 단백질을 빠르게 보충할 수 있는 훠궈가 인기다. 북방 지역에서는 베이징 카오야(베이징 오리구이)가 대표적인 관광 음식으로 자리 잡고 있다. 베이징 마라톤, 자전거 이벤트, 올림픽공원 투어를 즐기는 관광객은 카오야를 지역 대표 음식으로 경험하곤 한다. 고단백·고열량 음식이기 때문에 활동량이 많은 관광객에게 적합하며, 고급식당부터 대중식당까지 선택 폭이 넓다. 중국의 면 요리는 스포츠관광객에게 특히 실용적이다. 란저우 라멘(란저우 손수제비면)은 가볍고 소화가 쉬워 운동 전후 탄수화물 보충에 적합하며, 시안 지역의 러우자모(중국식 샌드위치)와 비앙비앙면은 트레킹, 사이클링 관광객에게 간편식으로 인기가 높다. 상하이 지역에서는 샤오롱바오가 대표적이다. 소량이면서도 깊은 풍미를 즐길 수 있어 대회 참가 전 과식 위험이 적고, 가벼운 탄수화물·단백질 보충이 가능하다. 테니스, F1, 농구 같은 관람형 스포츠관광을 위해 상하이를 방문하는 여행객은 샤오롱바오와 상하이식 국수류를 필수 체험 음식으로 꼽는다. 해양 기반 스포츠관광 지역에서는 해산물이 핵심이다. 칭다오나 샤먼, 하이난은 요트, 서핑, 다이빙 관광객이 많아 신선한 해산물 요리를 선호하는 경향이 강하다. 생선구이, 새우 요리, 해물탕은 활동량이 많은 관광객에게 단백질을 빠르게 보충하는 메뉴로 적합하다. 하이난에서는 코코넛 치킨 스프가 피로 회복에 좋다고 알려져 관광객이 많이 찾는다.

동계 스포츠관광에서는 동북 지역의 고열량·육류 중심 요리가 각광받는다. 하얼빈과 창춘에서는 훠궈와 더불어 홍사오로우(돼지고기 조림), 튀김류, 만두가 동계스포츠(스키, 스케이트) 관광객에게 인기 있다. 추운 기후 속에서 에너지 보충이 중요하기 때문이다. 중국 전역에서 공통적으로 사랑받는 길거리 음식도 스포츠 이동에 편리해 스포츠관광객에게 유리하다. 지단궈즈(계란 크레이프), 지위에(꼬치류), 마라탕 등은 이동 중 빠르게 섭취할 수 있어 마라톤 참가자, 사이클링 여행자, 트레킹 관광객이 자주 이용한다.

중국의 올림픽 역사

중국의 올림픽 개최 역사는 2008년 베이징 하계올림픽과 2022년 베이징 동계올림픽으로 대표된다. 2008년 베이징 올림픽은 중국의 국제적 위상을 크게 높인 역사적 사건으로, 개막식의 연출과 도시 기반 시설 구축이 세계적 찬사를 받았다. 베이징국가체육장(벌새 경기장), 워터큐브(水立方), 올림픽공원 조성은 도시 스포츠관광의 핵심 기반이 되었고, 중국이 스포츠 · 관광 · 문화 분야에서 대규모 국제 이벤트를 운영할 수 있는 역량을 보여준 상징적 사례가 되었다. 특히 베이징 올림픽은 중국이 스포츠를 통해 국제사회와의 소통을 강화하고 국가 정체성을 세계에 보여준 계기로 평가된다.

2022년 베이징 동계올림픽은 세계 최초로 하계 · 동계 올림픽을 모두 개최한 도시라는 기록을 만들었다. 베이징－옌칭－장자커우를 잇는 대회 운영은 중국 동계 스포츠 산업 발전의 기폭제가 되었으며, 스키 · 스노보드 관광의 대중화도 촉진했다. 대회를 준비하며 개발된 고속철도, 알파인 스키 코스, 하프파이프 경기장은 이후 동계 스포츠관광 상품으로 재활용되며 지역경제에 지속적인 영향을 미치고 있다.

중국의 올림픽 참가 역사는 하계올림픽에서 특히 두드러진다. 중국은 1984년 로스앤젤레스 올림픽에서 본격적으로 금메달을 획득하기 시작했으며, 체조, 다이빙, 역도, 탁구에서 세계적인 경쟁력을 갖추었다. 중국이 강세 종목을 통해 국가적 스포츠 위상을 구축하며, 스포츠영웅들이 대중문화의 중심으로 자리 잡게 되었다.

대표적인 스포츠영웅으로는 체조 선수 리닝(李宁)을 들 수 있다. 그는 1984년 로스앤젤레스 올림픽에서 금메달 3개를 포함해 총 6개의 메달을 획득하며 중국 체조의 전설로 자리 잡았다. 리닝은 이후 스포츠 브랜드를 성공적으로 운영하면서 스포츠 스타 · 기업가 모델을 만들어 중국 스포츠영웅의 새로운 길을 제시했다.

다이빙 종목에서는 궈징징(郭晶晶)이 상징적 인물이다. 그녀는 2004년 아테네와 2008년 베이징 올림픽에서 연속으로 금메달을 획득하며 세계 최고의 다이빙 선수로 인정받았다. 안정적인 기술과 우아한 경기 스타일로 국민적 사랑을 받았으며, 베이징 올림픽 당시 중국의 자부심을 대표하는 인물 중 하나였다.

탁구에서는 덩야핑(邓亚萍)이 중국의 절대적인 아이콘으로 꼽힌다. 1990년대 초중반 세계 최강자로 군림하며 올림픽 금메달 4개를 획득했다. 작은 체구에도 불구하고 강력한 정신력과 경기 운영 능력으로 중국 스포츠 영웅의 상징적 존재가 되었으며, 탁구를 중국의 국민 스포츠로 확립하는 데 크게 기여했다.

여성 육상에서는 400m 허들 선수 류샹(刘翔)이 중국 스포츠영웅을 대표한다. 그는 2004년 아테네 올림픽에서 아시아 선수 최초로 남자 허들 종목 금메달을 획득하며 중국 육상의 새 역사를 열었다. 그의 금메달은 중국이 전통적으로 약세였던 육상 트랙 종목에서 세계 정상에 오른 기념비적 순간이었다.

동계 스포츠영웅으로는 쇼트트랙 선수 우다징(武大靖)이 유명하다. 2018년 평창 올림픽 남자 500m에서 세계 신기록으로 금메달을 획득하며 중국 동계 스포츠의 상징적 존재가 되었다. 2022년 베이징 동계올림픽에서도 혼성 계주 금메달을 이끌며 국가적 관심을 받았다.

중국의 스포츠관광

중국의 관람형 스포츠관광은 대도시 중심 국제 스포츠 이벤트와 프로 스포츠 관람이 핵심이다. 베이징과 상하이는 중국 프로농구(CBA), 프로축구(CSL), 국제 테니스 대회, 마라톤, F1 중국 그랑프리 같은 이벤트가 열리는 대표 도시다. 상하이 마스터스(ATP1000)는 아시아 최고 수준의 테니스 대회로 해외 관람객이 꾸준히 찾는다. 베이징국가체육장과 워커스 스타디움은 중국 축구와 국제 스포츠 이벤트가 결합되는 상징적 공간이며, 광저우·선전은 축구와 배드민턴 관람 문화가 활성화되어 있다. 동북 지역의 하얼빈 빙설축제와 연계된 아이스하키, 피겨스케이트 공연 역시 겨울철 관람형 스포츠관광을 이끈다.

유산형 스포츠관광은 중국의 올림픽 개최지, 전통 스포츠, 역사적 경기장 기반으로 형성된다. 베이징 올림픽공원은 2008년 올림픽 핵심 시설을 보존한 대표 관광지로, 벌새 경기장과 워터큐브는 체험 투어 프로그램과 야간 조명연출로 방문객을 끌어들인다. 2022년 동계올림픽 유산지인 장자커우와 옌칭 지역은 스키 리조트와 트랙을 일반 관광객에게 개방하여 동계 스포츠유산 관광을 지속시키고 있다. 전통 무술인 쿵푸·우슈는 소림사와 함께 체험 관광 상품으로 발전해 있어 중국 문화와 스포츠가 결합된 독특한 유산형 관광을 형성한다. 또한 고대 마을·성곽을 배경으로 한 전통 경기, 레거시 마라톤 코스, 민족 체육공연 등이 지역 문화유산과 연결되며 스포츠관광 자원으로 활용된다.

중국 구이린의 카르스트 지형은 사이클링·하이킹·리버튜빙 같은 체험 활동과 결합되어 관광객의 호응을 얻고 있으며, 쓰촨의 청두-구단 지역과 자가공원 일대는 트레킹, 판다 생태체험, 산악 스포츠로 유명하다. 윈난 샹그릴라와 리장 지역은 고원 트레킹과 호수 주변 하이킹 체험이 발달해 있다. 하이난 삼아는 서핑, 다이빙, 요트 세일링 체험이 활발하며, 푸젠·저장 해안 지역에서는 카약, 해안 러닝 코스 체험이 증가하고 있다. 겨울철에는 하얼빈·창춘·장자커우의 스키, 눈썰매, 스노모빌 체험이 성수기를 만들어낸다.

운동형 스포츠관광으로써 베이징 마라톤과 상하이 마라톤은 국제 참가자도 몰리는 대표적인 도심형 대회이며, 항저우·청두·광저우 마라톤도 규모가 크다. 수영·사이클·러닝이 결합된 트라이애슬론은 하이난·푸젠·광둥에서 발달하고 있으며, 수이강 강변 사이클링, 자전거 투어 대회 등도 인기다. 스키와 스노보드는 동계올림픽 이후 급성장하여 장자커우(충리), 야부리, 창바이산은 대표적인 겨울 스포츠 운동형 관광지가 되었다. 종합 스포츠 리조트와 훈련형 캠프도 확대되며 전문·아마추어 스포츠여행 모두 증가하고 있다.

(중국 난통시 테니스 교류전)

중국의 테니스 관광

중국의 테니스 관광은 대형 국제대회 유치, 도시 인프라 확충, 생활체육 확산이 결합해 다양한 스포츠관광이 균형 있게 성장한 형태를 보이며 베이징·상하이·선전·장사 등 주요 도시를 중심으로 다양한 프로그램이 운영된다. 관람형 테니스 관광은 상하이를 중심으로 가장 활발한데 상하이 마스터스(ATP 1000), WTA 파이널 개최 경험, 다양한 투어 대회가 열려 세계 정상급 선수들의 경기를 직접 볼 수 있고 푸동 테니스센터와 같은 대형 경기장은 교통 접근성이 좋아 관광 일정과 결합하기 쉽다. 체험형 테니스 관광은 도시 리조트형 호텔과 스포츠센터를 중심으로 확산되고 있으며 상하이·선전의 프리미엄 호텔에서는 전용 코트, 레슨 패키지, 가족 체험 프로그램을 제공해 일반 여행자의 체험 참여를 돕는다. 하이난 싼야 같은 휴양지에서는 테니스와 해양 레저를 결합한 체류형 프로그램이 많아 휴식과 가벼운 운동을 병행하는 관광객에게 적합하다. 운동형 테니스 관광은 중국 내 동호회, 클럽 리그, 아마추어 전국대회가 활발해 외국인 거주자나 장기 체류 관광객도 지역 단위 토너먼트에 쉽게 참여할 수 있으며 고급 훈련 프로그램을 제공하는 테니스 아카데미가 베이징·광저우·선전을 중심으로 운영되어 장기 캠프 형태의 스포츠관광도 가능하다.

중국 스포츠관광 여정 지도

여정 지도	그림, 장소, 점, 화살표로 표시

※ 손 글씨로 표에 내용을 기입하고 사진을 찍어서 클라썸에 과제로 제출.

중국 스포츠관광 여정

목적	
여정(기간)	( )~( )
비용	
스포츠관광 유형	Sp Lg Ep At
전자여행허가서 이름, 비용	
비자 준비 유무	
항공사 이름과 코드	
공항 이름과 코드	
통신(유심) 이름과 비용	
기차 이름과 비용	
버스	
지하철	
택시	
자전거	
렌트카	
숙박	
음식	
목적지	

※ 손 글씨로 표에 내용을 기입하고 사진을 찍어서 클라썸에 과제로 제출.

〈중국의 스포츠관광 퀴즈 문항〉

1. 상하이가 아시아 테니스 중심지로 불리는 이유는?

① 고원지대 위치 ② ATP1000 상하이 마스터스 개최
③ 겨울 기후가 매우 추움 ④ 테니스 전통이 약함

▸ 정답: ②
▸ 해설: 아시아 최고 수준의 국제 테니스 대회가 열린다.

2. 하이난 섬이 인기가 있는 스포츠관광지인 이유는?

① 서핑, 요트, 다이빙 환경 뛰어남 ② 고산형 러닝 중심
③ 극지 탐험 가능 ④ 사막 마라톤 전용

▸ 정답: ①
▸ 해설: 열대 해양 환경이 해양 스포츠에 최적이다.

3. 장자커우가 중국에서 유명해진 계기는?

① 2010 아시안게임 개최 ② 2022 동계올림픽 스키 경기 개최
③ 세계수영선수권 개최 ④ 서핑 문화 확산

▸ 정답: ②
▸ 해설: 베이징 동계올림픽 스키 경기가 열린 주요 도시다.

4. 중국 스포츠관광 이동에서 중국철도총공사가 중요한 이유는?

① 항공사 운영 ② 세계 최대 고속철도망 운영
③ 도서관 운영 ④ 축구 구단 운영

▸ 정답: ②
▸ 해설: 대회 장소와 관광지 이동에 필수 역할을 한다.

5. 쓰촨 지역이 체험형 관광지로 유명한 이유는?

① 해양 스포츠 중심지 ② 산악 트레킹과 판다 생태 체험

③ 사막 마라톤　　④ 스키 중심

▸ 정답: ②
▸ 해설: 산악 지형과 생태관광이 결합한 대표 지역이다.

6. 중국 동계 관광이 빠르게 성장한 주요 요인은?

① 서핑 인구 증가　　② 2022 베이징 동계올림픽 유산
③ 사막 지대 확장　　④ 전통 스포츠 감소

▸ 정답: ②
▸ 해설: 올림픽 이후 스키·스노보드 수요가 급증했다.

7. 중국 스포츠관광 발전의 핵심 요인은?

① 기후 단조로움　　② 국토 규모, 인프라, 국제 이벤트 개최 능력
③ 스포츠 관심 저조　　④ 관광 불가 정책

▸ 정답: ②
▸ 해설: 고속철도, 대도시 인프라, 올림픽 개최 경험이 발전 기반이다.

8. 중국 스포츠관광객이 가장 선호하는 이동 수단은?

① 고속철도　　② 열기구　　③ 말　　④ 도보

▸ 정답: ①
▸ 해설: 빠르고 안전하며 전국 주요 도시를 연결한다.

9. 중국의 산악 스포츠관광 중심지는?

① 구이린　　② 쓰촨 · 윈난 지역
③ 상하이　　④ 홍콩 섬 중심

▸ 정답: ②
▸ 해설: 고원, 산악, 호수 지형이 스포츠관광과 잘 결합된다.

10. 중국의 유산형 스포츠관광 유산지로 유명한 시설은?

① 오사카돔　　② 베이징 워터큐브

③ 방콕 국립경기장   ④ 싱가포르 플라이어

▸ 정답: ②
▸ 해설: 2008년 올림픽 수영 경기가 열렸던 상징적 시설이다.

11. 중국 스포츠관광의 지속가능성 이슈와 가장 밀접한 것은?

① 고산 설상 환경 유지
② 사막 스포츠 개발 제한
③ 대형 스포츠시설의 사후 활용 문제
④ 해양 생태계 훼손

▸ 정답: ③
▸ 해설: 메가 이벤트 이후 대형 시설의 활용과 유지가 지속가능성의 핵심 쟁점이다.

12. 중국 스포츠관광에서 장소성 개념을 가장 잘 설명한 문장은?

① 스포츠 경험은 장소와 무관하다.
② 동일한 종목은 어디서나 같은 관광 가치를 가진다.
③ 스포츠 이벤트와 국가 상징 공간이 결합해 장소성을 형성한다.
④ 접근성만이 스포츠관광의 핵심이다.

▸ 정답: ③
▸ 해설: 베이징 국가체육장과 같은 상징 공간은 스포츠관광의 장소성을 강화한다.

13. 중국 스포츠관광 모델이 한국 스포츠관광에 주는 시사점으로 가장 타당한 것은?

① 국가 주도의 대형 이벤트 전략 강화
② 엘리트 스포츠 성적 최우선 전략
③ 대형 시설 이후 체험형 스포츠관광 콘텐츠의 중요성
④ 스포츠관광의 민영화

▸ 정답: ③
▸ 해설: 중국 사례는 대형 인프라 이후 이를 관광 경험으로 전환하는 콘텐츠 설계의 중요성을 보여준다.

중국 스포츠관광 학습자료

- Chen, X., & Zhang, J. (2015). Sport tourism development in China: Opportunities and challenges. *Journal of Sport & Tourism*, 20(3), 201~220.
- Gibson, H., & Yiannakis, A. (2002). Tourist roles in active sport tourism: The case of Chinese youth. *World Leisure Journal*, 44(3), 37~49.
- Guo, Y., & Chen, S. (2019). Urban sports events and destination branding: Evidence from Shanghai ATP Masters. *Event Management*, 23(6), 987~1002.
- Huang, H., & Lu, L. (2020). Outdoor recreation and ecological tourism in Southwest China. *Journal of Ecotourism*, 19(3), 221~238.
- Li, M., Zhang, J., & Wang, H. (2012). Sport event tourism and city image: A study of the Beijing Olympic legacy. *Tourism Review*, 67(2), 45~56.
- Liu, S. (2011). Mountain sports tourism in Yunnan: Trekking, ecology, and local culture. *Asia Pacific Journal of Tourism Research*, 16(4), 489~505.
- Ma, Y., & Kaplanidou, K. (2017). Beijing marathon participants and destination image formation. I*nternational Journal of Event and Festival Management*, 8(3), 267~284.
- Qian, K., & Yin, H. (2018). Sport tourism consumption patterns in China: A big-data analysis. *Journal of China Tourism Research*, 14(2), 99~118.
- Song, H., & Wu, D. (2016). The role of ski tourism in northeast China's winter economy. *Tourism Economics*, 22(5), 1032~1048.
- Sun, Q., & Li, X. (2021). Sport heritage tourism in China: Case studies from Shaolin martial arts. *Journal of Heritage Tourism*, 16(1), 78~93.
- Tian, Y. (2014). Development of marine sports tourism in Hainan: Trends and strategies. *Marine Tourism Research*, 8(2), 55~72.
- Wang, H., & Harrill, R. (2009). The relationship between sport events and sustainable tourism: Lessons from Guangzhou. *Journal of Travel Research*, 48(2), 234~248.
- Wen, J., & Huang, S. (2015). Sport tourism motivations among domestic tourists in China. *Tourism Management Perspectives*, 14, 43~52.
- Xing, Y., & Chalip, L. (2006). Effects of sport event leverage strategies on host city residents: The Beijing Olympic Games. *European Sport Management Quarterly*, 6(4), 267~289.
- Zhou, L., & Zhang, R. (2020). Cycling tourism and regional development in Guangxi and Yunnan. *Tourism Geographies*, 22(6), 1241~1261.
- 걸작이 된 여행기 열하일기
  https://youtu.be/FfRSxfn30KY?si=FzW1s8_qVe7r5IVH
- 단숨에 읽는 열하일기 1~7부 몰아보기 (연암 박지원의 청나라 여행기록)
  https://youtu.be/ZHa0r_fAa1c?si=ssgBLAgg21X1LV8A

14

질서와 절제, 조화, 전통과 현대, 생활체육과 시스템의 대국, 일본

이 장의 흐름

일본의 스포츠관광은 지형적 다양성, 사계절 기후, 전통과 현대가 공존하는 문화, 그리고 발달한 교통 인프라를 기반으로 관람형, 유산형, 체험형, 운동형 스포츠관광이 가능하다. 홋카이도와 나가노를 중심으로 한 스키·스노보드와 같은 겨울 스포츠, 후지산과 일본 알프스의 등산·트레일러닝과 같은 산악 스포츠, 오키나와의 SUP·스노클링 등 해양레저까지 다양한 자연환경이 스포츠관광 자원으로 활용된다. 일본의 스포츠관광은 선진 인프라를 기반으로 한 관람형 스포츠관광, 생활체육에 뿌리를 둔 체험형과 운동형 관광, 그리고 지역 특화와 웰니스가 결합된 복합적 구조를 지닌다고 할 수 있다.

주요 내용

- 일본의 지형과 문화, 스포츠관광 인프라
- 일본의 올림픽 역사와 스포츠관광
- 일본의 관람형 스포츠관광: 축구, 야구, 스모, F1
- 일본의 유산형 스포츠관광: 올림픽 시설, 스모, 무도
- 일본의 체험형, 운동형 스포츠관광: 온천형 테니스, SUP, 스키

주제어

신칸센, 도쿄올림픽, 홋카이도 스키, 일본 알프스 등산, 오키나와 해양레저, 유도·스모·가라테, 전통 마쓰리 문화, 지역 온천 관광, J리그 축구, 일본 럭비월드컵

일본의 지리 문화

일본의 지형은 스포츠관광 활동을 크게 확장시키는 핵심 요소다. 일본은 전체 면적의 70퍼센트 이상이 산악 지형으로 이루어져 있어 등산, 트레킹, 트레일러닝, MTB 같은 산악형 스포츠관광이 활발하다. 일본 알프스(북알프스, 남알프스, 중앙알프스)는 세계적으로도 수준 높은 산악 트레킹 코스와 절경을 제공하며, 하쿠바, 노자와, 니세코 등은 겨울철 스키 리조트로 세계적 명성을 얻고 있다. 해안선이 길고 복잡해 세토내해, 태평양, 동해 등 다양한 해양 스포츠 환경을 제공하며, 요트, 서핑, 스킨스쿠버, 씨카약 등 체험형 스포츠관광이 사계절 이어진다. 도쿄, 오사카, 요코하마 같은 대도시는 스포츠 이벤트와 스타디움 투어 중심의 관람형 스포츠관광을 형성하며, 온천 지역은 휴양·건강 스포츠관광의 기반을 만든다.

기후는 일본 스포츠관광의 사계절성을 가능하게 한다. 홋카이도와 도호쿠 지역은 겨울 강설량이 많아 세계적 수준의 파우더 스키 문화를 형성하고 있다. 니세코는 오세아니아, 유럽, 북미 관광객에게 매우 인기 있는 스노우 스포츠 중심지이며, 야마가타·아키타 등은 스키와 온천을 결합한 스포츠관광 패턴을 발전시켰다. 반면 규슈와 오키나와는 온난한 기후로 해양 스포츠가 연중 가능하며, 특히 오키나와는 다이빙, 스노클링, 수영, 요트 관광의 중심지다. 혼슈 중부의 교토·나고야·도쿄 지역은 사계절이 뚜렷해 마라톤, 철인3종경기, 사이클링과 같은 운동형 스포츠관광의 최적지로 활용된다. 계절 축제와 스포츠 이벤트가 결합해 시즌별 스포츠관광 패턴이 뚜렷하게 나타난다.

문화적으로 일본은 스포츠와 일상생활이 깊이 연결되어 있어 스포츠관광이 자연스럽게 발전할 수 있는 기반을 갖고 있다. 일본인의 생활체육 참여율은 높으며, 걷기, 러닝, 자전거, 등산 등 일상형 스포츠가 관광과 결합되어 외국인에게도 긍정적인 이미지를 제공한다. 전통 스포츠인 스모는 유산형 스포츠관광의 대표 콘텐츠로, 도쿄 료고쿠 국기관은 관광객에게 인기 있는 명소이다. 검도, 유도, 가라테 같은 무도 문화는 체험형 스포츠관광 상품으로 발전해 외국인 참가자가 꾸준히 증가하고 있다.

일본의 항공

일본의 대표적인 항공사인 전일본공수(ANA)는 일본 스포츠관광의 이동을 가장 폭넓게 지원하는 항공사다. ANA는 도쿄 하네다, 나리타를 중심으로 국내외 노선을 운영하며 홋카이도 · 도호쿠 · 규슈 · 오키나와 등 스포츠관광지가 많은 지역과의 연결성이 뛰어나다. 특히 스키 시즌에는 삿포로(신치토세), 아오모리, 아키타 등 동북 · 북해도의 공항 노선을 강화해 니세코, 후라노, 하쿠바 등 세계적 스키 관광지로의 접근성을 높인다. ANA는 마라톤, 트라이애슬론, 사이클링 이벤트가 열리는 지방도시(삿포로, 나고야, 후쿠오카, 오사카) 이동에서도 관광객의 주요 선택지다.

일본항공(JAL)은 전통적으로 국제선 연결성과 지역 관광 연계가 강하며, 스포츠관광객에게 안정성과 편리함을 제공한다. JAL은 오키나와, 이시가키, 미야코 같은 남부 해양 스포츠 중심지와의 연결이 우수해 다이빙, 스노클링, 요트 여행객이 자주 이용한다. 저비용항공사(LCC)도 스포츠관광에서 중요한 역할을 한다. 피치항공(Peach Aviation)은 오사카 간사이를 중심으로 삿포로, 오키나와, 미야자키 등 스포츠관광 수요가 높은 지역을 저렴한 가격으로 연결해 젊은 스포츠여행자에게 인기가 높다. 제트스타 재팬(Jetstar Japan)은 도쿄 · 오사카 · 나고야에서 국내 주요 도시를 연결하며 마라톤 · 철인경기 참가자, 트레킹 여행객, 도시 스포츠관람객의 이동 비용을 크게 낮추고 있다. 스카이마크(Skymark)는 고베, 나리타, 삿포로 노선이 강해 오사카 · 효고 지역 스포츠 관광객에게 중요한 항공사다.

일본의 관문 공항 중 도쿄 하네다공항은 일본 스포츠관광 이동의 중심 허브다. 도심과 가까워 도쿄돔, 국립경기장, 요요기체육관 등 관람형 스포츠시설 접근성이 매우 뛰어나며, 일본 국내선 노선도 잘 연결되어 스키 · 마라톤 · 해양 스포츠 목적지로 이동하기 가장 효율적이다. 하네다는 프로야구 · 축구 팬들의 원정 이동뿐 아니라 국제 스포츠 이벤트 참가자들의 주요 경유지 역할도 한다. 나리타공항은 국제선 중심 허브이자 아시아 · 미국 · 유럽과 일본을 연결하는 주요 관문이다. 국제 참가자가 많은 도쿄마라톤, 도쿄 올림픽 관련 관광, J리그 빅매치 관람 등 글로벌 팬 이동의 핵심 기능을 한다. 일본을 처음 찾는 스포츠관광객이 가장 많이 이용하는 공항이기도 하다. 오사카 간사이국제공항은 관서 지역 스포츠관광의 중심이다. 교토, 오사카, 고베에 접근성이 뛰어나 한신 타이거스 경기, 세레소 오사카, 가시마 축구 경기 관람객이 많이 찾으며, 와카야마·효고의 사이클링 코스와 시가의 마라톤 대회 참가자 이동에도 중요하다. 간사이 공항은 피치항공의 허브이기도 해 저비용 스포츠여행객의 비중도 높다. 삿포로 신치토세공항은 일본 겨울 스포츠관광의 핵심 공항이다. 오키나와 나하공항은 일본 남부 해양 스포츠관광의 중심으로, 다이빙, 스노클링, 서핑, 카약, 요트 등 체험형 스포츠 관광객이 주로 이용한다.

일본의 대중교통

일본의 대표적인 대중교통인 JR 그룹(Japan Railways Group)은 스포츠관광 이동의 핵심 기반이다. JR 도카이, JR 동일본, JR 서일본, JR 기타 등 지역별 회사들이 운영하는 신칸센과 재래선은 일본 전역의 스포츠 이벤트·리조트·도시 경기장을 연결한다. 신칸센은 도쿄마라톤, 오사카 마라톤, 삿포로 스키 관람, 히로시마·고베 야구장 방문, 나가노·니가타의 스키 리조트 이동 등 스포츠 여행에서 가장 중요한 교통수단이다. 도쿄 지하철(도쿄메트로, 도에이선)은 도쿄돔, 국립경기장, 요요기체육관, 스미다 경기장 등 주요 스포츠시설과 직결되어 경기 관람객 이동이 매우 편리하다. 오사카 지하철도 교세라돔, 판테린 돔 나고야, 오사카조홀 등 관람형 스포츠관광지 접근성을 높인다. 지하철은 러닝 이벤트, K-트레일 행사, e스포츠 대회 등과도 밀접하게 연계되어 있다. 고속버스(하이웨이 버스)는 도쿄, 오사카, 나고야, 후쿠오카 같은 대도시와 스키 리조트, 온천 지역, 해양 스포츠 지역을 연결한다. 스키 시즌에는 도쿄-니세코, 오사카-하쿠바, 나고야-시가코겐을 잇는 스키버스가 집중적으로 운행되어 관광객의 이동 편의성이 높다.

일본의 올림픽 역사

일본의 올림픽 개최 역사는 1964년 도쿄 하계올림픽으로 시작된다. 이 대회는 아시아 최초의 올림픽으로, 일본이 전후 부흥을 세계에 알리는 결정적 계기였다. 신칸센 개통, 고속도로 확충, 국립경기장 건설 등 교통과 도시 인프라가 대폭 개선되었고, 이는 이후 일본 스포츠관광의 기반이 되었다. 1972년 삿포로 동계올림픽은 아시아 최초의 동계올림픽으로 일본 겨울 스포츠관광의 출발점이 되었다. 삿포로와 니세코, 후라노 등 홋카이도 지역은 올림픽 이후 스키 리조트를 대규모로 개발하여 국제적인 겨울 스포츠 목적지로 성장했다. 이후 일본 스키장은 오세아니아, 유럽, 북미 관광객에게 매우 인기가 높아졌고, 파우더 스노우(가루눈)로 유명한 니세코는 세계 3대 스키 목적지 중 하나로 평가된다. 삿포로의 올림픽 시설은 현재도 운영되며 스키 점프대 투어, 동계 스포츠 체험 프로그램 등 유산형 스포츠관광 콘텐츠로 활용되고 있다. 1998년 나가노 동계올림픽은 일본 동계 스포츠관광을 한 단계 더 확장시켰다. 나가노 올림픽은 자연 환경과 스키 문화를 결합한 지속 가능한 스포츠관광 모델을 제시했다는 평가를 받는다. 2020년 도쿄 올림픽은 코로나19 팬데믹이라는 특별한 상황 속에서 개최되었지만, 도시형 스포츠관광의 새로운 흐름을 만들어냈다. 국립경기장, 유메노시마 아치리, 오다이바 트라이애슬론 코스 등은 스포츠관광의 명소가 되었다.

일본의 스포츠관광

일본의 관람형 스포츠관광은 세계적 규모의 프로 스포츠와 국제대회를 중심으로 발전해 왔다. 일본 프로야구(NPB)는 도쿄돔, 교세라돔, 후쿠오카 페이페이돔 등 각 지역의 랜드마크 경기장에서 진행되며 국내외 팬들의 방문이 꾸준하다. J리그 축구도 지역 연고가 강해 원정 응원과 도시 관광이 결합된 스포츠관람 패턴을 형성한다. 스모는 일본 관람형 스포츠관광의 상징으로, 도쿄 료고쿠 국기관은 외국인 관광객이 반드시 찾는 스포츠 유산이자 문화적 체험 공간이다. 모터스포츠에서는 스즈카 서킷의 F1 일본 그랑프리가 유명하며, 테니스의 도쿄·오사카 투어대회, 럭비 일본 리그원 경기 등 다양한 관람형 콘텐츠가 도시 관광과 결합되어 강력한 관광 매력을 만들어낸다. 일본의 유산형 스포츠관광은 올림픽 유산, 전통 무도, 역사적 경기장을 중심으로 이루어진다. 도쿄 국립경기장과 1964년 올림픽 시설은 올림픽 투어 프로그램과 함께 도시 스포츠유산 관광의 핵심이다. 일본의 체험형 스포츠관광은 산악·해양·온천이 결합된 자연 기반 활동이 중심이다. 일본 알프스와 후지산 등은 트레킹, 트레일러닝, 등산 체험이 활발하며, 초보자부터 숙련자까지 다양한 난이도를 제공한다. 홋카이도와 오키나와는 체험형 스포츠의 양극단을 보여주는 지역으로, 홋카이도에서는 스노우슈잉, 스노우트레킹, 개썰매가 가능하고, 오키나와에서는 스노클링, 다이빙, 카약, 요트 체험이 성행한다. 세토내해와 이즈반도에서는 해양 카약, SUP 체험이 인기를 끌며, 각 지역의 온천 문화는 체험형 스포츠 이후 휴양과 결합해 독특한 관광 경험을 제공한다. 일본의 운동형 스포츠관광은 마라톤, 철인경기, 사이클링을 중심으로 매우 활발하다. 도쿄마라톤은 세계 6대 메이저 대회 중 하나로 글로벌 참가자 비중이 매우 높으며, 오사카·교토·나고야 마라톤도 도시 유산과 결합된 인기 대회다. 철인3종경기는 요코하마, 미야코지마(아이언맨 재팬)에서 유명하며 자연환경과 도시 경관이 결합된 운동형 스포츠관광 상품으로 자리 잡았다. 사이클링은 시마나미카이도 코스가 대표적이며, 섬과 다리를 잇는 경관이 아름답다.

일본 야구 관광

일본의 야구관광은 특유의 야구 문화와 지역성이 결합된 복합 관광 형태로 발전한다. 관람형 측면에서 일본 프로야구는 도쿄 돔과 고시엔 구장 같은 상징적인 경기장을 중심으로 팀별 특색 있는 응원 문화, 정교한 경기 운영, 팬 중심의 이벤트가 결합되어 경기 관람 자체가 하나의 관광 목적이 되며 외국인 관광객에게 강한 매력을 제공한다. 체험형 측면에서는 경기장 투어, 훈련장 방문, 배팅 체험, 선수와의 교류 프로그램 등이 마련되어 관광객이 일본 야구의 분위기와 문화를 직접 경험할 수 있으며 구단별 체험 프로그램은 팬들의 몰입감을 높인다. 운동형 관광에서는 사회인 야구, 아마추어 대회, 국제 친선 경기 참여 기회가 제공되어 외국인 팀이나 동호회가 일본을 방문해 실제로 경기를 치르거나 훈련 캠프를 운영하며 일본의 체계적인 야구 환경을 경험한다. 유산형 관광에서는 고교야구의 성지인 고시엔을 중심으로 한 오래된 야구 전통, 전설적인 선수들의 기록과 시대별 변화를 소개하는 야구박물관, 구단 히스토리 전시 등이 관광객에게 일본 야구가 지닌 문화적·역사적 의미를 전달하여 교육적 가치와 감성적 경험을 동시에 제공한다.

일본 테니스 관광

관람형 스포츠관광 측면에서 일본은 라쿠텐 재팬 오픈, 도쿄 예이세이 여자 대회(WTA), 데이비스컵·페드컵 등 국제대회를 꾸준히 개최하며 아시아 테니스 허브로 자리 잡고 있고 도쿄 아리아케 콜로세움과 같은 전문 경기장은 국제적 수준의 관람 환경을 제공하고 국내외 팬들의 방문을 촉진한다. 운동형 테니스 관광에서는 생활체육 기반의 테니스 대회, 지역 동호회 경기, 학생·동호회팀의 원정 경기, 테니스 캠프 등이 꾸준히 운영되면서 외국인 관광객이 실제 경기에 참여하는 구조가 형성되고 일본의 체계적인 코트 시설, 심판 시스템, 실내·실외 다양한 환경은 운동형 관광의 실효성을 높인다. 특히 홋카이도, 규슈 등은 합숙형 테니스 캠프 장소로도 인기가 높다. 유산형 측면에서 일본은 근대 테니스 도입 역사와 지역별 테니스 전통이 발전하여 유산형 관광 자원으로 활용되고 경기장 주변 테니스 전시 공간, 일본 테니스협회 자료관, 전통 테니스 클럽의 역사 콘텐츠가 일본 테니스의 성장 과정과 대표 선수들의 업적을 소개한다. 일본 테니스의 원류적 공간인 요코하마·고베 등은 근대 스포츠 문화가 자리 잡은 지역으로 테니스 발전사를 체험하는 관광 자원으로 기능하며 전설적 선수 관련 콘텐츠는 스토리텔링 기반의 유산형 테니스 관광을 강화한다.

(일본 사라코 테니스 경기장)

일본 스포츠관광 여정 지도

여정 지도	그림, 장소, 점, 화살표로 표시

※ 손 글씨로 표에 내용을 기입하고 사진을 찍어서 클라썸에 과제로 제출.

일본 스포츠관광 여정

목적	
여정(기간)	(　　　　　)~(　　　　　)
비용	
스포츠관광 유형	Sp　　Lg　　Ep　　At
전자여행허가서 이름, 비용	
비자 준비 유무	
항공사 이름과 코드	
공항 이름과 코드	
통신(유심) 이름과 비용	
기차 이름과 비용	
버스	
지하철	
택시	
자전거	
렌트카	
숙박	
음식	
목적지	

※ 손 글씨로 표에 내용을 기입하고 사진을 찍어서 클라썸에 과제로 제출.

〈일본 스포츠관광 퀴즈 문항〉

1. 일본에서 가장 대표적인 겨울 스포츠관광지는?

① 홋카이도 ② 오키나와 ③ 규슈 ④ 시코쿠

▸ 정답: ①
▸ 해설: 홋카이도는 일본 최고의 겨울 스포츠 명소이다.

2. 삿포로 동계올림픽이 개최된 연도는?

① 1972년 ② 1988년 ③ 1998년 ④ 2002년

▸ 정답: ①
▸ 해설: 삿포로는 아시아 최초로 동계올림픽을 개최하였다.

3. 일본의 대표 산악 스포츠관광지인 '일본 알프스'가 위치한 섬은?

① 혼슈 ② 홋카이도 ③ 시코쿠 ④ 규슈

▸ 정답: ①
▸ 해설: 일본 알프스는 트레킹·클라이밍 명소로 유명하다.

4. 일본 스포츠관광 인프라 발전에 큰 계기를 제공한 대형 국제 이벤트는?

① 1964 도쿄올림픽 ② 2010 상하이엑스포
③ 1993 다낭 AG ④ 1950 런던올림픽

▸ 정답: ①
▸ 해설: 1964 도쿄올림픽은 일본 현대 스포츠 인프라 확립과 관광 발전의 분기점이 되었다.

5. 동계올림픽 개최 후 스키 관광지가 크게 성장한 일본 지역은?

① 나가노 ② 고베 ③ 가나자와 ④ 오타루

▸ 정답: ①
▸ 해설: 1998 나가노 동계올림픽 이후 스키·겨울 레저 관광이 급성장했다.

6. 일본의 유명 철인3종 대회가 개최되는 지역은?

① 미야코지마　② 삿포로　③ 센다이　④ 도야마

▸ 정답: ①
▸ 해설: 미야코지마 트라이애슬론은 열대 해양 환경을 활용한 대회이다.

7. 일본 스포츠관광의 형성 배경을 가장 구조적으로 설명한 것은?

① 민간 상업 스포츠 중심 구조　② 메가 이벤트 단발성 중심 구조
③ 자연 환경과 전통 문화, 현대 스포츠의 결합 구조

▸ 정답: ③
▸ 해설: 일본 스포츠관광은 산악, 해양, 온천 등이 결합된 구조를 가진다.

8. 일본 스포츠관광에서 '유산형(Nostalgia)' 스포츠관광의 대표적 사례는?

① 도쿄 마라톤 참가　② 프로야구 경기 관람
③ 료고쿠 국기관 방문　④ 오키나와 다이빙 체험

▸ 정답: ③
▸ 해설: 스모는 일본 전통 문화와 결합된 대표적인 유산형 스포츠관광 자원

9. 일본 관람형 스포츠관광의 전형적 사례로 가장 적절한 것은?

① 후지산 등반　② 시코쿠 헨로길 걷기
③ 고시엔 고교야구 대회 관람　④ 온천 휴양

▸ 정답: ③
▸ 해설: 고시엔 대회는 대표적 관람형 스포츠관광이다.

10. 다음 중 일본 스포츠관광의 지속가능성 이슈로 가장 핵심적인 것은?

① 대형 실내 경기장 부족　② 고산 설상 스포츠 과잉
③ 인구 감소 지역의 스포츠관광 유지　④ 국제 스포츠 이벤트 과다

▸ 정답: ③
▸ 해설: 인구 감소는 지역 기반 스포츠관광 지속성에 큰 영향을 미친다.

11. 일본 스포츠관광에서 장소성(place identity)을 가장 잘 설명한 문장은?

① 스포츠는 장소와 무관하게 동일한 경험을 제공한다.

② 동일 종목은 어디서나 같은 관광 가치를 가진다..

③ 특정 스포츠 경험이 지역의 역사와 생활문화와 결합해 형성된다.

④ 접근성만이 스포츠관광의 핵심이다.

▸ 정답: ③

▸ 해설: 일본 스포츠관광은 지역의 역사와 일상 문화가 스포츠 경험과 결합해 강한 장소성을 만든다.

12. 일본 스포츠관광 모델이 한국 스포츠관광에 주는 시사점은?

① 메가 이벤트 유치 경쟁 강화

② 엘리트 스포츠 중심 정책

③ 지역 문화와 스포츠의 관광화

④ 대형 스포츠시설 확충

▸ 정답: ③

▸ 해설: 일본 사례는 지역의 일상 문화와 스포츠를 결합한 지속가능한 관광 전략의 중요성을 보여준다.

13. 일본 스포츠관광에서 온천 문화가 갖는 의미로 가장 적절한 것은?

① 스포츠와 무관한 관광 요소

② 고급 관광객 전용 서비스

③ 스포츠활동 이후 회복과 휴식을 결합한 웰빙 요소

④ 단순 숙박 대체 수단

▸ 정답: ③

▸ 해설: 온천은 스포츠활동 후 회복과 휴식을 결합한 스포츠관광의 핵심 요소이다.

- Aoki, N., & Sato, S. (2017). Sport tourism development in Japan: Trends, challenges, and opportunities. *Journal of Sport & Tourism*, 21(3), 245~260.
- Brewer, B. (2019). Legacy of the Tokyo 2020 Olympics: Urban regeneration, tourism, and sport consumption. *International Journal of Sport Policy and Politics*, 11(4), 601~620.
- Fukushima, A., & Horne, J. (2016). Running events and mass participation sport in Japan: The rise of marathon tourism. *Asia Pacific Journal of Sport and Social Science*, 5(2), 156~169.
- Haga, H., & Tanaka, K. (2015). Adventure tourism and outdoor sports in Hokkaido: A case study of ski and snowboard tourism. *Journal of Outdoor Recreation and Tourism*, 12, 25~36.
- Horne, J., & Whannel, G. (2011). *Understanding the Olympics: Japan and global sports culture*. London: Routledge.
- Ishii, K., & Okada, M. (2020). Cycling tourism and regional revitalization in Japan: The Shimanami Kaido model. *Tourism Management*, 78, 104~112.
- Kato, T. (2018). Sport events and destination branding: The case of Rugby World Cup 2019 in Japan. *Event Management*, 22(5), 789~804.
- Koike, M. (2014). Baseball as a cultural tourism resource in Japan: Fan mobility and stadium experience. *Sport in Society*, 17(3), 360~375.
- Manzenreiter, W. (2014). Japanese football, globalization, and sport tourism flows in Asia. *International Review for the Sociology of Sport*, 49(6), 704~722.
- Mori, S., & Yamamoto, K. (2016). Wellness tourism and sports participation among Japanese domestic travelers. *Journal of Travel Research*, 55(6), 764~776.
- Nakamura, Y., & Sasaki, T. (2021). Tokyo 2020 and the evolution of sport tourism in Japan: Impacts and future prospects. *Sustainability*, 13(14), 8123.
- Sato, S., Jordan, J. S., & Funk, D. C. (2016). The role of destination image in sports tourism: Evidence from Japanese marathon runners. *Journal of Leisure Research*, 48(2), 92~110.
- Sugimoto, A., & Ito, H. (2019). Golf tourism and inbound travel dynamics in Japan. *Journal of Vacation Marketing*, 25(4), 531~545.
- Takao, Y., & Kinoshita, Y. (2015). Mount Fuji climbing tourism: Managing environmental sustainability and outdoor sports demand. *Tourism Geographies*, 17(5), 679~696.
- Yamashita, H., & Kimura, T. (2020). Sport policy and community-based event tourism in Japan. *Sport Management Review*, 23(4), 543~556.

15

빠르고 압축적인 올림픽 유산, 스포츠관광의 미래, 한국

이 장의 흐름

한국은 산과 바다, 강이 고루 분포한 지형과 사계절이 뚜렷한 기후 덕분에 다양한 형태의 스포츠관광이 발달하였다. 겨울에는 강원도의 스키와 스노보드 같은 동계 스포츠가, 여름에는 부산과 제주도의 해양 스포츠가 활발하게 이루어진다. 또한 태권도, 씨름 등 전통 스포츠를 체험할 수 있는 프로그램은 외국인 관광객에게 한국 문화의 정체성을 체험하게 하는 중요한 관광 자원으로 활용되고 있다. 1988년 서울올림픽, 2002년 한일월드컵, 2018년 평창동계올림픽 등 국제 스포츠 행사를 성공적으로 개최한 경험은 한국의 스포츠관광 인프라를 발전시키고, 세계 속의 스포츠관광 국가로 도약하는 계기가 되었다.

주요 내용

- 한국의 지형과 문화, 스포츠관광 인프라
- 한국의 올림픽 역사와 스포츠관광
- 한국의 관람형 스포츠관광: 축구, 야구, 농구, 배구
- 한국의 유산형 스포츠관광: 서울올림픽 박물관
- 한국의 체험형, 운동형 스포츠관광: 스키, 테니스, SUP

주제어

한류문화, K리그 축구, KBO 프로야구, 한강, 강원 스키, 제주 해양스포츠, 전통무예(국궁 · 택견), 평창, 올림픽 유산, 월드컵 경기장, 도시형 러닝코스, 복합관광 인프라

한국의 지형과 문화

한국은 지형과 기후, 그리고 문화가 조화를 이루며 스포츠관광 발전에 매우 유리한 조건을 갖춘 나라로 평가된다. 우선 지형적 측면에서 한국은 국토의 약 70%가 산지로 구성되어 있어 사계절 내내 다양한 산악 스포츠가 이루어지기 좋은 환경을 제공한다. 설악산, 지형산, 한라산을 비롯한 주요 산악 지대는 등산과 트레킹, 트레일러닝, 산악자전거 등 자연 기반 스포츠 활동의 중심지로 활용되고 있으며, 산악 관광 자체가 하나의 특별한 스포츠관광 콘텐츠로 자리 잡고 있다. 또한 삼면이 바다로 둘러싸인 한반도의 해안선은 매우 다양한 형태를 지니고 있어, 동해의 높은 파도는 서핑과 프리다이빙, 스쿠버다이빙에 적합하고 남해와 서해의 완만한 해안과 다도해는 요트, 카약, 크루즈 투어, 낚시 관광 등 체류형 해양 스포츠관광의 기반이 되고 있다. 주요 하천과 계곡 역시 수상레저, 카누 투어, SUP와 같은 친환경 스포츠관광 자원으로 새롭게 재해석되고 있다.

기후적 특징 역시 스포츠관광에 강점을 제공한다. 한국은 뚜렷한 사계절을 보이는 온대성 기후를 가지고 있어 계절에 따른 스포츠 활동의 차별화가 가능하다. 봄과 가을은 기온과 날씨가 안정적이어서 마라톤, 로드사이클링, 트레킹 같은 야외 스포츠가 가장 활발해지는 시기이며, 여름에는 고수온과 풍부한 해양 관광 수요로 인해 해수욕, 수상레포츠, 해양 축제들이 절정에 이른다. 겨울에는 기온이 낮고 눈이 자주 내려 스키와 스노보드 같은 동계 스포츠가 활성화되며, 이는 강원권을 중심으로 한 동계 스포츠관광 산업의 성장에 중요한 기반이 된다. 이러한 사계절 기후는 스포츠관광 산업을 단일 시즌에 집중시키지 않고 연중 운영이 가능하도록 해, 관광의 분산 효과와 함께 지역경제 활성화에도 기여한다.

문화적 측면에서 한국은 공동체 중심의 전통과 현대적 문화가 혼재되어 스포츠관광의 콘텐츠 확장을 가능하게 한다. 지역 축제와 공동체 기반 체육문화는 스포츠 이벤트와 쉽게 결합되며, 마라톤 대회나 트레일러닝 행사처럼 지역 자체가 브랜드가 되는 사례도 많다. 또한 국궁, 씨름, 택견과 같은 전통 스포츠는 외국인에게 특별한 체험 요소로 작용할 수 있어 전통문화와 스포츠를 연결한 체험형 관광 프로그램 개발에 높은 가치가 있다.

한국의 항공

한국의 항공사 가운데 대한항공과 아시아나항공은 세계 주요 도시와 한국을 연결하는 넓은 국제 노선망을 갖추고 있어 국제 스포츠 이벤트의 참가자와 선수단, 미디어 관계자, 팬들의 이동을 안정적으로 지원한다. 제주항공, 진에어, 티웨이항공과 같은 저비용항공사는 저렴한 비용과 촘촘한 국내 노선 운영을 통해 국내 스포츠관광 활성화에 중요한 역할을 한다. 제주도, 부산, 강원도처럼 스포츠관광 수요가 높은 지역으로의 접근성을 크게 높여 마라톤, 철인3종경기, 스키·보드 여행 등 단기 참여형 스포츠관광을 촉진한다. 이러한 LCC의 성장 덕분에 반복 방문이 늘어나고 스포츠관광의 대중화도 빠르게 진행되고 있다.

한국의 공항 역시 스포츠관광의 관문으로서 중요한 위치를 차지한다. 인천국제공항은 국내 항공 네트워크의 중심이자 국제 스포츠관광의 주요 허브로, 높은 연결성과 수준 높은 서비스로 외국인 관광객의 첫인상을 결정하는 역할을 한다. 부산의 김해국제공항은 동남권 스포츠관광의 핵심 관문으로, 부산국제마라톤, 해양레포츠 축제, 철인3종경기 등 지역 기반 스포츠 이벤트에 외국인 관광객 유입을 쉽게 한다. 제주국제공항은 제주도의 스포츠관광 산업을 지탱하는 핵심 인프라로, 제주 골프투어, 국제마라톤, 철인3종경기, MTB 레이스 등 사계절 스포츠관광 수요를 지원한다.

한국의 대중교통

전국 주요 도시를 연결하는 KTX와 SRT는 속도가 빠르고 정시성이 높아 스포츠 이벤트가 열리는 지역으로의 접근을 크게 향상시킨다. 시외버스와 고속버스는 철도로 연결되지 않은 중소 도시나 자연 기반 스포츠관광지까지 이동할 수 있는 가장 실용적인 수단이다. 트레킹, MTB, 오지형 러닝 이벤트처럼 자연 지형 중심 스포츠 관광은 대중교통이 닿기 어려운 지역에서 이루어지는 경우가 많은데, 버스망이 이를 보완하여 행사장과 관광지를 넓게 연결해 준다. 일부 관광도시에서는 순환형 셔틀버스나 관광 전용 노선을 운영하여 경기장, 축제장, 해변 등 스포츠관광 지점 접근을 용이하게 하고 있다.

도시 대중교통인 지하철은 스포츠관광객이 도시 내에서 이동할 때 가장 실용적이고 편리하다. 서울, 부산, 대구, 광주 등 대도시의 지하철망은 경기장, 스포츠 복합시설, 콘서트·이벤트 장소, 공원형 스포츠시설 등과 직접 연결되는 경우가 많아 관람형 스포츠관광에서 매우 큰 장점을 제공한다. 한국의 택시는 비교적 합리적 비용과 높은 이용 편의성을 갖추고 있으며, 카카오택시와 같은 앱 기반 호출 서비스는 방문객이 낯선 지역에서도 쉽게 이동할 수 있도록 돕는다. 이는 장비를 들고 이동해야 하는 골프, 스키, 서핑 관광객이나 새벽·야간 경기 일정이 있는 관광객에게 특히 유용하다. 최근에는 자동차 공유 서비스, 전동킥보드, 전기자전거 등 개인형 모빌리티도 확산되면서 도시 내 단거리 스포츠활동 참가와 경기장 주변 이동의 편의성이 크게 향상되었다.

한국의 숙박 시설

현재 인천 차이나타운에 위치하고 있는 대불호텔(1888년)은 인천 제물포에 개관한 한국 최초의 근대식 호텔로써 개항 이후 제물포항을 통해 유입된 외국 상인, 외교관, 선원 등을 주요 고객으로 하였다. 서울 정동에 개관한 손탁호텔(1902년)은 한국 최초의 서양식 호텔로써 근대 호텔의 출발점이며 외교관, 선교사, 상인을 주요 고객으로 하였다. 조선호텔(1914년)은 일제강점기 대표적인 근대 호텔로, 철근 콘크리트 구조와 서양식 설비를 갖춘 대형 호텔이었다. 반도호텔(1920년)은 경성의 중심부에 위치하며 상업, 금융, 관광 기능이 결합된 근대 도시 공간 속 호텔이었다. 한국의 숙박 산업을 대표하는 기업들 가운데 호텔롯데(Lotte Hotels & Resorts), 신라호텔(Hotel Shilla), 한화리조트, 대명리조트(현 소노호텔&리조트), 현대호텔&리조트 등은 스포츠관광객에게 안정적인 숙박 기반을 제공하는 주요 기업으로 꼽힌다. 이들은 전국 각지에 호텔이나 리조트를 운영하여 주요 스포츠 이벤트가 열리는 도시와 자연 기반 스포츠 관광지에 고르게 분포하고 있으며, 부대시설과 서비스의 전문성을 통해 스포츠 목적 관광객의 편의를 강화한다. 이 외에도 골프 관광이 활성화된 한국에서는 블루원 리조트, 라한호텔, 제주 중문관광단지 내 골프 리조트 등 전문·특화형 숙박 기업이 스포츠관광 수요를 견인하고 있다. 특히 제주를 중심으로 한 골프 리조트는 글로벌 관광객 유입이 많아 숙박, 레스토랑, 클럽하우스 등 고급 서비스를 제공하며 운동형 스포츠관광을 촉진하고 있다.

한국의 스포츠관광 음식

한국의 대표적인 패스트푸드·간편식 브랜드로 꼽히는 김밥천국과 김가네는 스포츠관광객에게 매우 실용적인 식사 선택지로 기능한다. 김밥, 라면, 덮밥 등 빠르게 제공되는 메뉴가 중심이며, 영양 균형을 갖춘 간편식 형태가 많아 등산, 트레킹, 마라톤 참가자들이 이동 중 혹은 활동 전후에 부담 없이 이용하기 좋다. 프랜차이즈 한식 브랜드인 본도시락과 본죽은 활동량이 많은 관광객에게 회복형 식사로 적합한 브랜드다. 본도시락은 균형 잡힌 반찬 구성과 충분한 칼로리를 제공해 스포츠 참여 후 체력 보충에 좋으며, 본죽은 소화가 편한 죽 메뉴를 중심으로 운영되어 경기 전 컨디션 관리가 필요한 참가자들에게 선호된다. 국물 요리를 중심으로 한 브랜드들도 스포츠 관광객에게 중요한 역할을 한다. 감자탕 브랜드인 놀부부대찌개, 제주 큰맘할매순대국, 신선설농탕 등은 고강도 활동 후 따뜻한 국물이 필요한 관광객들에게 회복의 기능을 제공한다. 이들 브랜드는 매운맛, 고단백 국물 요리, 고기를 중심으로 한 식류 등을 제공해 소모된 에너지를 빠르게 보충할 수 있도록 한다. 겨울철 스키 관광이나 산악 스포츠 행사 후에는 이러한 브랜드의 이용 빈도가 더욱 높아진다. 치킨 브랜드는 한국 스포츠관광에서 빼놓을 수 없는 요소이다. BBQ, 교촌치킨, BHC 같은 브랜드는 야구, 축구 등 경기 관람형 스포츠 관광과 자연스럽게 연결된다. 경기장 주변이나 숙박지에서 간편하게 배달받을 수 있어, 경기 전후 동행자들과 함께 즐기기 좋은 메뉴다.

한국의 올림픽 역사

대한민국이 올림픽과 본격적으로 연결되기 시작한 것은 1948년 런던 올림픽에서 독립국 자격으로 처음 참가하면서부터이다. 1970년대와 1980년대는 경제 성장과 함께 스포츠 분야에서도 경쟁력이 생겼다. 88서울올림픽은 한국이 산업화 시대를 넘어 세계로 도약하는 전환점이 되었고 이후 해외 여행이 자율화 되면서 국제화 시대의 문을 열었으며 스포츠관광의 본격적으로 이루어졌다. 1992년 알베르빌 동계올림픽 이후 쇼트트랙과 피겨스케이팅에서 좋은 성적으로 보여주었고 2018년에는 평창 동계올림픽 유치하였다.

양정모 선수는 1976년 몬트리올 올림픽 레슬링에서 한국 최초의 올림픽 금메달을 획득하며 스포츠 선구자의 위치를 확립했다. 마라톤에서는 일제강점기 손기정과 1992년 바르셀로나 올림핑의 황영조, 그리고 도쿄마라톤에서 우승한 이봉주 선수가 상징적 인물로 꼽힌다. 동계 스포츠에서는 김연아가 2010년 밴쿠버 올림픽에서 피겨스케이팅 금메달을 획득하였고 쇼트트랙에서는 김기훈, 전이경, 최민정 등의 선수가 국제대회에서 꾸준히 성과를 내고 있다. 양궁의 김수녕, 축구의 손흥민 등은 세계적인 선수로 두각을 나타내고 있고 태권도에서도 많은 금메달리스트를 배출했다.

한편 올림픽 축구 1호골의 주인공 최성곤(1922~1951)은 1922년 울산광역시 중구 북정동에서 출생하였다. 1935년 울산공립보통학교를 졸업했고, 1938년 전일본축구대회에서 팀이 중학부 우승을 차지하면서 축구 선수로 명성을 날렸다. 이후 국가 대표 선수가 되었으며 ‘그라운드의 표범’, ‘아시아의 준족(駿足)’

이라고 불리었다. 1947년에 국가 대표 선수로 상하이[上海], 홍콩, 사이공[현 호찌민], 마카오 등의 원정 경기에 참가하여 두드러진 활약을 보였다. 1948년에는 제14회 런던올림픽 멕시코와의 16강전에서 전반 13분 만에 첫 골을 넣어 올림픽 축구팀 첫 골의 주인공이 되었고, 팀의 8강 진출을 이끌었다.

한국의 스포츠관광

한국의 관람형 스포츠관광은 프로 스포츠 리그의 활성화와 대형 국제 스포츠 이벤트 개최 경험을 기반으로 꾸준히 성장해 왔다. KBO 야구, K리그 축구, V리그 배구는 국내 관람객뿐 아니라 외국인 관광객에게도 매력적인 콘텐츠로 자리를 잡았다. 유산형 스포츠관광은 한국의 스포츠 역사와 문화유산을 체험하는 형태로, 서울 손기정 기념관, 태릉·선수촌, 평창 올림픽 기념관 등은 한국 스포츠의 발전 과정을 보여주는 대표적인 유산형 관광지다. 또한 서울올림픽공원은 1988년 서울올림픽의 흔적을 보존하면서도 시민 스포츠활동 공간으로 활용되고 있어 역사성과 현재성이 공존하는 사례로 평가된다. 태권도의 본산인 국기원 방문, 전통 씨름 경기 체험, 고대 무예 관련 관광 요소 등도 유산형 스포츠관광의 범주에 포함될 수 있다. 체험형 스포츠관광으로 트레킹과 등산은 사계절 내내 즐길 수 있는 대표적인 체험형 관광으로, 설악산, 지리산, 한라산 등 국립공원은 국내외 관광객에게 큰 인기를 끌고 있다. 최근에는 트레일러닝, 패러글라이딩, 산악자전거(MTB), SUP 같은 활동도 스포츠관광 산업으로 성장하고 있다.

전국체육대회(전국체전)

전국체육대회(全國體育大會, National Sports Festival)는 대한민국에서 매년 개최되는 가장 규모가 큰 종합 스포츠 행사로, 국내 스포츠 발전과 지역 관광 활성화에 중요한 역할을 하는 올림픽 유산이다. 전국체육대회는 1920년 '조선체육회 경기대회'로 시작되었으며, 1945년 광복 이후 '전국체육대회'로 명칭이 바뀌었다. 대한체육회가 주최하고 각 지방자치단체가 순회 개최하는 형태로 운영되며 학생부, 일반부, 마스터즈부(동호인부) 등으로 구분된다. 개최지에는 선수단, 임원, 응원단, 관광객 등 2만 명이 방문하면서 숙박, 음식, 교통, 쇼핑 등 다양한 소비가 발생한다. 전국체전을 위해서 새로운 경기장과 체육시설이 건립되거나 개보수되며, 지역 특산품과 관광자원이 함께 홍보되고 문화관광과 결합된 스포츠축제이다.

전국생활체육대축전

전국생활체육대축전(National Sports for All Festival)은 대한민국에서 매년 열리는 국민 참여형 스포츠 축제로, 생활체육인들이 함께 즐기고 교류하는 국내 최대 규모의 생활체육 행사로서 '모두가 참여하는 스포츠 관광축제'이다. 전국생활체육대축전은 1990년대 초반부터 시작되어 현재는 대한체육회와 지방자치단체가 공동 주최하며, 매년 전국의 시·도가 순회 개최한다. 참가자는 전문 선수나 학생이 아닌 일반 시민, 동호인, 가족 단위의 생활체육인들로 구성되어 있으며, 축구, 배드민턴, 게이트볼, 탁구, 볼링, 배구 등 다양한 종목에 참가한다. 스포츠관광의 관점에서 이 대회는 '참여형 스포츠관광(Active Sport Tourism)'의 대표적 사례이다. 참가자들은 경기에 출전하기 위해 각 지역을 방문하면서 동시에 숙박, 음식, 지역 관광을 즐긴다. 또한 대회 기간에는 각 개최 도시에서 지역문화공연, 전통시장 체험, 지역축제 등이 함께 열린다.

한국의 SUP 관광

SUP 관광은 신체 활동성과 도전성을 요구한다. 패들링 과정에서 상지와 코어 근육을 지속적으로 사용하며 균형 감각과 유산소 지구력이 동시에 필요하다. 한국에서 SUP는 2000년대 후반부터 2010년대 초반까지로, 해외 서핑 문화와 함께 SUP가 한국에 처음 소개되었다. 하와이와 호주를 중심으로 확산된 SUP 문화가 국내 서핑 인구 증가와 맞물리며 제주도와 양양 등 서핑 기반 지역을 중심으로 유입되었다.

(울산 대왕암 섭 투어)

2010년대 중반 이후로, 장비의 경량화와 공기주입식 보드의 보급으로 접근성이 크게 향상되었다. 동시에 해양 레저 산업 육성 정책, 해변 관광 활성화, 여가 스포츠 참여 인구 증가가 맞물리며 체험형 SUP 프로그램이 전국적으로 확산되었다. 한강, 낙동강, 금강 등 내륙 수변 공간에서도 SUP가 도입되면서 해양 중심 스포츠에서 하천과 호수로 활동 무대가 확대되었다. 2010년대 후반부터는 SUP가 단순한 레저 활동을 넘어 스포츠관광 콘텐츠로 구조화된 시기이며 제주도, 거제, 통영, 부산, 양양 등 주요 관광지에서는 SUP 체험, 투어, 교육 프로그램이 관광 상품으로 운영되기 시작하였다. 2020년대 들어서는 코로나19 이후 비대면, 자연 친화형 여가 활동에 대한 선호가 증가하면서 SUP 참여 인구가 늘게 되었다. 제주도의 맑은 연안, 거제 해금강과 통영 비진도의 해식 지형, 부산 광안리, 울산 태화강의 도시 해변은 초보자도 비교적 안전하게 참여할 수 있는 공간으로 활용된다.

한국의 테니스 관광

한국의 테니스는 20세기 초 서구 외교관, 선교사, 일본인 거주자를 통해 전파되었으며, 주로 외국인 학교와 관사, 군 관련 시설을 중심으로 이루어졌다. 1950년대는 대한테니스협회가 창립되면서 전국 단위의 대회와 선수 선발 체계가 마련되었고, 학교 체육을 중심으로 테니스가 점차 확산되기 시작하였다. 1960년대와 1970년대는 엘리트 스포츠가 성장하였고 1988년 서울올림픽 개최와 함께 1990년대 이후에는 생활체육 테니스의 대중화되었으며 최근에는 엘리트, 생활체육, 스포츠산업이 병존하는 구조로 전개되고 있다.

(서귀포 칠십리 전국 동호인 테니스대회)

한국의 생활체육 기반의 테니스 대회는 운동형 스포츠관광의 중요한 축을 이룬다. 서귀포 칠십리배, 남원 춘향배, 순천 오픈 생활체육대회, 강릉 및 속초 지역 대회 등이 잘 알려져 있고 양구와 김천 등은 다수의 코트를 집적화하여 테니스 관광을 동시에 수행하는 구조를 갖추고 있다.

한국의 관광진흥법(시행 2025. 10. 23)

이 법은 관광 여건을 조성하고 관광자원을 개발하며 관광사업을 육성하여 관광 진흥에 이바지하는 것을 목적으로 한다.

1. **관광사업**이란 관광객을 위하여 운송 · 숙박 · 음식 · 운동 · 오락 · 휴양 또는 용역을 제공하거나 그 밖에 관광에 딸린 시설을 갖추어 이를 이용하게 하는 업(業)을 말한다.
2. **관광사업자**란 관광사업을 경영하기 위하여 등록 · 허가 또는 지정을 받거나 신고를 한 자를 말한다.
3. **기획여행**이란 여행업을 경영하는 자가 국외여행을 하려는 여행자를 위하여 여행의 목적지 · 일정, 여행자가 제공받을 운송 또는 숙박 등의 서비스 내용과 그 요금 등에 관한 사항을 미리 정하고 이에 참가하는 여행자를 모집하여 실시하는 여행을 말한다.
4. **회원**이란 관광사업의 시설을 일반 이용자보다 우선적으로 이용하거나 유리한 조건으로 이용하기로 해당 관광사업자와 약정한 자를 말한다.
5. **관광지**란 자연적 또는 문화적 관광자원을 갖추고 관광객을 위한 기본적인 편의시설을 설치하는 지역으로서 이 법에 따라 지정된 곳을 말한다.
6. **문화관광해설사**란 관광객의 이해와 감상, 체험 기회를 제고하기 위하여 역사 · 문화 · 예술 · 자연 등 관광자원 전반에 대한 전문적인 해설을 제공하는 사람을 말한다.
7. **무장애 관광**이란 관광 활동에 어려움이 있는 사람들이 물리적 · 사회적 장벽 없이 접근 가능한 관광을 말한다.

관광진흥법상 관광사업의 종류는 여행업, 관광숙박업, 관광객이용시설업, 국제회의업, 카지노업, 테마파크업, 관광편의시설업 등이다.

1. **여행업**은 여행자 또는 운송시설 · 숙박시설, 그 밖에 여행에 딸리는 시설의

경영자 등을 위하여 그 시설 이용 알선이나 계약 체결의 대리, 여행에 관한 안내, 그 밖의 여행 편의를 제공하는 업이다.

2. **관광숙박업**은 호텔업과 휴양 콘도미니엄업으로 구분된다. 호텔업은 관광객의 숙박에 적합한 시설을 갖추어 이를 관광객에게 제공하거나 숙박에 딸리는 음식 · 운동 · 오락 · 휴양 · 공연 또는 연수에 적합한 시설 등을 함께 갖추어 이를 이용하게 하는 업이며 휴양 콘도미니엄업은 관광객의 숙박과 취사에 적합한 시설을 갖추어 이를 그 시설의 회원이나 소유자등, 그 밖의 관광객에게 제공하거나 숙박에 딸리는 음식 · 운동 · 오락 · 휴양 · 공연 또는 연수에 적합한 시설 등을 함께 갖추어 이를 이용하게 하는 업이다.
3. **관광객 이용시설업**은 관광객을 위하여 음식 · 운동 · 오락 · 휴양 · 문화 · 예술 또는 레저 등에 적합한 시설을 갖추어 이를 관광객에게 이용하게 하는 업이고 대통령령으로 정하는 2종 이상의 시설과 관광숙박업의 시설 등을 함께 갖추어 이를 회원이나 그 밖의 관광객에게 이용하게 하는 업이며 야영장업은 야영에 적합한 시설 및 설비 등을 갖추고 야영편의를 제공하는 시설을 관광객에게 이용하게 하는 업이다.
4. **국제회의업**은 대규모 관광 수요를 유발하여 관광산업 진흥에 기여하는 국제회의를 개최할 수 있는 시설을 설치 · 운영하거나 국제회의의 기획 · 준비 · 진행 및 그 밖에 이와 관련된 업무를 위탁받아 대행하는 업이다.
5. **카지노업**은 전문 영업장을 갖추고 주사위 · 트럼프 · 슬롯머신 등 특정한 기구 등을 이용하여 우연의 결과에 따라 특정인에게 재산상의 이익을 주고 다른 참가자에게 손실을 주는 행위 등을 하는 업이다.
6. **테마파크업**은 테마파크시설을 갖추어 이를 관광객에게 이용하게 하는 업을 말한다.
7. **관광 편의시설업**은 관광사업 외에 관광 진흥에 이바지할 수 있다고 인정되는 사업이나 시설 등을 운영하는 업을 말한다.

한국 스포츠관광 여정 지도

여정 지도	그림, 장소, 점, 화살표로 표시

※ 손 글씨로 표에 내용을 기입하고 사진을 찍어서 클라썸에 과제로 제출.

한국 스포츠관광 여정

목적	
여정(기간)	( )~( )
비용	
스포츠관광 유형	Sp Lg Ep At
전자여행허가서 이름, 비용	
비자 준비 유무	
항공사 이름과 코드	
공항 이름과 코드	
통신(유심) 이름과 비용	
기차 이름과 비용	
버스	
지하철	
택시	
자전거	
렌트카	
숙박	
음식	
목적지	

※ 손 글씨로 표에 내용을 기입하고 사진을 찍어서 클라썸에 과제로 제출.

〈한국 스포츠관광 퀴즈 문항〉

1. 한국 최초의 서양식 호텔로 평가되는 곳은 어디인가?

① 조선호텔 ② 대불호텔
③ 손탁호텔 ④ 반도호텔

▸ 정답: ③
▸ 해설: 손탁호텔은 1902년 서울 정동에 개관한 한국 최초의 서양식 호텔.

2. 손탁호텔을 설립한 인물로 옳은 것은?

① 고종 황제 ② 세키 쇼카이
③ 안토니에트 손탁 ④ 이왕직

▸ 정답: ③
▸ 해설: 안토니에트 손탁은 독일계 러시아인이다.

3. 인천 차이나타운 인근 개항장에 위치했던 근대 호텔은 무엇인가?

① 워커힐 호텔 ② 대불호텔
③ 조선호텔 ④ 국제호텔

▸ 정답: ②
▸ 해설: 대불호텔은 1888년 제물포에 개관한 근대식 호텔이다.

4. 한국 호텔 역사의 전개 순서로 가장 올바른 것은?

① 조선호텔 → 손탁호텔 → 워커힐 호텔
② 대불호텔 → 손탁호텔 → 조선호텔
③ 손탁호텔 → 대불호텔 → 워커힐 호텔
④ 대불호텔 → 조선호텔 → 신라호텔

▸ 정답: ②
▸ 해설: 대불호텔(1888), 손탁호텔(1902), 조선호텔(1914) 설립되었다.

5. 한국 호텔 산업이 본격적으로 제도적 기반을 갖추게 된 계기는?

① 손탁호텔 개관 ② 한국전쟁
③ 관광진흥법 제정 ④ 인천국제공항 개항

▸ 정답: ③
▸ 해설: 1963년 관광진흥법이 제정되었다.

6. 1988년 서울올림픽이 한국 호텔 산업에 미친 영향은?

① 호텔 산업의 침체 ② 소규모 여관 중심 구조 고착
③ 국제 기준에 부합하는 호텔 확충 ④ 전통 숙박 시설의 소멸

▸ 정답: ③
▸ 해설: 서울올림픽은 특급 호텔 신축과 서비스 고급화를 촉진하였다.

7. 한국의 응원 문화가 관광 콘텐츠로 발전한 프로 스포츠는?

① 농구 ② 배구 ③ 야구 ④ 골프

▸ 정답: ③
▸ 해설: 한국 프로야구는 독특한 관람문화를 형성해 관광 요소로 발전했다.

8. 한국에서 SUP 관광지로 가장 유명한 지역은?

① 광안리 ② 대전 갑천 ③ 완도 ④ 전주 천변

▸ 정답: ①
▸ 해설: 부산 광안리는 SUP과 요트 등 해양 레저가 활발하다.

9. 한국에서 가장 오래된 국제 마라톤 대회는?

① 서울국제마라톤 ② 부산마라톤
③ 대전마라톤 ④ 제주마라톤

▸ 정답: ①
▸ 해설: 서울국제마라톤(동아마라톤)은 1931년 시작되었다.

10. 다음 중 한국 스포츠관광 정책의 전개 흐름으로 가장 타당한 것은?

① 엘리트 스포츠 육성 → 생활체육 확산 → 스포츠관광
② 관광진흥 → 생활체육 → 엘리트 스포츠
③ 스포츠관광 → 엘리트 스포츠 → 관광산업
④ 생활체육 → 관광진흥 → 국제대회 유치

▸ 정답: ①
▸ 해설: 한국은 엘리트 스포츠 중심의 국가 전략에서 출발하였다.

11. 한국에서 세계적으로 강세를 보이는 유산형 스포츠관광 자원은?

① 양궁 ② 스키점프 ③ 펜싱 ④ 레슬링

▸ 정답: ①
▸ 해설: 경북 예천에 한국 양궁박물관이 위치해있다.

12. 한국 스포츠관광에서 올림픽 유산으로 활용되는 대표적 공간은?

① 올림픽공원 · 태릉선수촌 ② 부산 광안대교
③ 경복궁 ④ 제주 오름지대

▸ 정답: ①
▸ 해설: 올림픽공원과 태릉선수촌은 올림픽 관련 유산 체험이 가능하다.

13. 손기정 선수와 관계가 먼 주제는?

① 평안북도 의주 출신 ② 2시간 7분 20초
③ 1936년 베를린 올림픽 금메달 ④ 고대 그리스 청동 투구 받음

▸ 정답: ②
▸ 해설: 2시간 7분 20초는 이봉주선수가 도쿄국제마라톤대회 기록이다.

14. 한국 스포츠관광의 형성을 구조적으로 가장 잘 설명한 것은?

① 민간 스포츠 시장 중심 구조
② 생활체육 자발적 확산 구조

③ 국제 메가 스포츠 이벤트와 국가 주도 인프라 구축 중심 구조

④ 해양 레저 중심 구조

▸ 정답: ③

▸ 해설: 한국 스포츠관광은 올림픽, 월드컵 등 메가 이벤트를 계기로 국가 주도의 시설 구축과 관광 정책이 결합되며 발전하였다.

15. 1988년 서울올림픽이 한국 스포츠관광에 남긴 가장 핵심적인 유산은?

① 엘리트 선수 성적 향상

② 생활체육 참여율 급증

③ 국제 기준에 부합하는 스포츠 및 관광 인프라 구축

④ 지방 소도시 스포츠관광 활성화

▸ 정답: ③

▸ 해설: 서울올림픽은 호텔, 교통, 경기장 등 국제 기준의 관광 인프라를 형성한 결정적 계기였다.

16. 다음 중 평창 동계올림픽 이후 한국 스포츠관광의 핵심 과제로 가장 적절한 것은?

① 신규 설상 경기장 추가 건설

② 엘리트 동계 스포츠 집중 투자

③ 기존 시설의 사후 활용과 관광 콘텐츠 전환

④ 국제대회 유치 중단

▸ 정답: ③

▸ 해설: 평창 이후 한국 스포츠관광의 핵심 이슈는 대형 시설의 지속가능한 활용이다.

17. 다음 중 한국 스포츠관광에서 '유산형(Nostalgia)' 스포츠관광으로 분류하기 가장 적절한 것은?

① K리그 경기 관람

② 태권도원 및 국기원 방문

③ 스키 리조트 체험

④ 스포츠 테마파크 이용

▸ 정답: ②
▸ 해설: 태권도는 유산형 스포츠관광의 대표 사례이다.

18. 한국 스포츠관광 정책에서 중앙정부와 지방자치단체의 역할 분담에 대한 설명으로 가장 타당한 것은?

① 중앙정부는 운영, 지방정부는 법 제정
② 중앙정부는 법과 기본계획, 지방정부는 지역 특화 사업 추진
③ 지방정부는 국제대회 유치 불가
④ 중앙정부는 홍보만 담당

▸ 정답: ②
▸ 해설: 한국 스포츠관광은 중앙정부의 제도 설계와 지방정부의 실행 구조를 가진다.

19. 다음 중 한국 스포츠관광의 공간 구조적 특징으로 가장 적절한 것은?

① 전국 균등 분산 구조
② 수도권 단일 집중 구조
③ 국제 이벤트 개최지를 중심으로 한 거점형 구조
④ 농촌 중심 구조

▸ 정답: ③
▸ 해설: 한국 스포츠관광은 올림픽, 월드컵 개최지 등 특정 거점을 중심으로 형성되는 경향이 강하다.

20. 한국 스포츠관광의 지속가능성 논의에서 가장 핵심적인 쟁점은?

① 스포츠 종목 다양성 부족
② 자연 자원의 절대적 한계
③ 대형 스포츠시설의 재정 부담과 활용 문제
④ 스포츠 인력 과잉

▸ 정답: ③
▸ 해설: 대형 경기장의 유지비용과 활용 방식은 한국 스포츠관광의 구조적 과제이다.

21. 한국 스포츠관광이 프랑스, 핀란드 등과 비교했을 때 상대적으로 취약한 요소로 가장 적절한 것은?

① 국제 이벤트 개최 경험 ② 엘리트 스포츠 성과
③ 일상적 자연 스포츠의 관광화 ④ 교통 접근성

▸ 정답: ③

▸ 해설: 한국은 이벤트 중심 스포츠관광이 강한 반면, 일상적 자연 스포츠의 관광화는 상대적으로 약하다.

22. 한국과 미국 스포츠관광 모델이 공통적으로 직면한 향후 과제로 가장 적절한 것은?

① 엘리트 스포츠 성적 향상
② 스포츠 종목 수 증가
③ 이벤트 중심 구조에서 일상형 스포츠관광으로의 확장
④ 국제대회 유치 중단

▸ 정답: ③

▸ 해설: 양국 모두 이벤트 중심 스포츠관광의 한계를 보완하기 위해 일상적 스포츠 참여 기반 관광 확대가 과제로 제시된다.

23. 다음 중 한국, 영국, 그리스의 스포츠관광 특성을 자연환경, 관광 형태, 계절성 측면에서 가장 타당하게 비교한 설명은 무엇인가?

① 한국–해양 중심, 영국–산악 중심, 그리스–도시 중심 스포츠관광
② 한국–사계절형, 영국–자연친화형, 그리스–역사자원형 스포츠관광
③ 한국–엘리트형, 영국/그리스–레저 스포츠관광 중심
④ 세 국가는 모두 기후 제약이 적어 연중 동일한 스포츠관광 중심

▸ 정답: ②

▸ 해설: 한국은 사계절과 지형 다양성을 활용한 스포츠관광, 영국은 트레킹, 사이클링 등 자연 기반 스포츠관광, 그리스는 해양 스포츠와 고대 유적을 결합한 스포츠관광이 특징.

한국 스포츠관광 학습자료

- 최성훈, 울산역사문화대전. (https://ulsan.grandculture.net)
- Cho, H., & Kim, S. (2019). *Sports tourism development strategies in Korea: Trends and future directions*. Journal of Tourism Sciences, 43(6), 35~52.
- Han, J., & Lee, G. (2020). The influence of mega sport events on regional tourism in Korea. *Asia Pacific Journal of Tourism Research*, 25(4), 389~405.
- Hwang, S., & Park, J. (2018). Enhancing international sports tourism competitiveness: A case study of the PyeongChang 2018 Winter Olympics. *Journal of Convention & Event Tourism*, 19(3), 178~196.
- Korea Tourism Organization. (2022). *Sports tourism white paper*. Korea Tourism Organization.
- Lee, C. K., Kang, S., & Park, H. (2014). Residents' perceptions of the 2014 Incheon Asian Games and their impacts on sport tourism. *International Journal of Sport Management and Marketing*, 15(2), 89~105.
- Lee, G., & Yoon, Y. (2016). Travel motivations and satisfaction of sport tourists in Korea. *Journal of Travel & Tourism Marketing*, 33(3), 406~420.
- Ministry of Culture, Sports and Tourism. (2021). *Comprehensive sports industry report*. Ministry of Culture, Sports and Tourism.
- Park, J. A., & Kim, H. J. (2017). The role of local festivals and sport events in regional tourism revitalization. *Korean Journal of Physical Education*, 56(5), 223~237.
- Seo, W., & Green, B. C. (2008). Development of the motivational scale for sport consumption: An application to Korean sport tourists. *International Journal of Sport Management and Marketing*, 3(1–2), 29~52.
- Yi, J., & Kim, K. (2020). Sustainable sport tourism in Korea: Current issues and strategic directions. Sustainability, 12(21), 9052.
- 스포츠+여행, '스포츠 관광' 인기 [김성수의 시시각각]
  https://youtu.be/XMGsqeqkjLk?si=fL4f7dI9ZVrDAPVh
- 스포츠관광을 디렉팅하다 1부 - 스포츠관광, 국가 브랜드가 되다.
  https://youtu.be/UU-0Kr7NaZg?si=LjXDv1kRTdK-EURV
- 스포츠관광을 디렉팅하다 2부 - 천국의 풍경이 주는 반전과 스릴!
  https://youtu.be/YSy5EYcqiWE?si=1ELhipKCoyqFQ7kB
- 뛰고 응원하고 즐기고...한국 찾는 '스포츠 유커' / KBS뉴스(News)
  https://youtu.be/Nu5k9O21erY?si=1L9wRzbpzwKshHsg

〉〉 참고 동영상 학습 자료

장	내용	QR 코드
1장	스포츠관광을 디렉팅하다 1부. https://youtu.be/UU-0Kr7NaZg?si=V28GyyZ5iQfHA_gt	
	스포츠관광을 디렉팅하다 2부. https://youtu.be/YSy5EYcqiWE?si=8ZqoGMviUBf2-cjs	
	'800조' 스포츠관광 시장 개화…여행업, '테마형 플랫폼'으로 진화 / 머니투데이방송 https://youtu.be/Y1yT-ZxFBXw?si=KvPblu884sr2ormj	
2장	걸어서 세계 속으로: 그리스 여행 (KBS 2021년 7월 31일 방송) https://youtu.be/YHyzKYzqCs0?si=zqC_NjEjiOl43uCv	
	걸어서 세계 속으로: 자유로움이 가득한 나라 '그리스' 여행 https://youtu.be/jZkQOjUeaNM?si=O4RihE-Gr0AuM9sg	
	그리스 여행 다큐멘터리: 항공편, 비자, 여행비용 https://youtu.be/J9oiQPbDpIE?si=k_TU4a8fT75IJYSo	

장	내용	QR 코드
2장	그리스 아테네, 산토리니섬, 미코노스섬 여행 https://youtu.be/JH45o8YQLjU?si=u_wvViEPVO4qoMCu	
	올림픽 성화가 시작되는 올림피아 https://youtu.be/oP6xsi31nu0?si=7vWtIwEe-d4EWANz	
	그리스 여행 – 아테네 올림픽의 시작 그리스 아테네 https://youtu.be/4J3JEiS8ob4?si=Rzuq8H3xWtlI4wLc	
3장	SUP in Venice with my friends https://youtu.be/mE5QtHGxjA4?si=9g5iqa9EG-zhPw5B	
	유럽 자전거 문화 체험과 사이클 역사 (ft. 산티아고 순례길) | Colnago C59 https://youtu.be/XLdgZoaPegY?si=_NlL7U0cbA7Zyjp1	
	Hockey - Ice Fever Arena (Pula) 16.09.2012 - Medveščak vs Capitals https://youtu.be/yv6hD3MLLK8?si=llaZr3vwqJV4f1MS	
	요즘 1위 나폴리 폼 미쳤습니다!!!! (나폴리 vs 피사) https://youtu.be/5F5zvyjNERs?si=pE5nHvdXiJDlBeaT	

장	내용	QR 코드
4장	오버투어리즘. 190조 벌어들인 유럽의 심장 스페인 https://youtu.be/3UJ-WrMSSd0?si=G-jGAdOIg8s7wy90	
5장	역사를 바꾼 근대 해상무역 쟁탈전 https://youtu.be/pPCiaHp113M?si=KjP2KCdvsSzWhOlO	
	유럽 여행 중 가장 당황스러웠던 날 - 유럽 https://youtu.be/IOhLHpZONQU?si=o1cy2yav4syM7Xiu	
	영국유학 스포츠전공에 관심있는 그대를 위해 https://youtu.be/M7umd0x-deI?si=BL_WYdlpSGX_N6vc	
7장	독일 여행에 대한 거의 모든 것 https://youtu.be/-fKxxlfjye8?si=j_6ejJe6kaNV6U-h	
	독일의 수도, 베를린 당일치기 여행 https://youtu.be/FDQ7xZUg_mo?si=McARf0MzwjW1HUR8	
	[분데스리가] 14R 바이에른 뮌헨 vs 마인츠 2분 하이라이트 https://youtu.be/J6JhZyJEK7s?si=lplEuIdKa93ztl26	

장	내용	QR 코드
8장	세계에서 가장 행복한 나라 ‘핀란드 여행’ https://youtu.be/L1H_ONu5Ttw?si=y_ZctFTRby0RQAga	
	핀란드 여행 망설이지 마세요! 저도 하는데요? 북유럽 여행을 해야 하는 이유! https://youtu.be/2m6eh2wFzCo?si=YKjuDFMgDiNZl7km	
9장	세계테마기행 - 우리 지금 만나 가수 장기하의 캐나다 1부 https://youtu.be/ByC9GmpPf1w?si=EiODjxxYxrP16s_R	
	계곡 절벽에서 날다! 캐나다에서 이룬 장기하의 버킷리스트 https://youtu.be/FZoiBM70AUc?si=0jF1ua5USpxeDKs	
10장	그랜드 캐니언 부터 캘리포니아까지, 미국 서부 여행기| KBS 20240903 방송 https://youtu.be/ZiWtrE8eHBg?si=Pf4xXF2a5m5B5EEs	
	입국 금지 확대!! 최근 강화된 미국 입국, 설렘과 긴장의 미국 입국기 - 뉴욕 https://youtu.be/9TMwnO63QAw?si=D5lO9NyL9JPHI8US	
	걸어서 세계 속으로. 같은 나라, 전혀 다른 매력 ‘미국 동서부’ https://youtu.be/OEJG7Wf1cR8?si=iX66Nmcd1VmTqP0u	

장	내용	QR 코드
10장	그랜드캐니언부터 모뉴먼트 밸리까지 미국 서부 여행 한방에 끝내기 https://youtu.be/l72xEjwISeg?si=d4S3AHH_DDam-CJV	
	울창한 숲 속 순수한 자연의 생명! 귀여운 호주 대표 동물들 https://youtu.be/U--Jd2Ql0NQ?si=bWG2SiH0jBm00Zg9	
	때 묻지 않은 자연 낙원, 신비한 해양 생태계 '호주 동부 여행' https://youtu.be/ksPToIYNUDE?si=QCzbWBJnmnpU0cZi	
11장	모든 고정관념을 깰 호주에 대한 50가지 사실 https://youtu.be/hCWpc4G0Mjc?si=hSPC1vGz306OmwrG	
	[2023 호주오픈] 메인부터 꼴등까지 18개 테니스코트 체험기 https://youtu.be/0qwOJ8DorEM?si=Ybcr-fiLyKOXU4zK	
	호주 멜버른 여행, 재밌거나 굳이 안가도 되는 16가지 이유 https://youtu.be/YZMYI2QXz2o?si=lpS1IzaZ7TImIGRa	
12장	보홀을 10번도 넘게 갔다와서 느낀 리얼한 보홀의 장단점! https://youtu.be/dxTk1yY7e8Y?si=GO72x_XmaxNc0GAe	

장	내용	QR 코드
12장	2025년 보홀 여행가이드 (2025년 최신 버전 ,영상 하나면 준비 끝!) https://youtu.be/4DxgnQnwVR8?si=De74YTdQYPXV-qvR	
13장	걸작이 된 여행기 열하일기 https://youtu.be/FfRSxfn30KY?si=FzW1s8_qVe7r5IVH	
	단숨에 읽는 열하일기 1~7부 몰아보기 (연암 박지원의 청나라 여행기록) https://youtu.be/ZHa0r_fAa1c?si=ssgBLAgg21X1LV8A	
15장	스포츠+여행, ‘스포츠 관광’ 인기 [김성수의 시시각각] https://youtu.be/XMGsqeqkjLk?si=fL4f7dI9ZVrDAPVh	
	스포츠관광을 디렉팅하다 1부 - 스포츠관광, 국가 브랜드가 되다. https://youtu.be/UU-0Kr7NaZg?si=LjXDv1kRTdK-EURV	
	스포츠관광을 디렉팅하다 2부 - 천국의 풍경이 주는 반전과 스릴! https://youtu.be/YSy5EYcqiWE?si=1ELhipKCoyqFQ7kB	
	뛰고 응원하고 즐기고…한국 찾는 ‘스포츠 유커’ / KBS뉴스(News) https://youtu.be/Nu5k9O21erY?si=1L9wRzbpzwKshHsg	